Career Design of International Civil Servants

国際公務員の
キャリアデザイン

満足度に基づく実証分析

横山和子 [著]

東京 白桃書房 神田

はしがき

　本書は国際公務員の研究から,「海外でのキャリア形成」を考察するものである。

　本書の研究目的は3つある。第1の目的は,国際公務員として国際貢献を行いたいと考える日本人にキャリアデザインを提起することである。国際機関はひとまとめに考えられがちであるが,実際には機関により人的資源管理が大きく異なる。本書は成果主義を基調とする国際機関における人的資源管理制度の日本の制度との比較,国際機関という職場の紹介,満足度を高める働き方などを実証分析に基づき考察する。

　第2の目的は,国際機関に勤務する日本人の意識構造の分析である。国際機関に働く日本人の半数は日本の民間企業での経験を経て国際機関に転職している。本書では現代におけるグローバル化を考えて,国際機関に勤務する日本職員の意識構造を質問紙調査や聴き取り調査を基に分析する。

　第3の目的は,日本企業が今後,新興国を市場とするためにグローバル人材の育成に本腰を入れ始めたことと関連する。グローバル化を目指す日本の企業は,海外で長期間勤務する海外勤務者や大量に採用される外国人に対し新しい人的資源管理制度を構築しなければならない。その際,海外でキャリアを構築する日本人国際公務員の働き方や意識構造の理解は日本企業のグローバル人材の育成に寄与すると考える。

　本書は,全7章から構成されており,第1章ではグローバル化時代の流れの概観した後,日本での職務経験と国際公務員のキャリア形成との関係,および国際機関に働く日本人職員の満足度の考察を本書の目的とすることを明らかにする。第2章では国際機関の人的資源管理を日本の民間企業の人的資源管理と比較を行うことにより成果主義人事制度の特徴を把握するとともに,本書の分析課題を明確にする。第3章では電子メールを使った質問紙調査から,日本人国際公務員の意識形態を概観し,第4章では因子分析などの統計分析を通し日

本人国際公務員の意識形態の分析を行う。第5章では，第2次質問紙調査から，日本人国際公務員と外国人国際公務員の比較し，両者のキャリア形成の違いを考察する。第6章では，日本人調査協力者への聴き取り調査から日本の職務経験を評価するとともに，職種と満足度との関係を分析する。第7章では研究結果の整理を行い，仮説の検証を行うとともに本研究の成果を総括する。

　本書の付録には国際公務員24名のキャリアパスに関するインタビュー記録を収録した。これらのインタビュー記録は国際公務員を志望する者や国際的なキャリアの構築を考える若者に役立つだけでなく，キャリア研究を行う研究者にも学術的価値が高いと考える。

　本書が対象とする読者は，当該分野やキャリア分野の研究者のみならず，グローバルなキャリア形成を考える大学院生，学部学生，さらには国際ビジネスに関わるビジネスマン，グローバル人材育成に関わる企業の人事担当者である。本書は読者に対し，豊富なデータならびに調査研究から得られた生の情報を提供している。それらを通じて，今後の研究，議論などにおいて多面的な展開が行われることを期待する。

　本書の意図がどこまで成功しているかは，読者のご判断を待つしかない。本書の意図が幾分なりとも読者に伝わり，その読者に対して何らかの知的貢献ができれば望外の幸せである。

2011年2月
大学の研究室にて

横山　和子

目　次

はしがき ………………………………………………………………………… i

第1章　はじめに ……………………………………………………………… 1

第1節　グローバル化時代 ………………………………………………… 1
1　企業における国際人材活用の動き　1
2　社会貢献・国際貢献への関心の高まり　2
3　ダイバーシティ・マネジメント　3

第2節　国際経営分野およびキャリア研究分野での先行研究 ……… 3
1　国際経営分野での先行研究　3
2　キャリア研究分野での先行研究　5

第3節　研究の目的と仮説 ………………………………………………… 7
1　目　的　7
2　問題意識　7
3　仮　説　8

第4節　研究の方法 ………………………………………………………… 8

第5節　本書の構成 ………………………………………………………… 8

第2章　国際機関の人的資源管理—日本型雇用管理との比較を中心に
……………………………………………………………………………… 11

第1節　研究対象の概要 …………………………………………………… 11
1　研究対象機関　11
2　対象国際公務員　13
3　職員の国籍　14
4　勤務地　15
5　職場で使用する言語　16

第2節　国際機関の人的資源管理 ………………………………… 16
　1　女性の活用─雇用機会の均等　16
　2　採用管理　19
　3　入職方法　21
　4　昇進・配置管理　22
　5　給　与　23
　6　福利厚生　25
　7　労働時間管理　25
　8　出産休暇　26
第3節　主要国際機関の職員採用方針 …………………………… 26
　1　国連事務局の職員採用方針　27
　2　国連開発計画の職員採用方針　27
　3　人道援助機関の職員採用方針　28
　4　専門機関の職員採用方針　28
第4節　要約と考察 ………………………………………………… 28
第5節　総　括 ……………………………………………………… 29

第3章　日本人国際公務員の意識形態─第1次質問紙調査の分析から

……………………………………………………………………… 31

第1節　予備調査 …………………………………………………… 31
第2節　調査方法─電子メールを使った質問紙調査 …………… 32
第3節　第1次質問紙調査結果─170名の正規職員からの回答 … 33
　1　回答者の所属と概要　33
　　(1)対象グループ　(2)回答者の所属と概要
　2　質問紙調査結果　35
　　(1)最終学歴　(2)最終学位における専攻分野　(3)専門分野／職種　(4)専門分野／

職種の変更 ⑸職位 ⑹入職の準備 ⑺志望動機 ⑻正規職員年齢 ⑼日本での勤務組織 ⑽入職方法 ⑾国際機関で働くために重要な要素 ⑿職務満足度 ⒀労働時間 ⒁給与 ⒂福利厚生 ⒃生活満足度 ⒄総合満足度 ⒅日本人職員の今後の増加 ⒆勤務地での適応困難な要素 ⒇定年退職時までの勤務 (21)転職し日本で働くこと (22)懸案事項

第4節　要約と考察 …………………………………………… 48
第5節　総　括 ………………………………………………… 50

第4章　日本人正規職員の特質—第1次質問紙調査の統計分析から
　…………………………………………………………………………… 53

第1節　差の検定 ……………………………………………… 53
第2節　因子分析 ……………………………………………… 57
第3節　男性職員・女性職員別の因子分析 ………………… 60
第4節　重回帰分析 …………………………………………… 62
第5節　要約と考察 …………………………………………… 63
第6節　総　括 ………………………………………………… 66

第5章　日本人正規職員と外国人正規職員の比較分析
　　　　—第2次質問紙調査から ……………………………… 67

第1節　調査対象と調査方法 ………………………………… 67
第2節　第1次質問紙調査と第2次質問紙調査との関係 …… 68
第3節　第2次質問紙調査結果 ……………………………… 69
　1　日本人正規職員と外国人正規職員の分析上の問題　69

② 日本人正規職員と外国人正規職員の比較　70

(1)年齢　(2)国籍　(3)勤務国　(4)勤務国数　(5)勤続年数　(6)学歴　(7)最終学歴での専攻分野　(8)勤務機関　(9)職位　(10)平均年収　(11)部下の人数　(12)専門分野／職種　(13)入職前の勤務組織　(14)入職年齢　(15)入職方法　(16)志望動機　(17)入職のための準備　(18)専門技能の活用　(19)入職後の自己啓発　(20)労働時間　(21)福利厚生　(22)総合満足度　(23)働くうえで重要な要素　(24)勤務地での適応困難な事項　(25)懸案事項　(26)定年退職時までの勤務　(27)国際機関外への転職の検討

第4節　要約と考察 …………………………………………………… 80
第5節　総　括 ………………………………………………………… 83

第6章　日本人国際公務員の満足度と職種を中心とする分析
―日本人国際公務員への聴き取り調査から ……………………… 85

第1節　聴き取り調査の目的と調査の方法 ………………………… 85
第2節　調査協力者の属性と調査結果の概要 ……………………… 87
第3節　海外での教育 ………………………………………………… 95
第4節　満足度と職種を中心とする分析 …………………………… 97
第5節　専門分野の変更可能性と他職種への異動可能性 ………… 101
第6節　仕事への取り組み姿勢 ……………………………………… 104
第7節　要約と考察 …………………………………………………… 105
第8節　総　括 ………………………………………………………… 108

第7章　日本人国際公務員研究の成果 ……………………………… 109

第1節　研究結果のまとめ …………………………………………… 109

第 2 節　仮説の検証 …………………………………………… 111
第 3 節　国際公務員研究からの主な成果 ……………………… 113
　① 国際公務員のキャリア行動　113
　② 国際公務員の特質　114
　③ 資料「聴き取り調査記録およびキャリア・パス」の学術的価値 … 115
第 4 節　国際公務員のキャリア開発のための実践的提言 ……… 115
第 5 節　日本企業のグローバル化に向けた提言 ……………… 116
第 6 節　今後の研究課題 ………………………………………… 118

あとがき ………………………………………………………… 121
主要参考文献 …………………………………………………… 123
付　録
　資　料　24 名の国際公務員聴き取り調査記録およびキャリア・パス … 130
　付表 1　電子メールを使った第 1 次質問紙調査日本人正規職員（170 名）
　　　　　男女別集計値………………………………………… 200
　付表 2　電子メールを使った第 2 次質問紙調査集計値……… 210
索　引 …………………………………………………………… 223

略語および関連用語一覧

AE（Associate Expert）：自国職員の増加を目的とし若手自国民を政府の費用負担で国際機関に派遣する制度の名称であったが，AEの呼称は廃止され，2009年3月よりJPOに統一。

CEB（Chief Executive Board of Coordination）：国連最高執行委員会。

CPA（Certified Public Accountant）：公認会計士。

D（Director）：部長職。D-1からD-2までに分かれ，数字が増えるほど上位の職位となる。

FAO（Food and Agriculture Organization of the United Nations）：国連食糧農業機関。

IAEA（International Atomic Energy Agency）：国際原子力機関。

IBRD（the International Bank for Reconstruction and Development）：国際復興開発銀行。

ICAO（International Civil Aviation Organization）：国連民間航空機関。

ICATILO（International Training Centre of the ILO）：ILO国際訓練センター。

ICJ（International Court of Justice）：国際司法裁判所。

ICSC（International Civil Service Commission）：国際人事委員会。

IFAD（International Fund for Agricultural Development）：国際農業開発基金。

ILO（International Labour Organization）：国際労働機関。

IMO（International Maritime Organization）：国際海事機関。

ITC（International Trade Centre）：国際貿易センター。

ITU（International Telecommunication Union）：国際電機通信連合。

JPO（Junior Professional Expert）：自国職員の増加を目的とし若手自国民を政府の費用負担で国際機関に派遣する制度の名称。

L（Field Service Level）：L-1からL-5までに分かれ，数字が増えるほど上位の職位となる。

MBA（Master of Business Administration）：経営管理学修士。

ODA（Official Development Assistance）：政府開発援助。

P（Professional）：専門職。P-1からP-5までに分かれ，数字が増えるほど上位の職位となる。なお，WHOのみP-6がある。

PAHO（Pan American Health Organization）：汎アメリカ保健機関。
SG（The Secretary General）：国連事務総長。
Step：同一職位内の号数を示す用語。
UN（United Nations）：国際連合あるいは国連事務局とも呼ばれる。
UNAID（Joint United Nations Programme on HIV/AIDS）：国連エイズ合同計画。
UNCTAD（United Nations Conference on Trade and Development）：国連貿易開発会議。
UNDP（United Nations Development Programme）：国連開発計画。
UNESCO（United Nations Educational, Scientific and Cultural Organization）：国連教育科学文化機関。
UNFPA（United Nations Population Fund）：国連人口基金。
UN-HABITAT（United Nations Human Settlements Programme）：国連人間居住計画。
UNHCR（Office of the United Nations High Commissioner for Refugees）：国連難民高等弁務官事務所。
UNIDO（United Nations Industrial Development Organization）：国連工業開発機関。
UNITAR（United Nations Institute for Training and Research）：国連訓練調査研究所。
UNJSPF（United Nations Joint Staff Pension Fund）：国連合同年金基金。
UNOPS（United Nations Office for Project Service）：国際連合プロジェクト・サービス機関。
UNRWA（United Nations Relief and Works Agency for Palestine Refugees in the Near East）：国連パレスチナ難民救済事業機関。
UNU（United Nations University）：国連大学。
UNWTO（World Tourism Organization）：世界観光機関。
UPU（Universal Postal Union）：万国郵便連合。
WFP（World Food Programme）：国連世界食糧計画。
WHO（World Health Organization）：世界保健機関。
WIPO（World Intellectual Property Organization）：世界知的所有権機関。
WMO（World Meteorological Organization）：世界気象機関。
YPP（Young Professional Program）：ヤング・プロフェッショナル・プログラム。国際機関が独自に若手職員を募集するプログラム。

第1章 はじめに

　インターネットの普及により，我々の生活は国境という垣根にとらわれることなく情報を入手することができるようになった。企業活動もグローバル化し，日本人も国内だけではなく，世界各地で働く時代になってきた。本書はグローバル化時代の中，海外で働く日本人国際公務員の意識構造や働き方を研究し，日本人の国際的なキャリア形成に役立てることを目的とする。

　本章第1節では時代の潮流を整理し，第2節では国際経営分野およびキャリア研究分野での先行研究の文献調査を行い，第3節では本書の研究目的と本研究における仮説を概説する。第4節では研究方法を，第5節では本書の構成を紹介する。

第1節　グローバル化時代

1　企業における国際人材活用の動き

　日本の先駆的企業は，グローバル時代を生き抜くために積極的に国際人材の活用を打ち出すようになった。

　ファーストリテイリング（ユニクロ）は国際化戦略を推進するために新卒採用者の外国人比率が2010年は30％であったが，2011年以降はその新卒採用者の50％以上を外国人にすると発表し[1]，パナソニックも新興国市場を開拓す

るために 2011 年には前年比 50％増の 1,100 人におよぶ外国人の採用を計画している[2]。

また，日本を代表するメーカーのひとつである日立は 2012 年に入社する社員から事務系は全員が，技術系も半数が，将来は海外に赴任することを前提に採用することを発表した[3]。加えて，三井物産は人事評価を世界統一基準で行うグローバル人事制度を 2012 年を目途に導入し，現地法人に勤務する外国人の日本本社への登用を促進させる予定である[4]。

さらに楽天は世界事業戦略を実現させるために 2010 年 6 月から職場での公用語を日本語から英語に変更し，世界企業への移行を目指している。

このように，世界企業を目指す日本の企業はグローバル経営という経営戦略に対応するべく，職場内の制度を整備している。

2 社会貢献・国際貢献への関心の高まり

日本では著名企業に就職し，定年退職時まで同じ会社で安定した人生を送るのが良い生き方と考えられてきた。日本企業は正規従業員に定年までの雇用を保障するが，企業の人事部が組織の長期成長戦略に基づき従業員の配置管理，昇進管理を一元的に行ってきた。結果として，従業員は雇用保障と引き換えに自分たちの職業人生を所属する組織の人事政策に委ねてきた。

しかしながら近年，「自分の人生は自分で決めたい」[5]あるいは「直接，役に立つ仕事がしたい」[6]と考える日本人が増えてきている。高給を保障する外資系企業から開発途上国を支援する NGO や国際機関に転職し社会貢献を行っている人も多い。

筆者は国際機関に勤務した後，大学で教える傍ら 1990 年から主に社会人を中心として国際機関への勤務志望者にカウンセリング[7]を行っている。来訪する目的意識が明確な若者は，ある程度の所得が保障されるのであれば，自分の知識・経験を開発途上国の人々のために貢献したいと考え，夢の実現のために海外の大学院に留学するなど自己投資を行っている。加えて，近年の円高は，民間の大半の企業，あるいは外資系企業で数年間勤務して貯められる資金で海外の大学院への留学を可能にしている。

3 ダイバーシティ・マネジメント

　最近，経営学においてダイバーシティ・マネジメント（Diversity Management）が注目されている。ダイバーシティとは「多様性」を意味し，人種，国籍，性別，年齢等にとらわれない人材活用を行おうという考えである。米国ではこのダイバーシティ・マネジメントが1990年代に入ってから人材戦略としてとらえられるようになった。

　企業活動がグローバル化し，社会が複雑化する中で，たとえば米国IBMなどがダイバーシティを推進した意図は，多様な人材の能力を活用して，パフォーマンスの高い，より利益の上がる強い企業を作ることにあった[8]。

　ダイバーシティ・マネジメントの分野で最もよく議論されるのは，雇用均等，すなわち「女性の活用」である。日本政府は「男女雇用機会均等法」等を通じ，男女の雇用均等に近づけようと努力しているが，他の先進諸国と比較すると日本の職場での女性活用は進んでいない。詳細は第2章第2節①「女性の活用」に譲るが，国際機関で働く全専門職・管理職職員に占める女性職員の割合は40％であり，国連事務局を含め多くの機関でダイバーシティ・マネジメントが浸透している。

第2節　国際経営分野およびキャリア研究分野での先行研究

1 国際経営分野での先行研究

　筆者が国際公務員の研究を始めた時，日本人国際公務員を研究する意義について考えた。この問いかけに対する理論面からの回答はバートレット＝ゴシャール（Bartlett, C. and S. Ghoshal）のトランスナショナル・マネジメントとパールマッター（Perlmutter, H. V.）の多国籍企業発展論であった。

　バートレット＝ゴシャールは1989年に出版した 著書 *Managing Across Borders : The Transnational Solution*（『地球市場時代の企業戦略』）[9]で，多様で多拠点的なイノベーションの創出と共有が海外事業展開の戦略的キーワー

ドであり，世界各地に分散した拠点が有する機能と強みを効率的に連携させる「トランスナショナル・マネジメント（TN-M）」がグローバル企業の潜在力を活かすコンセプトであると提唱し，多様性と柔軟性が国際経営の成功への鍵であると主張した。トランスナショナル・マネジメントの概念は現在，世界中で企業戦略の大きな柱としてグローバル企業で採用されている。

トランスナショナル・マネジメントの概念が発表される20年前，パールマッターは "The Tortuous Evolution of the Multinational Corporation"[10]で企業の多国籍化のレベルを測る基準として，①本国志向型（Ethnocentric），②現地志向型（Polycentric），③世界志向型（Geocentric）の3つに分類した。パールマッターの多国籍企業発展論は国際経営研究の基本概念として広く知られている。

多国籍企業の本国志向型（Ethnocentric）の組織では，本国人は優秀であり信頼できるが，現地組織に働く外国人職員は意欲に乏しく信頼できないと考えられている。日本企業の多くは本国志向型に属する。

2番目の現地志向型（Polycentric）の組織では，現地の事情は現地の人間が最もよく知っていると考え，子会社の経営は現地人に任せたほうがよいという考えに立つ。利益が上がっている限り本社は子会社の経営に干渉しない。現地志向型はヨーロッパの企業に多い。

パールマッターは究極の多国籍化は世界志向型（Geocentric）であると主張した。世界志向型の場合は，国籍の如何を問わず，最適の人材を世界中のどこにでも配置する人材管理を行う。本社も子会社もともに世界志向の場合，人材が必要になった際には，必要に応じ国籍を問うことなく現地で人材の獲得，調整等を行う。

一方，日本で企業の海外での事業展開における人的資源面の研究としては石田英夫，小池和男，白木三秀による研究が知られている。日本人ホワイト・カラーの海外派遣経営者の研究として石田は『日本企業の国際人事管理』（1985）で日本企業が派遣する海外派遣経営者の要件を調査し，日本型雇用制度のトランスファー可能性を検討するとともに，海外における日本的雇用制度の問題点を指摘した。小池は『職場の労働組合と参加』（1977）で海外の日系企業に働く工場労働者と日本の工場労働者の働き方を比較し，日本型の働き方は海外で

も通用すると結論づけた。白木は『日本企業の国際人的資源管理』(1995) で東南アジア，中国で直接投資を行う日系企業を調査し，日本企業の国際人材および海外派遣者の研究を実証的に行った。

詳細は第2章第2節②「採用管理」で述べるが，本書の研究対象である国際機関に働く職員は世界中の国の有資格者から採用され，勤務は自国外が原則であり，勤務地は全世界が対象となる。世界で国連に加盟している国が192カ国あり，国際機関に働く職員の国籍は189カ国に及び，勤務地は176カ国，532市町村にわたっている。パールマッターの理論に従えば，国際機関の人的資源管理は究極の多国籍化であるということができる。

現在，グローバル化の進展の中で世界志向型を志向する日本企業は増えてはいるが，日本企業で世界志向型を実践している企業は少ない[11]。しかし，日本が人口減少の社会に移行する中，国内需要の拡大が大きく望めないことを考えると，日本企業は海外での事業展開を拡大させ，最終的には世界志向型の人材開発を選択することを求められる。

グローバル化時代に日本企業が世界志向型にならざる得ないのであれば，人材開発の分野で成果主義人事の下，海外で働く国際公務員の働き方が参考になる。

② キャリア研究分野での先行研究

キャリア研究は100年ほど前から米国で始まり，キャリア研究分野の第一人者であるスーパー (Super, D. E.) はキャリアを「生涯においてある個人が果たす一連の役割およびその役割の組み合わせである」と定義した。キャリアは狭義では「職業，職務，職位，履歴，進路」を表すと考えられているが，広義では「生涯・個人の人生とその生き方そのものと，その表現のしかた」(Schein, E. H.) と定義される。本書では広義のキャリアの定義を採用する。

キャリア研究の歴史を概観すると，パーソンズ (Parsons, F.) が『職業の選択』の中でキャリア選択を援助する「3段階プロセス」を提唱し，この考えを取り入れ，20世紀初頭に米国ボストンの職業局が「職業指導運動」を始めたのが最初であるといわれている。その後，ウィリアムソン (Williamson, E. G.)

は人の「特性」と「因子」（仕事内容や要件）に注目し，特性因子論を提唱した。

20世紀中盤になるとスーパーが人生を5つの発達段階に分けたライフ・ステージ論を提唱し，キャリアに関する包括的理論を確立した。スーパーはその後，キャリア発達とパーソナルな発達は互いに関連し合いながら発達するとし，ライフロール論を展開した。

他方，組織心理学の研究者であるシャインは，キャリアを「人の一生を通じての仕事」「生涯を通じての人間の生き方，その表現のしかた」であるとし，「キャリア・アンカー（Career Anchor）」の概念を提唱した。「キャリア・アンカー」とは「個人のキャリアのあり方を導き，方向づける錨，キャリアの諸決定を組織化し，決定する自己概念」すなわち，長期的な職業生活においての「拠り所となるもの」と定義した。さらにシャインはキャリア形成において，良き指導者，助言者を意味する「メンター（Mentor）」の役割と重要性を指摘した。

本書では日本人国際公務員のキャリア・アンカーについては第6章第6節「仕事への取り組み姿勢」において，メンターについては第6章第2節「調査協力者の属性と調査結果の概要」において言及する。

1980年代になると，シャロスバーグ（Schlossberg, N. K.）は人生とはトランジション（Transition，転機）の連続からなり，トランジションを乗り越えるプロセスを経て形成されると主張し，トランジションを乗り越える対処法（4-Sトランジションモデル）を提唱している。

日本でのキャリア研究においては，「仕事人」の概念を提起した太田肇の研究が広く知られている。太田は『仕事人と組織』（1999）で，個人が組織と対等な立場で仕事を行う能力を身につけ，働くことの重要性を提唱した。

本項で述べたように，キャリアの研究は米国を中心に100年以上の歴史を持つことが分かる。他方，日本でキャリア研究が注目されるようになったのは20世紀末からである。それは日本の民間企業は終身雇用制の下で人事部が中心となり社員の配置・昇進を一元管理してきたものの，日本の民間企業が米国型成果主義人事制度を導入するとともに，企業は社員の長期雇用を保障する必要がなくなり，個人の職業上の責任は本人が負わなければならなくなったから

である。その結果，日本でもキャリアに関する研究が注目されるようになった。

第3節 研究の目的と仮説

1 目　的

　本研究はグローバル化の時代の働き方に備え，成果主義の人的資源管理を行う国際機関に勤務する日本人の職員の働き方を研究し，その研究結果を日本人の国際的キャリア形成に役立てることを目的とする。

2 問題意識

　国際機関という組織は民間企業でいう株主が各国政府であり，分担金，拠出金と呼ばれる株主から提供される資金を使い，加盟国の平和と安全の維持，主に開発途上国への国際協力，加盟国間の友好関係の促進などの活動を行っている。国際機関に勤務する職員は国際公務員と呼ばれ，職場では多国籍の職員とともに働く。機関の運営は利潤を追求する民間企業の場合と多少異なるが，国際機関の人的資源管理制度は欧米企業の成果主義を基調とした人的資源制度とほぼ同じである。

　筆者は国際機関で勤務した経験から，日本人が国際機関で働く場合，日本での職務経験が国際公務員としてのキャリア形成に有効であるか否かについて興味を持っていた。先行研究を調べたところ，国際公務員の働き方についての研究は日本でも海外でも行われていないことが分かった。成果主義型人事制度の組織で働く日本人国際公務員の意識や働き方を研究することは今後，国際機関で働くだけではなく，海外の組織で働くことを考えている日本人にも役立つと考えた。

3 仮　説

　グローバル化が進展する中，国際機関を問わず海外の組織で働く日本人が増えると考え，本書では次の2つの仮説を立てた。

　仮説1：日本での職務経験は国際公務員としてのキャリア形成に有効である
　仮説2：日本人職員の満足度に男女間格差は存在しない

第4節　研究の方法

　筆者は10年ほど前から日本人国際公務員の研究を開始したが，先行研究がなかったことから手探りの探索的研究となった。研究計画を立てるために最初に予備調査を行い，その結果に基づき質問紙調査を2回実施した。本研究の調査対象者は海外に勤務していることから，質問紙調査は電子メールを使い実施した。次に質問紙調査の集計値を分析した結果を確認し，さらに発展させるために日本人国際公務員への聴き取り調査を実施した。
　第1次質問紙調査では，集計値からクロス分析を行うとともに，差の検定，重回帰分析，因子分析の統計分析を行った。第2次質問紙調査では日本人職員と外国人職員の比較分析を行った。さらに，定性分析を行うために，ニューヨーク，ジュネーブ，ローマで聴き取り調査を行い，上記仮説の検証を行った。

第5節　本書の構成

　本書の構成は次の通りである。
　第1章では，最初に研究の背景にある時代の潮流についての整理を行い，次に国際経営分野およびキャリア研究分野での先行研究の整理を行う。これらの文献研究を踏まえて，研究目的と仮説の提起を行い，研究方法を説明する。

第2章は国際機関の人的資源管理を日本型雇用管理との比較を中心に概説する。

　第3章では第1次質問紙調査の集計値のクロス分析から国際機関に働く日本人正規職員の意識形態を概観する。

　第4章では，第3章での分析を踏まえ，差の分析，因子分析，重回帰分析などの統計分析から日本人正規職員の特質を明らかにする。

　第5章は第2次質問紙調査の結果から国際機関に勤務する日本人正規職員と外国人正規職員の比較分析を行う。

　第6章は日本人国際公務員への聴き取り調査に基づき，職員の満足度と職種との視点から日本国際公務員の働き方を考察する。

　第7章では，まず第1章から第7章までの研究の整理を行ったうえで，仮説の検証を行う。次に，日本人国際公務員のキャリア研究の成果についての検討を行い，国際公務員のキャリア発達の視点からの実践的提言を行う。最後に，国際公務員研究を通じて明らかになった今後の研究課題について言及する。

注

（1）日本経済新聞 2010年5月12日。
（2）日本経済新聞 2010年6月15日。
（3）日本経済新聞 2010年9月9日。
（4）日本経済新聞 2011年1月9日。
（5）2008年に聴き取り調査協力者B氏のことば。133ページ参照。
（6）2009年6月15日，日本経済新聞「フォーカス，『役に立つ仕事』世界つなぐ」。
（7）津田塾大学千駄ヶ谷オープン・キャンパス。
（8）マーサジャパン　『個を活かすダイバーシティ戦略』ファーストプレス，2008年，16頁。
（9）Bartlett, C. and S. Ghoshal, *Managing Across Borders : The Transnational Solution*, Harvard Business School Press, 1989（バートレット，C. = S. ゴシャール著，吉原英樹訳『地球市場時代の企業戦略』日本経済新聞社　1990年），271頁。
（10）Perlmutter, H. V., "The Tortuous Evolution of the Multinational Corporation," *The Colombia Journal of World Business*, January-February, 1969, pp.9-18.
（11）海外事業の拡大を目指し，国籍を問わずに人材育成を行う日本企業も出てきた。2009年9月2日付の日本経済新聞によると，「ユニクロ」は経営幹部を日米中で育成するために海外採用の外国人職員も含め教育・育成を行うという。

第2章

国際機関の人的資源管理
―日本型雇用管理との比較を中心に

　国際機関という組織は民間企業でいう株主が各国政府であり，分担金，拠出金と呼ばれる株主から提供される資金を使い，加盟国の平和と安全の維持，主に開発途上国への国際協力，加盟国間の友好関係の促進などの活動を行う。国際機関に勤務する職員は国際公務員と呼ばれ，職場では多国籍の職員とともに働いている。機関の運営は利潤を追求する民間企業の場合と多少異なる。国際機関とそこに勤務する国際公務員は加盟国への勧告や調停を行う権限は与えられているが，各国政府の国政に直接関与する権限は与えられていないという特徴を持つ。組織管理面では，国際機関の人的資源管理は欧米企業と同様，成果主義を基調とした人的資源管理を行っている。本章は国際機関の人的資源管理の特徴を日本型雇用管理と比較しながら概観する。

　第1節で研究対象を定義し，第2節では国際機関の人的資源管理の特徴の整理を行う。第3節では主要国際機関の職員採用方針を概観し，第4節では要約と考察を，第5節で総括を行う。

第1節 研究対象の概要

1 研究対象機関

　本書が研究対象とする機関は表1に示す31の国連諸機関と専門機関である。

表1 国連共通システム内の31機関

1. 国際連合		2. 専門機関	
a. UN	国際連合*	FAO	国連食糧農業機関
ICJ	国際司法裁判所	ICAO	国連民間航空機関
ICSC	国際人事委員会	IFAD	国際農業開発基金
UNJSPF	国連合同年金基金	ILO	国際労働機関
b. 総会によって設立された機関		IMO	国際海事機関
UNDP	国連開発計画	ITU	国際電気通信連合
UNFPA	国連人口基金	UNESCO	国連教育科学文化機関
UNOPS	国際連合プロジェクト・サービス機関	UNIDO	国連工業開発機関
		UPU	万国郵便連合
UNHCR	国連難民高等弁務官事務所	WHO	世界保健機関
		WIPO	世界知的所有権機関
UNICEF	国連児童基金	WMO	世界気象機関
UNRWA	国連パレスチナ難民救済事業機関	UNWTO	世界観光機関
		3. その他の機関	
UNU	国連大学	IAEA	国際原子力機関
WFP	国連世界食糧計画	ICATILO	ILO国際訓練センター
c. 合同で設置された機関		PAHO	汎アメリカ保健機関
UNAID	国連エイズ合同計画	UNITAR	国連訓練調査研究所
ITC	国際貿易センター		

注：＊国際連合内の主要機関，地域委員会，その他の機関を含む。
出所：CEB/2009/HLCM/HR/30より作成。

　これらの31機関は勤務条件，給与，職員の採用，職務の分類などにつき同一の制度を採用しており，この制度は国連共通システム（United Nations Common System）と呼ばれている。職員が同じ勤務地で同種の仕事を行っている場合には，職員は働く機関が異なっても同一の給与，待遇を受ける。専門機関はそれぞれ独自の憲章を持ち，法律的にも国際連合とは独立した自治組織となっているが，表1にある13の専門機関ではほぼ共通の人的資源管理が行われている。

　なお世界銀行グループ[1]と世界貿易機関（WTO）は，国連共通システムに参加しておらず待遇面で多少の違いはあるが専門機関であることから，特に第1次質問紙調査では本研究の対象に含めた。

2 対象国際公務員

　国際公務員とは国際連合および専門機関等の国際機関の事務局を構成する職員であり，国際公務員は出身国等の特定の国家の利益のためではなく，所属する国際機関および国際社会の共通の利益のために，中立の立場で働かなければならない。

　本書で対象とする国際公務員は，表1の31機関ならびに世界銀行等の国際機関に勤務し，雇用契約期間が1年以上の専門職および管理職職員とする。本書は専門職職員，管理職職員の働き方を研究することが主眼であるから，秘書，庶務係など専門職・管理職職員を補佐する一般事務職員は本書の研究対象に含めない。国連共通システムの31機関の機関に働く職員の構成を概観するために専門職職員，管理職職員および一般事務職にある職員数を表2に示した。

　本書では，国際機関で自己のキャリアを構築する正規職員のみを対象とし，先進国の政府が費用を負担し若手自国民に国際機関で国際的な職務を経験させるJPO（Junior Professional Officer）は非正規職員であることから対象に含めないこととした。

　日本政府は若手日本人を国際機関に派遣する制度をアソシエート・エキスパート等派遣制度と呼び，この制度による派遣者をアソシエート・エキスパート（Associate Expert，あるいはAE）と呼んでいたが，2009年3月にこの制度の呼称をJPO制度と変更し，この制度による派遣者をJPOとした。本書ではJPOという呼称で統一することを試みるが，アソシエート・エキスパートの方が適切であると判断した場合はアソシエート・エキスパートを使

表2　国連共通システムに働く職員数

機関名	合計	専門・管理職	一般事務職
UN	36,239人	10,083人	26,156人
UNDP	5,916人	2,232人	3,684人
UNICEF	6,379人	2,235人	4,144人
WFP	3,917人	1,449人	2,683人
FAO	3,433人	1,510人	1,923人
WHO	5,552人	2,230人	3,322人
UNESCO	2,100人	969人	1,131人
ILO	2,389人	1,015人	1,374人
その他23機関	16,597人	7,112人	9,485人
合計	82,737人	28,835人	53,902人

注：2009年12月31日現在。
出所：CEB/2010/HLCM/HR/24より作成。

表3　国連共通システムに勤務する専門・管理職職員の等級分布

等　級	人　数	割　合
UG（局長以上）	245人	1%
D-2（部長）	582人	2%
D-1（部次長）	1,853人	6%
P-5（課長）	5,822人	20%
P-4（係長）	8,859人	31%
P-3	7,878人	27%
P-2	3,448人	12%
P-1	148人	1%
合計	28,835人	100%

注：2009年12月31日現在。
出所：CEB/2010/HLCM/HR/24より作成。

用する。

専門職職員はProfessionalを意味するP-1からP-5（課長）に分布し，管理職の職員はDirectorを意味するD-1（部長，機関によっては部次長）からSG（国連事務総長，The Secretary General，現SGは潘基文氏）に分布している。国連共通システムに勤務する専門職・管理職職員の等級分布を表3に示した。

なお，主に開発途上国への技術援助の専門家などを対象に契約期間を定め採用される，LレベルのあるいはL職員（Field Service Level）と呼ばれる専門家職員がいる。L職員の雇用契約は事業終了とともに満了になるなど，人事規則の運用方法に多少の違いはあるが，雇用条件は専門職・管理職職員とほぼ同じである。本書ではLレベルの職員はPレベルの職員と同等と考え，Pレベルの等級分布に含める。

3　職員の国籍

国際機関では職員は広く全世界から採用され，職員の半数以上は先進諸国，特に北米，ヨーロッパの職員から構成されている。表1の31機関に働く専門職，管理職の職員は世界全体で約2万9,000人おり，これらの職員の国籍は189カ国に及ぶ。国際連合の加盟国は192カ国で，機関により加盟国のばらつきはあるものの，国際機関で働く職員はほぼすべての独立国出身の職員から構成されている。国連共通システムに働く職員の上位出身国名を表4に示す。

表4から米国人職員が専門職・管理職職員の9%を占め，最も高い比率を占めることが分かる。第2位はフランス人職員で7%，第3位はイギリス人職員で5%である。上位3カ国の職員，すなわち，米国人職員，フランス人職員，イギリス人職員が国際機関の全職員の21%を占めている。

米国人職員，フランス人職員，イギリス人職員が多い理由は，第1に職

場で使用する常用語（Working Language）が主に英語，フランス語であること，第2に第二次世界大戦の戦勝国の連合国が中心となり国際連合を含む国際機関が設立され，主要なポストは伝統的に連合国出身者から選出されていることと密接に関連している。

整理すると，国際機関はほぼすべての独立国からの職員により構成されているが，表4から分かるように実際には，上位14位までの職員は分担金率の高い北米，ヨーロッパ出身者が占め，その割合はインド（2％），中国（2％）を除くと44％である。他方，約170カ国の開発途上国出身の職員の割合は全体の52％を占めるに過ぎない。

表4 国連共通システムに働く職員*の上位出身国名とその割合

国 名	人 数	割 合
米国	2,738 人	9％
フランス	1,875 人	7％
イギリス	1,438 人	5％
イタリア	1,288 人	4％
カナダ	1,142 人	4％
ドイツ	1,137 人	4％
日本	771 人	3％
インド	717 人	2％
スペイン	716 人	2％
オランダ	522 人	2％
中国	484 人	2％
ベルギー	447 人	2％
スウェーデン	360 人	1％
デンマーク	334 人	1％
上位14ヶ国の職員	13,969 人	48％
その他の加盟国の職員	14,866 人	52％
全専門職職員	28,835 人	100％

注：専門・管理職職員（P-1 から SG）2009 年 12 月 31 日現在。
出所：CEB/2010/HLCM/HR/24 より作成。

4　勤務地

　国際公務員の職務のひとつは開発途上国への支援・技術協力である。このことから，国際機関の本部がある先進国で働く職員は全職員の一部であり，多くの職員は開発途上国で働く。勤務地は176カ国，532の市町村に及んでおり，第2章第3節③「人道援助機関の職員採用方針」で詳説するが，UNHCR，WFPなどの人道援助機関の職員は開発途上国の首都で勤務するだけではなく，地方の市町村や困難を伴う地域で働く場合が多い。他方，専門機関に働く職員は先進国の本部で勤務することが多い。よって職員の勤務地は所属機関の特徴，本人の専門分野等により先進国であったり，開発途上国であったり，その

両方であったりする。

　国際公務員の勤務は自国外勤務が原則であり，定年退職するまで自国で働くことはない。仕事の特殊性により母国で勤務する場合もあるが，それは例外と考えるべきである。

　なお，外務省の統計を調べると，日本の民間企業から海外に派遣される場合，勤務地はロサンゼルス，ニューヨーク都市圏，ロンドンなど先進国の大都市か，開発途上国の場合でも上海，香港，サンパウロ，サンティアゴなどの大都市に集中している[2]。他方，国際機関，特に人道援助機関で働く場合は繰り返しになるが，開発途上国でも首都以外の場合が多く，日本の民間企業からの海外派遣者の勤務地と比べると働く環境はかなり異なる。

5 職場で使用する言語

　国際機関では機関ごとに国際会議で使用が認められる公用語（Official Language）と職場で使用する常用語を指定している。国連では公用語としてアラビア語，中国語，英語，フランス語，ロシア語，スペイン語の6カ国語を定めている。

　常用語は国際機関で職員が日常業務を行う際に使用する言語で，多くの機関では英語とフランス語を指定している。しかし近年，職場でのコンピュータ使用の高まりを受け，職場で英語が使用される割合が圧倒的に多くなっている。

　最近の傾向として，正規職員への採用や，昇進の際に英語以外の公用語の中級レベルの試験合格を義務づける機関もある。

第2節　国際機関の人的資源管理

1 女性の活用—雇用機会の均等

　国連共通システム内に働く専門職と管理職の女性職員は表5から分かるように，2009年末現在1万人以上おり，全体の40％を占める。女性職員の割合を

機関別で見ると，国連事務局では39％，UNICEFでは50％，UNHCRでは41％，UNESCOで49％と，かなりの数の女性が組織の柱となって働いている。FAOの32％，IAEAの23％など，担当分野の性質により女性の進出度の低い機関もあるが，日本で総合職に就いている女性の割合と比較すると，はるかに多く女性が国際機関で組織の柱として働いている。管理職（Dレベル以上）においても，女性の割合は28％であり，その割合は年々上昇している。

表5　国連共通システムに働く専門職・管理職にある女性職員数とその割合

機関名	女性職員数（専門・管理職）	男女職員数（専門・管理職）	割合
UN	3,939人	10,083人	39%
UNDP	996人	2,232人	45%
UNICEF	1,114人	2,235人	50%
WHO	853人	2,230人	38%
UNHCR	672人	1,629人	41%
WFP	592人	1,449人	41%
UNESCO	471人	969人	49%
FAO	480人	1,510人	32%
ILO	442人	1,015人	44%
IAEA	242人	1,055人	23%
その他21機関	1,713人	4,428人	39%
合計	11,514人	28,835人	40%

注：2009年12月31日現在。
出所：CEB/2010/HLCM/HR/24より作成。

女性が国際機関の職場に進出している理由は，「女性の地位向上」の動きを背景に国際機関が女性の雇用を推進し，そのために努力目標を立て，同じ条件であれば女性を優先的に採用し，昇進させる政策の成果である。

たとえば，国連事務局の場合，専門職のポストに就く女性の職員比率を50％にする目標を立て，1994年には30％だった女性の比率が，2003年には37％に，2008年には38％に上昇した。UNICEFの場合にも，専門職および管理職ポストに就く女性の比率を50％に高める目標を立て，女性の比率は1994年には38％であったが，2000年には41％に，2007年には49％となり，2009年には女性比率を50％にするという目標を実現させている。

詳細な検討は第2章第2節2「採用管理」で行うが，女性職員を増やすための施策として，ほとんどの国際機関は空席ポストの補充に際し，女性の応募を歓迎しており資格・能力が同程度であれば女性を優先的に採用する旨を明記している。また，国際機関は女性が出産後，職場復帰時に以前のポストに戻る先任権を完全に保障している。加えて，昇進が出産により遅れないことを就業規

表6 国連共通システムで働く女性職員割合の推移*

年度	全体	管理職 (D-1以上)	専門職 (P-1〜P-5)
1974	13%	2%	14%
1976	13%	2%	15%
1978	14%	2%	15%
1979	14%	2%	15%
1980	14%	3%	16%
1981	15%	3%	16%
1982	16%	3%	18%
1983	16%	3%	18%
1984	17%	3%	19%
1985	18%	4%	20%
1986	19%	4%	21%
1987	20%	4%	22%
1988	21%	5%	23%
1989	22%	5%	24%
1990	23%	6%	25%
1991	24%	6%	26%
1992	25%	7%	27%
1993	27%	9%	29%
1994	28%	10%	30%
1995	28%	12%	30%
1996	30%	13%	32%
1997	31%	15%	33%
2000	33%	20%	35%
2003	36%	22%	38%
2004	37%	24%	38%
2005	37%	25%	39%
2006	38%	25%	39%
2007	38%	26%	39%
2008	39%	28%	40%
2009	40%	28%	41%

注：＊記載のない年はデータ未発表。
出所：1974年から国際人事委員会（ICSC）あるいは国連最高執行委員会（CEB）の資料より作成。

則に明記しおり，国際機関は当該就業規則を遵守する責務を法的に負っている。職場内に託児所を設けている機関もある。このように，女性が出産後も働き続けることができる制度を国際機関が整備し，女性雇用促進のための努力を長期間にわたり継続したことが，女性の長期雇用と職場進出を可能にしたといえる。

参考までに1974年から2009年までの35年にわたる国連共通システム内の機関に勤務する女性職員数の推移を表6に示した。この表は，女性の雇用を促進させるためには長い年月にわたる持続的努力が必要であることを教えてくれる。

一方，日本の職場では女性の能力を十分に活用しているだろうか。日本の民間企業での女性職員の活用を概観すると，1986年に男女雇用機会均等法が施行されて，女性の雇用を促進させるために同法は改正を重ねてはいるが，女性の活用が職場で十分に進んでいるとはいえない。従業員が100人以上の企業に働く大学・大学院卒の女性の役職者の比率[3]を表7に示す。この表から，2007年に

表7 性,学歴,役職別一般労働者数および構成比(企業規模100人以上)

(単に上段:人,下段%)

	役職者				非役職者	労働者計
	係長以上	部長級	課長級	係長級		
女性 大学・大学院卒	56,800人 (4.9%)	8,260人 (3.1%)	21,480人 (3.9%)	27,060人 (7.9%)	673,390人 (23.3%)	754,650人 (16.9%)
男性 大学・大学院卒	1,098,320人 (95.1%)	260,680人 (96.9%)	522,360人 (96.1%)	315,280人 (92.1%)	2,216,030人 (76.7%)	3,718,750人 (83.1%)
女性・男性 大学・大学院卒合計	1,155,120人 (100%)	268,940人 (100%)	543,840人 (100%)	342,340人 (100%)	2,889,420人 (100%)	4,473,400人 (100%)

注:1.「雇用期間の定めなし」の労働者の集計である。
　　2.( )内は労働者計に対する割合。
出所:厚生労働省「賃金構造基本統計調査」(2007年)。

　大学・大学院卒で係長以上の女性役職者の割合はわずか4.9%に過ぎず,同年の国際機関に働く女性で専門職にある職員比率の38%と比較すると,女性職員の割合は非常に低い。部長職以上の管理職に関しても,日本の女性職員の割合が3.1%であり,国際機関の26%と比較すると,部長職レベルでも女性役職者の登用は進んでいない。

　日本では4年制大学卒業女性の一部を「総合職」に採用する民間企業もあるが,コース別雇用管理制度を導入する企業123社を調べた厚生労働省の調査[4]によると,総合職採用予定者に占める女性の割合は16.9%に過ぎず,総合職に占める女性の割合も6%に過ぎない。

　このように国際機関および日本の民間企業での女性活用を比較すると,国際機関の男女雇用均等への努力を高く評価することができるが,日本の民間企業では女性の活用は非常に低いといわざる得ない。

2　採用管理

　どの組織であれ職員の採用に際し,優秀な人材を選考することは採用の基本である。国際機関における職員の採用は,民間企業の場合と多少異なる。表1に示した国際機関に共通する採用方針は3つあり,方針は機関により多少異なるものの,第1は募集する専門分野の能力,経験が最も高い水準の候補者を採

用すること，第2は職員数を機関への分担金割合に応じた割合で採用すること[5]，第3は同程度の能力であれば，女性を優先的に採用し，昇進させることである。

　第1の方針については，採用に際しての基本条件であり，これについての補足説明は必要ないであろう。

　次に第2は，国際機関の職員構成は機関への出資比率に応じるという方針である。運営資金を多く出資している国はその出資比率に応じ職員を採用・雇用させることを要求できる権利を有する。加盟国は「代表オーバー」「適正代表」「過少代表」「代表なし」の4つのグループに分類される。職員の採用に際して，国際機関は応募者の資格・能力が同程度であれば，「代表なし」あるいは「過少代表」の国からの応募者を優先的に採用する。

　第3の方針は，職員の男女比を1：1近づける均等雇用政策の積極的推進である。採用，昇進において，国際機関は資格，能力が同程度であれば，女性の応募者を優先的に選考する女性雇用促進政策を採用している。国際機関という職場が，全世界のロール・モデルとし男女の均等雇用を推進するという理念が背景にある。

　上記3つの方針に基づき，応募者の中から適格者を選考できない場合には，上記の3要素に加え，応募者の学歴レベルが考慮されることが多い。ひとつの空席ポストに世界中から有資格者が応募している場合，同一の物差しで各応募者の経験，教育，訓練等の評価を行い，最も優れた応募者を選考することは難しい。応募者を公平に選考する解決策として，国際機関は他の条件がほぼ同等であれば，学歴レベル（大学名は必ずしも重要ではない）の高い応募者を優先的に採用することが多い。たとえば，他の条件がほぼ同じであれば，博士号取得者の方が修士号取得者よりも能力が高いと判断する。

　第1の方針との関連で，国連の加盟国は192カ国あり，職員は189の国の出身者から雇用されている。たとえば，ある国際機関に分担金割合が最低レベルの0.01％の加盟国出身者からの応募があり，当該機関にその国出身の職員が雇用されていない場合には，その応募者は優先的に選考される。国連事務局では，この方針の適用により，全加盟国192カ国中189カ国と，ほぼすべての加盟国から少なくとも1名の職員を雇用している。

参考までに，国連事務局の場合，一定数のポストは加盟国の人口，加盟国のメンバーシップ，分担金割合の3つの要素で配分し，各加盟国の適正職員数を定めている。他の国連共通システム内の機関や専門機関も同種の採用方針に従い各加盟国の望ましい職員数を決定している。

3 入職方法

近年，日本の民間企業では通年採用で職員を採用する方法が導入され，若者の間では転職も一般的になりつつある。しかし，日本の労働市場全体を俯瞰すると，日本の民間企業では新卒採用がいまだに主流である。一方，国際機関の採用では，関連分野である程度の経験・知識がある者が採用の対象となり，職歴がなく大学院修了直後の応募者が国際機関に採用されることはまずない。

国際機関の入職方法を分類すると「若年採用」と「中途採用」の2つに分けられる。若年採用は30歳前後から中盤くらいまでに国際機関に入職し，その後は国連共通システム内の機関で内部昇進する働き方である。若年採用の入職方法として「国連職員競争試験」「JPO制度」「YPPプログラム」等があり，中途採用の入職方法としては「空席応募」「採用ミッション」が挙げられる。

「国連職員競争試験」は国連事務局が主に分担金割合と比べ職員割合が低い加盟国出身者で年齢が32歳以下の有資格者を対象に実施している試験であり，この試験に合格し正規職員となった者は国連事務局内での長期雇用が保障される。

「JPO制度」は主に先進国政府が自国出身の若手職員を増やす目的で資金を提供し，若手自国出身者（日本の場合は35歳まで）に国際機関で働く機会を提供する制度である。日本人の場合，年によって異なるが40名前後の日本人が国際機関と2年間の契約でJPOとして働き，機関により異なるが，契約終了後に正規職員に移行する割合は50％から70％といわれている。

「YPPプログラム」はヤング・プロフェッショナル・プログラムと呼ばれ，いくつかの機関が独自に研修生を募集する試験である。資格は修士号取得者あるいはそれ以上の学歴で年齢が30歳前後の場合が多い。

中途採用の入職方法として最も一般的なのは空席ポストに応募し，正規職員

になる「空席応募」による方法である。機関内に空席が生じた場合，そのポストが全加盟国に公募され，第 2 章第 2 節②「採用管理」で述べた方針に基づき選考される。国際機関内でポストを補充する方法として「空席応募」は最も一般的であるが，自国からの応募者を含め全加盟国からの応募者と空席ポストを獲得するために競わなければならず，日本国籍保持者が受験資格を持つ「国連職員競争試験」や日本政府が実施する「JPO 制度」を経由して正規職員になる場合と比べ，日本人であることを活用できるメリットは少ない。

「採用ミッション」による採用方法は，国際機関が特定の国出身の通常，中堅レベル以上の職員を採用したいと考え，担当者が当該国を訪問し，試験（通例，書面審査，面接試験）を行い，正規職員として採用する方法である。実務経験が豊富で即戦力となる専門家が対象となることが多い。

4 昇進・配置管理

日本の民間企業では人事部が職員の配置を決定し，職員の昇進審査においても人事部の影響が大きい。昇進の際には評価対象として「能力評価」と「業績評価」が最も重視されるが，同時に「在籍年数」や「人柄」も重視される[6]。

厚生労働省が実施した「平成 14 年雇用管理調査」によると，転勤を一時的に免除する制度があると回答した企業は 3 ％に過ぎなかった。他方，90 ％の企業は転勤の一時免除制度を設けておらず，残りの 7 ％は無回答であった[7]。この調査から，企業に勤務する職員のほとんどは人事部の意向に従い転居を伴う配置転換に応じていると考えられる。また，日本の企業では昇進審査に際し，本人の業績だけではなく，在籍年数や年齢などの属人的要素も評価の対象となる。従業員が人事部の判断に反する意思を示すことは，その後の昇進に大きな影響を与える。

一方，国際機関では昇進・配置転換においては本人の意思が最優先される。専門職以上の空席となったポストはすべて全世界に公募されるゆえ，昇進を望む職員は上位の空席ポストに応募し，選考されるよう自らの能力を高めなければならない。職員は必要と考えれば，同じ職位の異なるポストで経験の幅を広げた後に上位の空席ポストに応募し昇進を図るなど，自らの意思で将来の職業

設計を行い，その目的に到達するために自助努力を行わなければならない。他方，現状に満足し，昇進や配置転換を望まない場合には，給与の上昇は望めないものの，空席ポストに応募せず，低い職位に居続ければよい。このように，国際機関での昇進は「能力」や「業績」ならびに「本人の意思」に基づき行われ，「年齢」や「人柄」には左右されることはほとんどない。

5 給　与

　国際公務員の給与額はノーブル・メイヤーの原則に基づき決められている。ノーブル・メイヤーの原則は，優秀な職員を世界中から採用するために，国際機関に働く職員の給与は世界中で最も高い給与水準の加盟国の公務員の給与よりも高い水準にしなければならないというもので，1921 年にノーブル・メイヤー委員会により提唱され，国際連盟の給与制度策定の基礎となった。

　国際連合が 1945 年に設立された際には，この原則が引き継がれ，当時世界で最も給与水準が高かったアメリカ連邦政府の俸給制度に基づき，国連共通システムの給与制度が整備された。実際には，国際公務員の給与は米国連邦政府公務員よりも約 3 割程度高い額であるといわれている。米国連邦政府職員の給与水準は米国内の民間のたとえば金融機関の給与水準と比べると低い。

　次に職員の給与について概観しよう。国際公務員の給与はドル立てで支払われており，その計算方法は次の通りである。

給与＝基本給＋地域調整給＋各種手当－掛金（年金，健康保険）

　基本給は給与の基本となる部分で，これには税込み額と手取り額の二種類がある。国際公務員の給与は，実際には税込み額の計算を行うことなく，税引き後の額で計算され，支給されている。もし，当該公務員が国際機関で働くことなく自国で働いているとすれば当然，本国で税金を支払う義務を負う。この問題を解決するために，国際機関は基本給の一定割合を職員課金（スタッフ・アセスメント）という形で徴収し，基本給の約 30％程度を職員課金として職員の母国政府へ払い戻している。職員課金を含めた額が税込み額であり，含ま

い額が手取り額であるが，職員には手取り額のみが計算され，給与として職員に支給されている。このことから，国際公務員の給与は非課税であると誤解されることがあるので付記する。

地域調整給は，勤務地が世界各地にあることから，各勤務地での生活水準を平準化し，調整するための手当である。この手当は，勤務地の生活に必要とされる基礎費用，生活水準，そのほかの関係項目に関して国連が毎月発表する統計を基礎に計算される。

手当は各種あるが，特色のある手当は異動・困難手当である。異動・困難手当は職員間の流動性を高めるため，僻地（1～4までのレベルがある）に勤務する職員や転勤を頻繁に行っている職員に支払われる。

教育補助金は，子どもが大学教育を終了するまでの教育費について，子供一人につき年額最高約 17,584 ドル[8]までの補助を行う制度である。また，住宅供給が不足している勤務地で高額の家賃を支払わなければならない場合，条件を満たせば該当する職員に対し家賃補助金を支給している。

国連諸機関や主要専門機関の本部に働く職員の手取り年間給与額（基本給＋地域調整給＋扶養手当）を計算すると下記のようになる。下記の手取りの年間給与額は P-4，ステップ3（40歳～45歳程度）の等級で，配偶者と子供が二人いる場合であり，2010年1月1日現在のデータを基に算出している[9]。カッコ内は円表示の額で，1ドルは90円とした。ボーナスや特別賞与などはないことから，月額給与は下記の年間給与額を 12（カ月）で割った額となる。

　　　ニューヨーク　　121,806 ドル　　（約 1,096 万円）
　　　ジュネーブ　　　136,408 ドル　　（約 1,228 万円）
　　　バンコク　　　　104,820 ドル　　（約　943 万円）
　　　ローマ　　　　　125,084 ドル　　（約 1,126 万円）
　　　パ　リ　　　　　124,041 ドル　　（約 1,116 万円）
　　　ウィーン　　　　122,998 ドル　　（約 1,107 万円）

上記の額に加え，資格を満たす職員には前述した教育補助金，異動・困難手当，家賃補助金等が支給される。なお，上記額から年金の掛金と健康保険の掛金が差し引かれる。

6　福利厚生

　国際機関に5年以上勤務した職員に対しては62歳（1989年以前に採用された職員は60歳）に達した日以降，年金が支給される。なお，機関と個人の年金の掛金比率は2：1であり，通常の日本の民間企業の1：1の比率と比べると，国際機関退職者の年金受取額は職員の負担に比べ受給額が多い。年金の運用は国連合同年金基金（UNJSPF）が行っている。
　健康保険に関しては各機関がそれぞれ保険会社と契約しており，職員の医療費の8割ないし9割が保険でカバーされる。機関と個人の保険の掛金比率は通常，1：1である。被保険者は世界中，本人の好む場所で治療を受けることができる。
　整理すると，国際機関に働く職員への福利厚生面での処遇，特に年金は手厚いといえる。

7　労働時間管理

　国際機関では仕事の成果を労働時間数で測るのではなく，質で測る。仕事は職員の自己裁量により遂行される。多くの機関ではフレックス・タイム制が設けられており，職員は自己裁量で労働時間を管理することができる。国際機関の職場では長時間職場に留まることは必ずしも有能とは見なされない。
　国際機関の職員は1カ月に2.5日の有給休暇が与えられ，年間で合計30日間の有給休暇を与えられている。さらに年間に8日から10日間程度の祝祭日が各機関，勤務地ごとに定められており，土曜日，日曜日の休日も合計すると，1年間の内，3分の1以上の日が休日として保障されている。国際機関では，有給休暇は労働者の権利と考えられ，職員は完全に有給休暇を消化することが当然と考える。一方，日本の企業では年間で20日の有給休暇が与えられているが，民間企業の有給取得率は46.7%[10]と50%に達していない。

8 出産休暇

女性職員のための制度として産前産後合計4カ月（16週間）の出産休暇がある。この期間の給与は100％保障され，出産休暇期間中も一月に2.5日の有給休暇が別に与えられる。よって職員は過去の有給休暇分と上記出産休暇を組み合わせ，職場復帰まで通常，数カ月間，通常の給与を受けながら出産と育児に専念することができる。繰り返しになるが，職場復帰時には以前のポストに戻る先任権が完全に保証されている。昇進は出産により遅れることがないよう就業規則に明記されており，国際機関によっては託児所を設けている。

このように，国際機関には，女性職員が出産後も働き続けられる制度が整っているとともに，女性の出産は権利であり雇用継続や昇進の障害にならないと就業規則に明記されている。加えて，その運用は職場に浸透しており，女性職員はこれらの権利の行使は当然であると考えている。日本でよく見られるように出産後に仕事との両立が困難という理由で自主的に退職する職員はいない。

第3節 主要国際機関の職員採用方針

国際機関は勤務条件，給与，採用，職務の分類方法について同一の規則を採用していることは本章第1節①「研究対象機関」で説明した。職員の採用方針は機関により大きく異なることから，本節では主要機関の採用方針について詳説する。なお，下記の機関（国連事務局，ILO，UNHCR，FAO，WFP）の採用方針は，筆者が2009年にこれらの機関を訪問し人事担当者から聴き取り調査を行った結果と2008年の日本人国際公務員への聴き取り調査から得た知見等に基づいている。

表1に示した国連システム内の機関の職員採用方針を分類すると「国連事務局」「UNDP」「人道援助機関」「専門機関」の4つに分けることができる。

1　国連事務局の職員採用方針

　国連事務局の32歳までの職員の採用は「国連職員競争試験」合格者を通じて行われる。国連事務局は毎年，分担金率に比べ職員の少ない国あるいは定年退職により職員数の減少が見込まれる国を発表し，対象国の国籍を有する32歳以下の者が当該試験の受験資格を得る。受験資格を満たす応募者は筆記試験，面接試験を受験し，両試験の合格者は人事ロスターに登録される。国連事務局はP-1レベルからP-2レベルの空席ポストを補充する際には，上記ロスター登録者の中から候補者を選考し，職員として採用する。「国連職員競争試験」を経由し国連事務局に入職した職員は数年間，同事務局に勤務すると恒久契約を得ることができ，定年退職までの雇用が保障される。もちろん，P-3レベル以上のポストに昇進するためには空席ポストに応募し，他の応募者と競争しなければならないが，若くして事務局に入職した後は組織内で長期雇用が保障されることから，この試験を経て職員になった者の多くは国連事務局内で内部昇進し，定年退職時まで勤務することが多い。

　国連事務局のP-3レベル以上のポストの採用では，国連共通システムの他の機関の職員採用の場合と同じく，全加盟国に空席ポストを公募し，適格者が採用される。

　付記すると，日本人で「国連職員競争試験」の合格者は近年，非常に少ない。

2　国連開発計画の職員採用方針

　主に開発途上国の社会・経済開発を担当する国連開発計画（UNDP）における職員の補充方法はJPO制度の活用と公募採用の両方である。UNDPの人的資源管理の特徴を一言で表現すると，米国型成果主義である。UNDPは広く若手のJPOを戦力として活用するが，JPOの任期修了時に正規職員に移行できる者は国籍に関係なく非常に少ない。また，P-3レベル以上の公募の選考時には，UNDPでの過去の勤務実績はほとんど考慮されず，対象ポストの業務遂行能力が主な選考基準となる。加えて，契約期間中に次のポストに就くこと

ができない場合には雇用契約が終了となるなど，職場内の生き残りはきわめて厳しい。

3 人道援助機関の職員採用方針

　UNHCR, UNICEF, WFP 等の人道援助機関の採用方針は国連事務局や後述する専門機関と比べ大きく異なる。人道援助機関に勤務する職員の勤務地は開発途上国が中心であり，職員は 2 〜 4 年置きの人事異動により勤務国を変える。勤務地での生活条件は厳しく，意欲がなければ長期間これらの機関に勤務することは難しい。このことから，人道援助機関は職員を若年非正規職員である JPO の中から選抜し，適格者を正規職員に昇格させ，これらの職員を内部昇進させることが多い。これらの機関の人事部は日本企業の人事部と同様，職員の配置転換等で強い影響力を持つ。

4 専門機関の職員採用方針

　専門機関の職員の採用は，P-4 レベル以上の中堅専門家の公募による中途採用が中心である。これは，機関の業務が高い専門性を要求されることと大きく関連している。また，専門機関には，P-2 や P-3 レベルの若年職員向けポストが少ないことから，JPO 修了後にそのまま正規職員として採用されることは難しい。なお，専門機関の職員の採用では担当部局の力が強く，人事部の影響力は弱い。

第4節　要約と考察

　本章では国際機関の人的資源管理を概観した。
　第 1 節では研究対象となる国際機関および国際公務員の定義を行い，次に職場としての国際機関の特徴である職員の国籍構成，勤務地，職場で使用する言語等の整理を行った。

表8 国際機関と日本の大企業の人的資源管理の比較

	国際機関	日本の伝統的大企業
異動	本人の意思	主に人事部中心
雇用保障	低い（時限付雇用契約）	高い（定年までの保障）
個人の裁量	大きい	小さい

　第2節では国際機関では女性職員比率が高いこと，職員の採用方針，国際機関への入職方法，昇進・配置管理，給与，福利厚生，労働時間管理，出産休暇制度など国際機関の人的資源管理の特徴を概説した。

　第3節では国際機関の職員採用方針を国連事務局，UNDP，人道援助機関，専門機関に分けて概説した。

　第1節，第2節で概観した国連共通システム内の31機関の人的資源管理は待遇も含め共通である。共通システム機関内で職員の異動は頻繁に行われる。しかしながら，職員の採方針は第3節で説明したように機関によりかなり異なる。

　国際機関，および日本の民間企業の人的資源管理の特徴を表8に整理した。

　表8から分かるように，特に最初の数年間の雇用保障は低いものの，国際機関では日本の民間企業の場合と比べ，職員個人の裁量が大きい。たとえば，国際機関では上位ポストへの昇進は個人の意思に基づき空席ポストに応募するという形で行われ，日本の民間企業のように人事部が職員の昇進や配置に主導権を持つことはない。加えて，国際機関では，仕事は質で測られ，労働時間の長さで測られない。よって，職員が必要もなく職場に長時間留まるということはない。

第5節　総　括

　国際機関の人的資源管理は日本の伝統的大企業の人的資源管理と比較すると大きく異なる。国際機関では，職員の雇用は特に最初の数年間は期限つきの契約に基づき行われることから雇用面での保障は低く，組織が能力を低いと判断すれば雇用契約を終了させる。しかし，働き方に関しては，国際機関では昇

進・転勤は本人の意思に基づき決定され，労働時間管理も本人が責任を負うなど個人の裁量が大きい。

国連共通システム内の国際機関では共通の人的資源管理が行われているが，職員の採用方針は，機関によりかなりばらつきがある。

注

(1) 世界復興開発銀行（IBRD）＝世界銀行，国際金融公社（IFC），国際開発協会（IDA），多国間投資保証機関（MIGA），国際投資紛争解決センター（ICSID），国際通貨基金（IMF）を総称し，世銀グループと呼ばれる。
(2) 外務省監海外在留邦人数調査統計 http://www.mofa.go.jp/Mofaj/toko/tokei/hojin/09/index.html，2007 年 10 月 1 日現在。
(3) 厚生労働省雇用均等・児童家庭局編『女性労働の分析　2008 年—大卒女性の働き方』21 世紀職業財団，2009 年 5 月，56 頁。
(4) 厚生労働省：コース別雇用管理制度の実施・指導等状況，コース別雇用管理制度導入企業全国 123 社を対象，実施期間：平成 19 年 4 月～平成 20 年 3 月（http://www.mhlw.go.jp/houdou/2008/12/h1224-1.html）。
(5) 国連憲章 101 条の，優秀な職員をできるだけ地域に偏ることなく採用し，原則として分担金に応じた割合で採用するという理念を反映させたものであり，この方針は地理的配分（Geographic Distribution）と呼ばれている。
(6) 厚生労働省大臣官房統計情報部編『雇用の実態 2002—雇用管理調査報告書』労務行政，平成 14 年 10 月，15 頁。本書は厚生労働省が実施した「平成 14 年雇用管理調査」の詳細を報告したもの。
(7) 厚生労働省大臣官房統計情報部編『雇用の実態 2002—雇用管理調査報告書』労務行政，平成 14 年 10 月，32 頁。
(8) 2010 年 1 月現在。
(9) 「国際機関職員給与例」（2010 年 1 月 1 日現在）『国際公務員への道—基礎編』21 ページ（http://www.mofa-irc.go.jp/shiryo/kisohen090205.pdf）。
(10) 『平成 20 年就労条件総合調査結果の概況』厚生労働省，平成 20 年 10 月，8 頁。

第3章

日本人国際公務員の意識形態
―第1次質問紙調査の分析から

　本章では電子メールを使い2003年6月に日本人国際公務員に対して実施した質問紙調査（第1次質問紙調査）の概要とその調査結果を報告する。
　第1節では質問紙調査に先立つ予備調査を，第2節では質問紙調査の実施方法を説明する。第3節は170名の日本人正規職員からの集計値を分析した結果を，第4節では考察を，第5節では総括を行う。

第1節　予備調査

　筆者は2001年から2002年にかけてジュネーブ，ニューヨーク，東京で現職の日本人国際公務員25人に予備調査を行った。予備調査は，筆者が準備した質問項目に対し自由に答えてもらい，それを書き取るという形式で行った。当該予備調査の回答は，次節に紹介する第1次質問紙調査実施時の質問項目作成のための準備資料とした。なお，調査票作成に際しては，日本労働研究機構が2001年に出版した『第4回海外派遣勤務者の職業生活に関する調査結果』[1]を参考にした。

第2節 調査方法―電子メールを使った質問紙調査

　日本人国際公務員への質問紙調査は当初，郵送によって行うことを計画した。しかし，国際公務員の多くは郵便事情の悪い開発途上国に勤務していることから，アンケートの回収率を高め，調査票を短期間に回収するためには郵送による調査は不適切である考え，電子メールを使い調査を実施することにした。

　試行錯誤の末，次の手順で日本人国際公務員の電子メール・アドレスを作成した。対象者の特定は『主要国際機関の日本人職員名簿』[2]をもとに行い，スキャナーで読み取り，ローマ字読みに変換した。メール・アドレスの特定に当たっては所属機関ごとの電子メール・アドレス作成規則[3]に則り，暫定電子メール・アドレスを作成した。さらに，暫定電子メール・アドレスの正しさを確認するために，2003年5月に質問紙調査への協力を求める文書を英語と日本語で作成し，741人の日本人国際公務員の暫定電子メール・アドレス宛に送付した。受信されなかったメール・アドレス，相手が質問紙調査への協力を拒否した職員のアドレスを削除した後，2003年6月に541人に英文および和文の調査書を電子メールで送ったところ，250名からの有効回答があった。回答率は46％であり，質問紙調査としては高率であった。この高い回答率は，未回答者に対し電子メールで二度督促状を送ったこと，職員からアンケートの質問項目に関する疑問・質問に対し逐次電子メールで回答したことが寄与したと考えられる。本書では，国連共通システムの31国際機関，世界銀行および世界貿易機関で自己のキャリアを構築している日本人の正規職員，170名を分析の対象とする。

第3節 第1次質問紙調査結果— 170名の正規職員からの回答

1 回答者の所属と概要

(1) 対象グループ

　回答者は契約期間が1年以上の職員である。本書の目的は，国際機関でキャリアを構築している正規職員を研究することであるから，費用が外務省負担のJPO，および契約期間を問わずコンサルタントからの回答は除外した。

(2) 回答者の所属と属性

　まず，第1次質問紙調査より得られた170名の集計値から，国際機関で働く日本人正規職員の平均像を表1に示す。

　本質問紙調査への正規職員からの回答は，女性職員からが52％，男性職員からが48％である。表2に回答者の割合を所属機関別に示した。この表から，専門機関を含む多数の国際機関に勤務する日本人職員が協力してくれたことが分かる。

　質問紙調査での回答者の職位は平均するとP-4であった。国連共通システムに働く職員の人事統計を担当する国連最高執行委員会（CEB）によると国

表1　回答者（日本人正規職員170人）の属性

		全体	男性職員	女性職員
人数		170人*	79人（48％）	87人（52％）
平均年齢		43歳	46歳	39歳
平均職位		P-4	P-4, Step 4	P-3, Step 5
既婚者		110人	66人（84％）	44人（51％）
最終学歴	博士号取得・課程修了	40人（26％）	22人	18人
	修士	98人（64％）	40人	58人
	学士（大学）	16人（10％）	11人	5人
日本での勤務経験有り		134人	67人（50％）	67人（50％）
日本での勤務年数		7年	9年	4年
勤務国		2.4カ国	2.5カ国	2.3カ国

注：＊4名は性についての問に回答していない。

表2　回答者の所属機関

	合計		男性		女性	
国連事務局	30人	19%	8人	10%	22人	26%
国連下部機関*	48人	30%	22人	29%	26人	31%
専門機関	56人	35%	31人	40%	25人	29%
世界銀行	24人	15%	12人	16%	12人	14%
WTO**・その他	4人	2%	4人	5%	0人	0%
合計	162人	100%	77人	100%	85人	100%

注：1．＊総会によって設立された機関。
　　2．＊＊世界貿易機関。

図1　男女別最終学歴での専攻分野

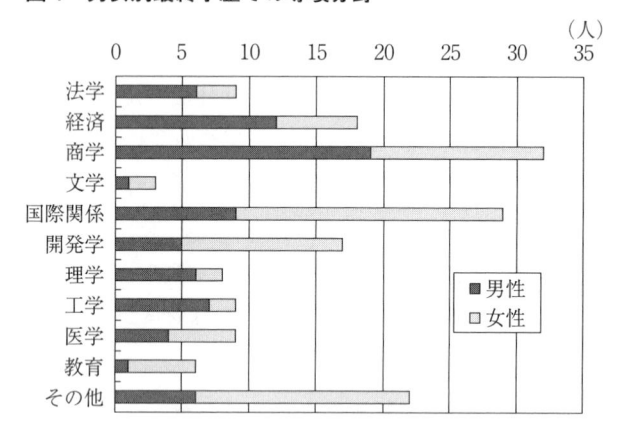

連共通システムに働く全職員の平均職位がP-4であることから，回答者の職位に片寄りは見られず，若手・中堅から上級職員まで幅広い職員が本調査に協力したといえる。回答者の平均年齢は43歳であり，男性職員が46歳，女性職員が39歳であった。このうち，男性職員の84％は既婚であるが，女性職員の場合は51％が既婚，44％が独身（5％はその他および無回答）であった。

　表1から明らかなように国際機関で働く日本人は，日本の政府機関，民間組織に勤務する職員と比べ高学歴である。これらの職員は日本で平均約7年間の勤務を経験した後に国際機関に入職し，入職後は男性職員，女性職員それぞれ2.5カ国，2.3カ国，平均すると2.4カ国の職場を経験している。表1を概観す

ると，男性職員・女性職員間で年齢，既婚率，日本での勤務年数，平均職位についてはある程度隔たりが見られるが，学歴，日本での職務経験，勤務国数においては両職員間で大きな違いは見られない。

2 質問紙調査結果

集計値をクロス集計したところ，回答に大きな差が見られたのは男女による差であった。よって本章の分析は主に男女の違いに焦点を当てた。参考までに，本文の後の「付表1」に男女別の集計値を掲載した。なお，本章に掲載された図表はすべて，付表1の集計値から作成された。

質問調査結果の概要は次の通りである。

(1) **最終学歴**（問56）：修士号取得者が3分の2

表1から分かるように，回答者の内，修士号取得者が64％おり，博士課程修了者および博士号取得者は26％であった。すなわち，国際機関に勤務する回答者の3分の2は修士号を取得している。博士号取得者については，男性職員の方が女性職員よりも多く，特に専門機関に勤務する職員に博士号取得者が多かった。学士卒の学歴で国際機関に入職した回答者が10％いるが，これらの職員の年齢は高いことから，入職がかなり古い職員と考えられる。

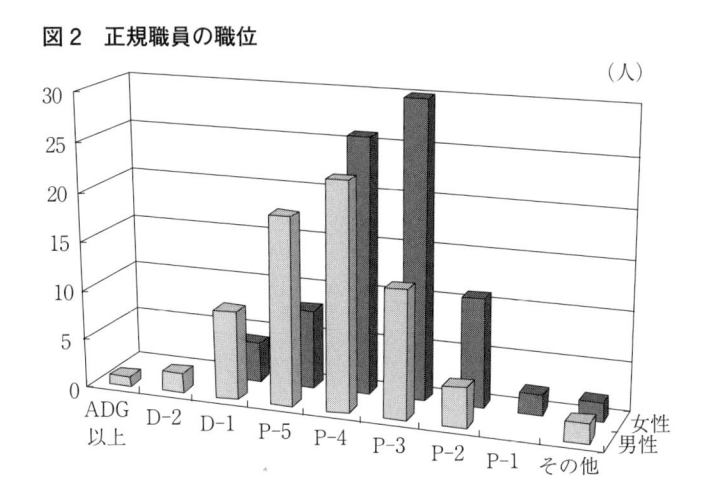

図2　正規職員の職位

表3 担当職種（2つ以内）

職種	割合
政治	5%
経済・社会開発	20%
人道援助	10%
人権	2%
環境	3%
プロジェクト／プログラム管理	20%
情報処理・管理（IT）	4%
総務／人事	4%
法務／法律	3%
広報	2%
財務	8%
公衆衛生	5%
教育	3%
工学	2%
その他	8%

(2) **最終学位での専攻分野**（問57）：男性職員は商学（MBA：経営管理），経済，国際関係，法学，工学，理学などに広く分散，女性職員は国際関係，商学（MPA：行政管理），開発学の3分野に集中

図1から分かるように，回答者の最終学位における専攻分野は，「国際関係」および「開発学」の比率が高い。しかし，専攻分野を男女別に分けると，男性職員の場合は最終学位の専攻分野は「商学（MBA：経営管理）」「経済」「国際関係」「工学」「理学」「法学」と広い分野に分散しているのに対し，女性職員の場合は「国際関係」「商学（MPA：行政管理）」「開発学」の3分野に集中していた。なお，「商学」の個票を調べると，男性職員の場合はMBA取得者が多数を占め，女性職員の場合はMPA取得者が多いという特徴があった。

(3) **専門分野／職種**（問49，問50）：ジェネラリスト向きの経済社会開発，プロジェクト・プログラム管理に50％以上

国際機関に勤務する日本人職員はどのような職種に就いているのであろうか。表3は，回答者が調査時点に職場で担当していた専門分野／職種を示す。この表から37％の回答者は「政治」「人権」「環境」「情報処理・管理」等の高い専門性が要求される職種に就いており，54％の回答者は「経済・社会開発」「プロジェクト／プログラム管理」「人道援助」「総務／人事」など高い専門性がそれほど要求されないジェネラリスト向きの業務に就いていた。

(4) **専門分野／職種の変更**（問51）：入職後の専門分野／職種の変更は約40％

国際機関に入職してから調査時点までに専門分野あるいは職種を変更した職員の割合は表4から分かるように約37％であり，残りの59％は専門分野／専門領域を変更していなかった。なお，第4章で説明する第2次質問紙調査でも，入職後の専門分野／職種を変更した職員の割合は38％（付表2，問51）であった。従って，日本の民間企業の配置転換による担当分野の変更と比べる

と，国際機関に入職後に専門分野や職種を変更している職員はそれほど多くない。

(5) 職位（問42）：男性職員の平均職位はP-4，Step4，女性職員はP-3，Step5

正規職員の平均職位はP-4である。しかし，職位を男女別に分けてみると，男性職員の平均職位はP-4，Step4であり，女

表4　国際機関入職後の専門分野／職種の変更割合

専門分野／職種の変更	人数	割合
はい	63人	37%
いいえ	100人	59%
回答なし	7人	4%
合計	170人	100%

性職員の平均職位はP-3，Step5であった。国際機関は男女の雇用均等を目指し，女性の採用・登用を推進しているにもかかわらず，図2から明らかであるが，男性職員の方が女性職員よりも高い職位に就いている。なお，正規職員の平均年齢は男性職員が46歳，女性職員が39歳と男性の方が7歳高い。

(6) 入職の準備（問7，問8）：大学生〜29歳

国際公務員として勤務する日本人は，いつ頃国際機関に働くことを志望し，準備を開始したのであろうか。表5の準備開始時期については，回答者のうち高校生以前に，国際機関で働く準備を開始した人はわずか5％であり，回答者の67％は大学生から20代末までに準備を始めていた。回答を男女別にみると，男性の34％は実社会で働くようになってから準備を始めているが，女性の場合は45％が学生時代に準備を始めている。女性の方が早く国際機関に勤務する準備を始めていることが分かる。

男女間の特徴として，女性の場合，JPO制度の応募上限年齢である35歳以

表5　国際機関で働く準備を開始した時期

	合計		男性		女性	
高校生以下	8人	5%	4人	5%	4人	5%
大学生／大学院生	58人	36%	19人	25%	39人	45%
卒業後〜29歳	51人	31%	26人	34%	25人	29%
30歳〜34歳	25人	15%	11人	14%	14人	16%
35歳〜39歳	5人	3%	3人	4%	2人	2%
40歳〜44歳	9人	6%	7人	9%	2人	2%
45歳〜49歳	5人	3%	5人	7%	0人	0%
50歳以上	1人	1%	1人	1%	0人	0%
合計	162人	100%	76人	100%	86人	100%

表6　国際機関の志望動機（複数回答可，3つ以内）

	合計		男性		女性	
世界平和に貢献したい	56人	15%	26人	14%	30人	15%
開発途上国の人／難民を助けたい	100人	26%	50人	26%	50人	26%
専門性を活かしたい	97人	25%	54人	28%	43人	22%
海外で生活したい	39人	10%	22人	11%	17人	9%
背景（文化，宗教など）の異なる人と働きたい	77人	20%	33人	17%	44人	23%
その他	17人	4%	7人	4%	10人	5%
合計	386人	100%	192人	100%	194人	100%

降に準備を開始した割合は極めて低くなるが，男性の場合は35歳以降に準備を始めた割合が20％を超えている。

(7) **志望動機**：開発途上国の人々を助けたい／専門性を活かしたい

　質問紙調査で国際機関を志望した理由を尋ねると，表6にあるように，第1は「開発途上国の人／難民（社会的弱者）を助けたい」「専門性を活かしたい」「背景の異なる人々と働きたい」「世界平和に貢献したい」であった。質問紙調査への回答者は，国際機関のミッションに賛同し，志望したことが分かる。なお，男性の方が専門性を活かしたいと考える比率が高いことを除けば，男女間で志望動機に差は見られない。

(8) **正規職員年齢**

　表7から分かるように，正規職員になった年齢は，男女共30歳～34歳が最も多く，40％の回答者がこの時期に正規職員になっている。しかし，この表を男女別に見ると，女性が20代後半に正規職員になっている割合が最も多く，男性の場合は30代前半が最も多い。興味深いこととして，40歳以降に正規職員になった男性が23％いる。このグループは空席ポストに応募，あるいは採用ミッションにより中途採用された職員と考えられる。

(9) **日本での勤務組織**：民間企業出身者が半数

　国際機関に採用される前に勤務していた日本の組織を調べたところ，表8から分かるように，51％の回答者は日本の民間企業に勤務していた。応募前に勤務していた組織はさまざまである。勤務先の特徴として，男性は官公庁出身の割合が多く，女性の場合はNGO/NPO出身の割合が比較的多いという特徴は

表7　国際機関の正規職員になった年齢

	合計		男性		女性	
20歳～24歳	7人	4%	1人	1%	6人	7%
25歳～29歳	54人	33%	18人	23%	36人	41%
30歳～34歳	66人	40%	33人	42%	33人	38%
35歳～39歳	16人	10%	9人	12%	7人	6%
40歳～44歳	15人	9%	10人	13%	5人	6%
45歳～49歳	5人	3%	5人	6%	0人	0%
50歳以上	3人	2%	3人	4%	0人	0%
合計	166人	100%	78人	101%	87人	98%

表8　国際機関に入職する前の日本での勤務組織

	合計		男性		女性	
民間企業	85人	51%	41人	49%	44人	54%
研究機関	24人	14%	13人	15%	11人	13%
官公庁	28人	17%	19人	23%	9人	11%
NGO/NGOs	11人	7%	4人	5%	7人	9%
自営業	1人	1%	1人	1%	0人	0%
日本にある国際機関	10人	6%	3人	4%	7人	9%
その他	7人	4%	3人	4%	4人	5%
合計	166人	100%	84人	100%	82人	100%

あるが，男女間で入職前勤務組織にそれ程大きな違いは見られなかった。

(10) **入職方法**（問9）：JPO制度と空席応募がおもな入職方法

　第2章第2節③「入職方法」の繰り返しになるが，日本人が国際機関で正規職員になるためには①公募されている空席ポストに応募する「空席応募」，②国際機関の職員が来日し，即戦力のある人材を採用する「採用ミッション」による方法，③「JPO制度」を通して正規職員になる方法，④「国連職員競争試験」により国連事務局の正規職員になる方法，⑤国際機関が独自に実施する「YPPプログラム」を通じての入職が一般的である。質問紙調査に回答した正規職員の入職方法は，表9にあるように，JPO制度の元で職場内のOJTを通じ能力を評価され，正規職員になった割合が最も多く34%を占めていた。その一方で，国際機関の空席ポストに応募し，正規職員になった職員も22%いた。

表9 男女による入職方法*

		合計		男性		女性	
中途採用	空席応募	37人	22%	24人	30%	13人	14%
	採用ミッション	15人	9%	7人	9%	8人	9%
	小計	52人	31%	31人	39%	21人	23%
若年採用	JPO制度	58人	34%	21人	27%	37人	41%
	国連職員競争試験	20人	12%	6人	8%	14人	15%
	YPPプログラム	11人	6%	5人	6%	6人	7%
	小計	89人	52%	32人	41%	57人	63%
その他		29人	17%	16人	20%	13人	14%
合計		170人	100%	79人	100%	91人	100%

注：*質問紙調査の問8「入職方法」において,「国連職員競争試験」を選択肢に含めなかったが,若年採用の入職方法として重要であることから,表9は個票を確認し作成した。

表10 入職方法の男女比較

男性職員	中途採用（39%）
	若年採用（41%）
女性職員	中途採用（23%）
	若年採用（63%）

表10は日本人正規職員の入職方法を理解しやすいように表9を簡略化したものである。表10から,男性はP-4レベル以上のポストに就く中途採用（空席応募,採用ミッション）が39%,P-2レベル等の低いの職位で正規職員となる若年採用（JPO制度,国連職員競争試験等等）が41%とほぼ同割合であることが分かる。他方,女性の場合は若年採用が63%と中途採用の3倍近い割合を占めている。従って,男性職員と女性職員では入職方法が異なる。

(11) **国際機関で働くために重要な要素**（問11）：適応性,語学力,専門性

本質問紙調査では,国際機関で働くために重要と思われる要素を,表11にある10項目の中から3つ以内で回答してもらったところ,男女とも,適応性,語学力,専門性の3つを選択した割合が多かった。男女別で集計値を調べると,女性は適応能力を,男性は専門性と語学力を高く評価していた。

(12) **職務満足度**（問12,問13）：高い満足度は職務内容,達成感,社会への貢献,**志望動機**（問11）：開発途上国の人を助けたい,専門性を活かしたい

職務満足については,表12から分かるように,80%を越える回答者が国際機関での職務を「やや満足」,あるいは「非常に満足」していると回答した。

表11 国際機関で働くための重要な要素（3つ以内）

	合計		男性		女性	
適応能力	104人	22%	41人	18%	63人	26%
専門性	78人	17%	48人	21%	30人	12%
交渉能力	39人	8%	22人	10%	17人	7%
語学力	97人	21%	47人	21%	50人	21%
積極性	49人	10%	21人	9%	28人	12%
リーダーシップ	21人	4%	13人	6%	8人	3%
関連分野での職務経験	21人	4%	9人	4%	12人	5%
海外居住経験	8人	2%	3人	1%	5人	2%
ローカル・スタッフとの調整能力	20人	4%	10人	4%	10人	4%
国際機関の事業内容への理解	9人	2%	4人	2%	5人	2%
その他	23人	5%	9人	4%	14人	6%
合計	469人	100%	227人	100%	242人	100%

表12 国際機関での職務満足度

	合計		男性		女性	
非常に満足している	57人	34%	30人	38%	27人	31%
やや満足している	79人	48%	33人	42%	46人	53%
普通	22人	13%	12人	15%	10人	11%
やや不満足	4人	2%	2人	3%	2人	2%
非常に不満足	4人	2%	2人	3%	2人	2%
合計	166人	100%	79人	100%	87人	100%

満足度を評価する主な理由を表13の9つの項目から選択してもらったところ，第1位は「職務内容」で25%を占め，2位以下は「達成感」「社会への貢献」「働きやすさ」「自己の能力発揮」「専門性の向上」と続いた。

(13) **労働時間**（問14）：労働時間は同程度あるいは2～3割短縮

労働時間に関しては，男女間で大きな差は見られなかった。労働時間を日本の民間企業と比べると，表14から分かるように，40%以上の回答者は同程度と答え，34%の回答者は労働時間が2～3割短くなったと答えた。

(14) **給与**（問15，問16，問17）：普通～やや高い

国際機関の給与についての評価は，表15にあるように，回答者の40%以上が，国際機関の給与は「非常に高い」「やや高い」と評価している。回答を男

表13 職務満足度の理由（3つ以内で回答）

	合計		男性		女性	
職務の内容	111人	25%	55人	27%	56人	23%
働きやすさ	56人	13%	26人	13%	30人	13%
労働時間	17人	4%	7人	3%	10人	4%
男女平等な職場	24人	5%	2人	1%	22人	9%
専門性の向上	34人	8%	12人	6%	22人	9%
自由裁量	13人	3%	7人	3%	6人	3%
達成感	61人	14%	38人	19%	23人	10%
社会への貢献	58人	13%	28人	14%	30人	13%
自己の能力発揮	54人	12%	24人	12%	30人	13%
その他	16人	4%	6人	3%	10人	4%
合計	444人	100%	205人	100%	239人	100%

表14 日本の民間企業との労働時間比較

	合計		男性		女性	
2倍程度以上長くなった	1人	1%	1人	2%	0人	0%
5割程度長くなった	9人	7%	2人	3%	7人	11%
2～3割長くなった	15人	12%	5人	8%	10人	16%
同程度	52人	43%	28人	47%	24人	39%
2～3割短くなった	41人	34%	22人	37%	19人	31%
半分程度になった	2人	2%	1人	2%	1人	2%
半分以下になった	1人	1%	1人	2%	0人	0%
合計	121人	100%	60人	100%	61人	100%

表15 国際機関の給与評価

	合計		男性		女性	
非常に高い	6人	4%	0人	0%	6人	7%
やや高い	65人	39%	22人	28%	43人	49%
普通	68人	41%	39人	50%	29人	33%
やや低い	24人	14%	16人	21%	8人	9%
非常に低い	2人	1%	2人	3%	1人	1%
合計	166人	100%	78人	100%	87人	100%

表16　日本の給与と国際機関に入職後の給与との比較

	合計		男性		女性	
2倍以上	17人	17%	7人	13%	10人	21%
2倍程度	3人	3%	0人	0%	3人	6%
2割〜5割上昇	25人	24%	13人	23%	12人	26%
同程度	24人	23%	13人	23%	11人	23%
2割〜5割減少	25人	24%	16人	29%	9人	19%
半分程度に下がった	7人	7%	7人	13%	0人	0%
半分以下になった	2人	2%	0人	0%	2人	4%
合計	103人	100%	56人	100%	47人	100%

女別に分けると，女性の回答者は国際機関の給与を高く評価しているが，男性の回答者は給与をそれほど評価していなかった。さらに，日本で得ていた給与と国際機関に転職後に得た給与を比較すると，表16にあるように，40％を越える男性は，国際機関に転職したことにより給与が減少していた。給与が半分程度に下がった男性も13％いた。

⒂　**福利厚生**（問18）：高い

65％の回答者は福利厚生での処遇を「やや高い」，あるいは「非常に高い」と評価している。国際機関の福利厚生は第2章第2節⑥「福利厚生」で概観したように，年金，有給休暇，教育補助などの手当が充実していることから，回答は福利厚生の手厚さを反映しているといえる。

⒃　**生活満足度**（問19）：高い

回答者の66％が生活満足度を「やや満足」，あるいは「非常に満足」と回答した。生活満足度を男女別に分けると，男女ともに生活満足度は高いが，特に

表17　国際機関の福利厚生

	合計		男性		女性	
非常に高い	25人	15%	4人	5%	21人	24%
やや高い	82人	50%	40人	52%	42人	48%
普通	44人	27%	25人	32%	19人	22%
やや低い	10人	6%	6人	8%	4人	5%
非常に低い	3人	2%	2人	3%	1人	1%
合計	164人	100%	77人	100%	87人	100%

問18 生活満足度

	合計		男性		女性	
非常に高い	28人	17%	7人	9%	21人	24%
やや高い	82人	49%	42人	53%	40人	46%
普通	49人	30%	26人	33%	23人	26%
やや低い	6人	4%	3人	4%	3人	3%
非常に低い	1人	1%	1人	1%	0人	0%
合計	166人	100%	79人	100%	87人	100%

女性の4分の1が生活満足を「非常に高い」と評価していた。

⒄ 総合満足度（問20, 問21）：高い

総合満足度は男女とも，非常に高い。表19から分かるように，回答者の80％以上が「非常に高い」，あるいは「やや高い」と答え，男女共，総合満足度は高い。その理由は表20にあるように，男女共，「職務の内容」「働き易さ」「社会への貢献」を挙げており，男女間で総合満足度に大きな差が見られなかったが，特に女性は「男女平等な職場」であることを評価していた。

⒅ 日本人職員の今後の増加（問25, 問26, 問27）：増加，あるいはやや増加

今後10～15年後に国際機関に働く日本人が増加するであろうと考える回答者は約70％いる。しかしながら，15％の回答者は，「日本の雇用制度と国際機関の制度と異なること」「日本の政治的発言力が弱いこと」から，日本人職員はそれほど増えないであろうと回答した。

⒆ 勤務地での適応困難な要素（問29）：仕事に関連しない一般的な事柄

質問紙調査の回答者は調査時点までに平均2.1カ国，UNDP職員は2.79カ

表19 総合満足度

	合計		男性		女性	
非常に高い	50人	30%	23人	29%	27人	31%
やや高い	90人	54%	45人	57%	45人	52%
普通	21人	13%	9人	11%	12人	14%
やや低い	3人	2%	1人	1%	2人	2%
非常に低い	2人	1%	1人	1%	1人	1%
合計	166人	100%	79人	100%	87人	100%

表20 総合満足の評価

	合計		男性		女性	
職務の内容	117人	25%	57人	27%	60人	24%
働きやすい	55人	12%	26人	12%	29人	12%
給与水準	23人	5%	9人	4%	14人	6%
労働時間	16人	3%	11人	5%	5人	2%
福利厚生（年金，有給休暇など）	25人	5%	11人	5%	14人	6%
男女平等な職場	24人	5%	1人	0%	23人	9%
専門性の向上	23人	5%	11人	5%	12人	5%
自由裁量	12人	3%	6人	3%	6人	2%
達成感	52人	11%	26人	12%	26人	10%
社会への貢献	54人	12%	27人	13%	27人	11%
自己の能力発揮	26人	6%	12人	6%	14人	6%
政治的な職場	12人	3%	6人	3%	6人	2%
転勤の多さ	0人	0%	0人	0%	0人	0%
処遇の不公平	5人	1%	3人	1%	2人	1%
低い給与	2人	0%	0人	0%	2人	1%
専門性が生かされない	3人	1%	2人	1%	1人	0%
その他	14人	3%	6人	3%	8人	3%
合計	463人	100%	214人	100%	249人	100%

国，人道援助機関勤務者は3.28カ国の勤務国を経験していた。職員は新しい勤務地に適応するためにさまざまな苦労を経験していることから，赴任地で最も苦労する要素を表24の選択肢から選んでもらった。その結果，男性職員・女性職員とも，「仕事に関係しない一般的な事柄」を選択した者が約40％と最も多かった。

⒇ **定年退職時までの勤務**（問32，問33，問33）：3分の2は定年まで働きたい

　国際機関に勤務する日本人職員は，日本の民間企業に勤務する職員と同じように，所属組織に定年退職時まで勤務したいと考えているのであろうか。この問に対しては，表25から分かるように，回答者の70％は定年退職時まで国際機関で働きたいと考えていたが，30％の者は定年まで働きたいと考えなかった。特に，専門機関の職員は国際機関での長期勤務に固執していなという特徴があった。

　国際機関で長期勤務を希望する理由を3つ以内で回答してもらったところ，

表21 今後（たとえば10〜15年後），日本人国際公務員は増えると思いますか

	合計		男性		女性	
そう思う	35人	21%	19人	24%	16人	18%
ややそう思う	79人	48%	36人	46%	43人	49%
分からない	27人	16%	10人	13%	17人	20%
あまりそう思わない	23人	14%	12人	15%	11人	13%
そう思わない	1人	1%	1人	1%	0人	0%
合計	165人	100%	78人	100%	87人	100%

表22 日本人職員が増加すると考える理由（問25 増加すると回答した人に対し）

	合計		男性		女性	
日本人の語学能力が高くなったから	66人	35%	35人	38%	31人	32%
一定期間勤務後，日本で職を見つけることが容易になったから	6人	3%	3人	3%	3人	3%
国際機関志望の若者が増えているから	88人	47%	43人	47%	45人	47%
その他	28人	15%	11人	12%	17人	18%
合計	188人	100%	92人	100%	96人	100%

表23 日本人職員が増加ないと考える理由（問25で「増加しない」回答者）

	合計		男性		女性	
国際機関求める水準が高いから	13人	15%	4人	11%	9人	19%
国際機関の給与が低いから	12人	14%	6人	16%	6人	13%
日本は政治的発言力が弱いから	17人	20%	8人	22%	9人	19%
海外で長期間働くと疲れるから	3人	4%	1人	3%	2人	4%
日本の雇用慣行と国際機関の求める学歴・職務経験が一致しないから	28人	33%	13人	35%	15人	31%
その他	12人	14%	5人	14%	7人	15%
合計	85人	100%	37人	100%	48人	100%

表24　新しい勤務地（国）で適応することが最も困難と思われる要素

	合計		男性		女性	
職場での仕事・職務内容	24人	16%	13人	18%	11人	14%
ローカル・スタッフとの関係	24人	16%	8人	11%	16人	20%
仕事に関連しない一般的な事項（安全，医療施設，食べ物など）	59人	39%	31人	44%	28人	35%
勤務地で使われている言語	13人	9%	8人	11%	5人	6%
その他	30人	20%	11人	15%	19人	24%
合計	150人	100%	71人	100%	79人	100%

表25　定年までの国連勤務希望

	合計		男性		女性	
はい	107人	70%	50人	69%	57人	70%
いいえ	46人	30%	22人	31%	24人	30%
合計	153人	100%	72人	100%	81人	100%

「能力を発揮し」「専門分野を活かすこと」ができ，かつ「働きやすい」職場であると肯定的に考える職員がいる一方で，「転職は難しい」からという理由で現状のまま働き続けようと考えている職員が13％いた。

　国際機関に定年退職時まで働くことを考えていない職員は，国際機関の待遇や仕事に不満足というよりは，国際機関以外の職場で自分の能力を試してみたいという回答が49％を占めた。

(21) 転職し日本で働くこと（問35，問い36，問7）：25％が日本に戻ることを真剣に考えた

　日本に戻り働くことについては，表26にあるように，回答者の約25％は国際機関を辞め日本に戻って働くことを真剣に考えたことがあると回答した。離職を真剣に考えた理由として「親の世話・介護」「上司への不満」「現在の仕事への不満」が挙げられた。しかしながら，これらの職員が辞職しなかった理由として「日本で適職が見つからなかったこと」「日本の職場環境で働く決心ができなかったこと」が挙げられていた。女性回答者の約2倍の33％の男性が

表26　離職し日本で働くことの検討

	合計		男性		女性	
はい	40人	24%	26人	33%	14人	16%
いいえ	125人	76%	53人	67%	72人	84%
合計	165人	100%	79人	100%	86人	100%

表27　現在の懸案事項（3つ以内）

	合計		男性		女性	
契約の更新	13人	5%	8人	6%	5人	4%
昇進	65人	24%	26人	19%	39人	28%
子供の教育	39人	14%	28人	20%	11人	8%
親の介護	46人	17%	24人	17%	22人	16%
定年後の生活	28人	10%	18人	13%	10人	7%
日本での再就職	8人	3%	4人	3%	4人	3%
特にない	41人	15%	19人	14%	22人	16%
その他	35人	13%	11人	8%	24人	18%
合計	275人	100%	138人	100%	137人	100%

国際機関を辞め，日本で働くことを真剣に考えたと答えた。男性職員は，離職を考えた理由として，上記の理由に加え子供の教育を挙げた。

⑵　**懸案事項**（問38）：昇進，親の介護，子供の教育

現在の懸案事項として多い順から，「昇進」「親の介護」「子供の教育」であった。子供の教育とは，幼少期から海外で長期間生活していると，日本語，日本人としての考え方・常識を身につけることが難しくなることから，子供に日本で日本人としての価値観や教育をさせたいと親が考える事柄である。男性職員は「子供の教育」「昇進」「親の介護」「定年後の生活」を気に掛け，女性職員は「昇進」「親の介護」に関心が高いという特徴がある。

第4節　要約と考察

第1節では予備調査方法を説明し，第2節では電子メールを使った質問紙調査の実施方法を概説した。

第3節では質問紙調査に回答した170名の正規職員の集計値の分析を行った。

　第1次質問紙調査の集計値を考察すると，集計値の特徴を次のように整理することができる。

　まず，女性職員の方が男性職員よりも国際機関への入職準備を早い段階で開始していた。結果として，正規職員になった時期は，女性職員の場合20歳代後半が最も多いが，男性職員が正規職員になったのは30歳～34歳と女性職員に比べると遅い。しかし調査時の職位を比較すると，男性職員の平均職位はP-4, Step4であるのに対し，女性職員の場合はP-3, Step5であった。男性の場合，正規職員になった年齢が35歳以降の割合が35％おり，これらの人々は入職時に高い職位のポストに中途採用されたと考えられる。中途採用による入職方法に加え，男性の場合は，最終学歴での専攻分野が広く分散していた。他方，女性の場合は，早い時期に国際機関を志望し，若年採用試験やJPO制度を経由し入職し，正規職員になったのも若い。加えて，女性の最終学歴での専攻分野は国際関係，商学（MPA：行政管理），開発学の3分野に専攻分野が集中していた。

　質問紙調査では男性職員・女性職員ともに国際機関の職務および生活の両面に満足を示していた。特に，女性の約4分の1は「生活満足度」を非常に高いと評価していた。総合満足度も男女とも高い。女性は「職務の内容」「働きやすさ」等に加え，「男女平等な職場であること」を評価していた。男性の場合，国際機関に転職したことにより給与が2～5割減少した職員が40％以上いたが，給与が下がったことによる不満は見られなかった。労働時間に関しては，男女とも国際機関に転職し，34％の回答者が労働時間が2～3割短くなったと回答した。

　赴任地で最も適応困難な要素として，回答者は仕事に関連しない医療施設，安全，食べ物などの一般的な事柄を挙げており，勤務地で使用される言語やローカル・スタッフとの関係などではなかった。永井[4]が53カ国・地域を対象とした日本人海外赴任者の異文化適応促進要因の研究によれば，赴任後の次元にもよるが「地域住民との関係満足」の影響力が大きいことが分っている。またブラック[5]によると，赴任地での調整が最も難しいのは現地の人々との対

人適応,次が仕事に関連しない一般的事柄,最も適応しやすいのが仕事への適応であった。国際機関においては,勤務地が変わっても職場での使用言語が英語,仏語など比較的少数の言語となるため,仕事への適応に関わる問題は少ない。現地の人々との対人適応による困難に関しても,民間企業からの派遣者に比べるとはるかに低いと判断される。それゆえ,国際機関が職員を海外に派遣させる場合には,派遣者および帯同家族に仕事に関係しない現地の一般的情報を十分に提供することが派遣者の赴任地での適応に貢献すると考えられる。

回答者の平均年齢が43歳ということもあり,親の介護,子供の教育などの理由で,回答者の4人に1人,男性職員に限ると3分の1が日本に戻って働こうと真剣に考えている。しかし,これらの職員は適職がなかった,日本の職場環境で働く最終決心がつかなかったという理由で実際には離職していない。

第5節 総 括

国際機関に働く日本人職員のうち,男性と女性とでは意識形態,入職方法,満足度,懸案事項などがかなり異なることが分かった。多くの女性回答者は学生時代に国際機関を志望し,若年向けの試験や制度を活用して国際機関に入職している。一方,男性回答者の半数は,若年採用されているものの,残りの半数は35歳以降に空席ポストに応募するなど中途採用されている。男性は学生生活を終え,実社会で働くようになってから国際機関で働くための準備を開始した者が多い。結果として,男性の中途採用者の多いことが,男性の職位が女性の職位よりも高いことの要因になっていると考えられる。

上記の入職方法に加えて,男性職員の最終学歴での専攻分野は広く分散しており,かつ,これらの分野は高い専門性を要求されることが多い。一方,女性職員の場合は国際関係,商学(行政管理),開発学の3分野に集中しているという特徴がある。総括すると,女性雇用促進策を採用している国際機関において,日本人男性職員の方が日本人女性職員よりも高い職位に就いている理由として,国際機関への入職方法と最終学位での専攻分野の違いを挙げることができる。

注

(1) 日本労働研究機構編『第4回海外派遣勤務者の職業と生活に関する調査結果』日本労働研究機構，2001年12月。
(2) 外務省国際社会協力部国際機関人事センター編『主要国際機関日本人職員名簿』(2002年1月1日現在)。
(3) United Nations Office Geneva "Telephone Directory, 2001 edition," Service de l' information de la CEE-ONU, January 2001, p.253.
(4) 永井裕久「日本人海外派遣者の異文化適応の促進要因—53カ国・地域を対象とした適応段階・次元ごとの比較分析」『日本労務学会誌』第4巻第2号，2002年，50頁。
(5) J. S. ブラック他著，白木三秀他監訳『海外派遣とグローバルビジネス—異文化マネジメント戦略』白桃書房，2001年，166頁。

第**4**章

日本人正規職員の特質
―第1次質問紙調査の統計分析から

　第3章では，国際機関に勤務する日本人正規職員の集計値を分析することにより，日本人職員の意識形態を概観した。

　本章では，統計手法を用い，第3章で概観した日本人正規職員の特質についての分析を深める。第1節では差の検定を，第2節では因子分析を行う。第3節では男女別に因子分析を行い，第4節では重回帰分析を行う。第5節，第6節でそれぞれ，考察，総括を行う。

第1節　差の検定

　男性職員，女性職員間のどの項目で有意な差が存在するか否かを調べるためにt検定を行った。t検定では，「等分散性のためのLeveneの検定」を行い，その結果を表1に示す。5％以下で有意な場合には男性職員・女性職員間のデータが等分散でないと判断されることから，男性職員，女性職員間の平均値が5％水準で統計的に有意な差が見られる項目を色づけし示した。

　上記を踏まえ，表1，表2から差の検定結果を調べると，男性職員，女性職員間に次の項目で有意な差があることが分かった。

- 入職年齢　　男性職員の方が女性職員より高い
- 給与水準　　女性職員の方が男性職員よりも国際機関の給与を高く評価している

表1　男女平均値 t 検定

男女平均値 t 検定		等分散性のための Levene の検定		2つの母平均の差の検定						
		F値	有意確率	t値	自由度	有意確率（両側）	平均値の差	差の標準誤差	差の95%信頼区間	
									上限	下限
勤務年数	等分散を仮定する。	1.36	0.245	0.97	168	0.333	0.181	0.187	-0.187	0.55
	等分散を仮定しない。			0.966	160.587	0.335	0.181	0.187	-0.189	0.551
転職回数	等分散を仮定する。	0.097	0.756	-0.939	163	0.349	-0.2	0.213	-0.622	0.221
	等分散を仮定しない。			-0.944	161.446	0.347	-0.2	0.212	-0.62	0.219
前職満足	等分散を仮定する。	6.59	0.011	1.428	168	0.155	0.108	0.076	-0.041	0.258
	等分散を仮定しない。			1.433	165.294	0.154	0.108	0.076	-0.041	0.258
入職年齢	等分散を仮定する。	9.021	**0.003**	4.329	166	0.000	0.804	0.186	0.438	1.171
	等分散を仮定しない。			4.211	135.593	**0.000**	0.804	0.191	0.427	1.182
職務満足	等分散を仮定する。	1.473	0.227	0.027	167	0.979	0.004	0.137	-0.266	0.274
	等分散を仮定しない。			0.027	156.788	0.979	0.004	0.138	-0.269	0.276
労働変化	等分散を仮定する。	0.183	0.669	-1.708	121	0.090	-0.3	0.176	-0.647	0.048
	等分散を仮定しない。			-1.711	120.767	0.090	-0.3	0.175	-0.647	0.047
給与水準	等分散を仮定する。	4.194	**0.042**	-3.554	167	0.000	-0.426	0.12	-0.663	-0.189
	等分散を仮定しない。			-3.58	165.436	**0.000**	-0.426	0.119	-0.661	-0.191
給与比較	等分散を仮定する。	0.449	0.504	-1.851	146	0.066	-0.314	0.17	-0.649	0.021
	等分散を仮定しない。			-1.858	145.981	0.065	-0.314	0.169	-0.648	0.02
福利厚生	等分散を仮定する。	0.01	0.922	-2.576	165	**0.011**	-0.344	0.133	-0.607	-0.08
	等分散を仮定しない。			-2.592	161.623	0.010	-0.344	0.133	-0.605	-0.082

生活満足	等分散を仮定する。	0.035	0.852	-2.354	168	**0.020**	-0.283	0.12	-0.52	-0.046
	等分散を仮定しない。			-2.366	166.097	0.019	-0.283	0.12	-0.519	-0.047
総合満足	等分散を仮定する。	0.227	0.635	0.056	168	0.955	0.007	0.119	-0.229	0.242
	等分散を仮定しない。			0.056	165.588	0.955	0.007	0.119	-0.228	0.241
定年まで	等分散を仮定する。	0.09	0.764	-0.151	168	0.880	-0.011	0.074	-0.157	0.135
	等分散を仮定しない。			-0.151	163.043	0.880	-0.011	0.074	-0.157	0.135
職位	等分散を仮定する。	1.408	0.237	4.567	154	**0.000**	0.849	0.186	0.481	1.216
	等分散を仮定しない。			4.507	139.379	0.000	0.849	0.188	0.476	1.221
機関数	等分散を仮定する。	2.835	0.094	-1.252	165	0.212	-0.192	0.153	-0.495	0.111
	等分散を仮定しない。			-1.279	164.991	0.203	-0.192	0.15	-0.488	0.104
ポスト	等分散を仮定する。	4.696	0.032	1.347	143	0.180	0.548	0.407	-0.256	1.353
	等分散を仮定しない。			1.297	109.471	0.197	0.548	0.422	-0.289	1.385
国連在職年	等分散を仮定する。	4.168	0.043	0.61	167	0.543	0.11	0.18	-0.246	0.466
	等分散を仮定しない。			0.603	153.489	0.547	0.11	0.182	-0.25	0.47
年齢	等分散を仮定する。	2.902	0.09	5.539	153	**0.000**	6.657	1.202	4.283	9.031
	等分散を仮定しない。			5.506	143.882	0.000	6.657	1.209	4.267	9.047
勤務地	等分散を仮定する。	4.921	0.028	1.11	168	0.269	0.068	0.061	-0.053	0.188
	等分散を仮定しない。			1.098	154.454	0.274	0.068	0.062	-0.054	0.19
入職方法	等分散を仮定する。	12.753	0	-1.906	168	0.058	-0.137	0.072	-0.278	0.005
	等分散を仮定しない。			-1.889	156.279	0.061	-0.137	0.072	-0.279	0.006

表2 記述統計値（1：男性職員，2：女性職員）

記述統計値	性別	N	平均値	標準偏差	平均値の標準誤差
勤務年数	1	78	3.33	1.245	0.141
	2	92	3.15	1.185	0.124
転職回数	1	76	1.47	1.321	0.152
	2	89	1.67	1.404	0.149
前職満足	1	78	0.64	0.483	0.055
	2	92	0.53	0.502	0.052
入職年齢	1	76	3.5	1.381	0.158
	2	92	2.7	1.024	0.107
職務満足	1	78	4.1	0.934	0.106
	2	91	4.1	0.844	0.088
労働変化	1	59	3.76	0.953	0.124
	2	64	4.06	0.99	0.124
給与水準	1	77	3.05	0.742	0.085
	2	92	3.48	0.805	0.084
給与比較	1	71	2.8	0.98	0.116
	2	77	3.12	1.076	0.123
福利厚生	1	75	3.49	0.828	0.096
	2	92	3.84	0.881	0.092
生活満足	1	78	3.64	0.755	0.086
	2	92	3.92	0.802	0.084
総合満足	1	78	4.12	0.756	0.086
	2	92	4.11	0.791	0.082
定年まで	1	78	0.64	0.483	0.055
	2	92	0.65	0.479	0.05
職位	1	71	4.37	1.245	0.148
	2	85	3.52	1.076	0.117
機関数	1	75	1.37	0.866	0.1
	2	92	1.57	1.072	0.112
ポスト	1	65	3.92	2.896	0.359
	2	80	3.38	1.99	0.222
国連在職年	1	78	3.54	1.256	0.142
	2	91	3.43	1.087	0.114
年齢	1	75	46.51	8.174	0.944
	2	80	39.85	6.758	0.756
勤務地	1	78	1.23	0.424	0.048
	2	92	1.16	0.371	0.039
入職方法	1	78	1.6	0.493	0.056
	2	92	1.74	0.442	0.046

- 福利厚生　　女性職員の方が男性職員よりも国際機関の福利厚生を高く評価している
- 生活満足度　女性職員の方が男性職員よりも生活満足度が高い
- 職　位　　　男性職員の方が女性職員よりも職位が高い
- 年　齢　　　男性職員の方が女性職員よりも年齢が高い

　上記の男性正規職員・女性正規職員間の差は，第3章で行った集計値の特徴とも一致する。

　差の検定から女性職員の方が男性職員よりも国際機関の給与，福利厚生などの処遇を高く評価していることが分かる。また，男性職員の入職年齢が高く，職位が高いことから，男性職員の方が中途採用で入職していることを確認することができる。

第2節　因子分析

　本節では質問紙調査調査に回答した国際機関に勤務する日本人正規職員の因子構成を考察する。分析では独立変数である「勤務年数」「転職回数」「準備年齢」「入職年齢」「入職方法」「職位」「勤務機関数」「経験したポスト数」「勤務国数」「勤務年数」「国連共通システム在職年数」「性」「年齢」「学歴」「勤務地（先進国，開発途上国）」を除き，非独立変数である「入職前の職務満足」「職務満足」「労働時間変化」「給与水準」「「給与比較」「給与変化」「福利厚生」「生活満足」「総合満足」「定年までの勤務」「日本への転職」のうち，最尤法を使い日本人正規職員に影響を及ぼしている因子を抽出した。因子分析の結果，表3に示すように3つの因子が抽出された。因子1は23.713％を，因子2は累積で35.864％を，因子3は累積で44.209％を説明することができる。

　表4のプロマックス変換による回転後のパターン行列から，3つの因子は次の特徴を持つことが分かる。バリマックス変換による因子行列からも同様の結果が得られた。

　　因子1：キャリア満足
　　因子2：処遇満足

表3 説明された分散の合計

因子	初期の固有値			抽出後の負荷量平方和			回転後の負荷量平方和		
	合計	分散の%	累積%	合計	分散の%	累積%	合計	分散の%	累積%
1	2.313	28.912	28.912	1.987	24.838	24.838	1.897	23.713	**23.713**
2	1.461	18.259	47.171	0.886	11.071	35.908	0.972	12.151	**35.864**
3	1.343	16.783	63.954	0.664	8.301	44.209	0.668	8.346	**44.209**
4	0.882	11.029	74.983						
5	0.681	8.514	83.497						
6	0.638	7.974	91.471						
7	0.520	6.506	97.977						
8	0.162	2.023	100.000						

因子3：現状不満

上記因子分析の結果から，国際機関に勤務する日本人国際公務員は，職場でのキャリアに満足する「キャリア満足」，国際機関が提供する処遇に満足する「処遇満足」，現状に不満を持っている「現状不満」を持つ因子から構成されていることが分かる。

次に上記の3因子を「キャリア満足」「処遇満足」「現状不満」と名づけ1変数

表4 Kaiserの正規化を伴うプロマックス法

	因子		
	1	2	3
総合満足	**0.999**	0.007	0.033
職務満足	**0.823**	-0.007	-0.01
定年まで	**0.339**	-0.135	0.289
福利厚生	-0.055	**0.616**	0.118
給与比較	-0.01	**0.607**	0.069
生活満足	0.321	**0.376**	-0.212
労働変化	0.093	0.053	**0.663**
前職満足	0.132	-0.232	**-0.314**

とみなし，その他の変数との相関係数を求め，他の変数との関係を調べ，その結果を表5に示した。表の**を示す項目は1％の有意を示し，*を示す項目は5％の有意を表す。

表5から，第1因子である「キャリア満足」の職員は，国際機関に勤務年数が長く，職位が高いという特徴を持つ。第2因子の「処遇満足」職員は女性職員に多く，入職時年齢が低いことからJPOや国連職員採用試験合格者など若年採用職員と考えられる。「処遇満足」の因子を持つ職員は国際機関の給与水準が高いと評価する一方，開発途上国に勤務する同因子を持つ職員は国際機関の処遇に対し不満を示している。第3因子の「現状不満」職員は，国際機関への入職時年齢，および現在の年齢がともに高く，かつ国際機関に入職する前の

第4章 日本人正規職員の特質 59

表5 3因子と他の変数との相関マトリックス

	勤務年数	転職回数	入職年齢	給与水準	職位	機関数	ポスト	国連在職年	性別	年齢	勤務地	入職方法	第1因子キャリア満足	第2因子処遇満足	第3因子現状不満
勤務年数	1	-0.136 0.081	-.292(**) 0	0.075 0.333	.347(**) 0	-.171(*) 0.027	.402(**) 0	.822(**) 0	-0.075 0.333	.506(**) 0	-0.132 0.085	0.01 0.899	.205(**) 0.007	0.028 0.719	0.041 0.594
転職回数	-0.136 0.081	1	.217(**) 0.005	-0.026 0.744	-.232(**) 0.004	0.13 0.099	-.173(*) 0.041	-.167(*) 0.032	0.073 0.349	0.008 0.919	.205(**) 0.008	-0.034 0.665	-0.069 0.376	-0.078 0.322	.321(**) 0
入職年齢	-.292(**) 0	.217(**) 0.005	1	-.188(*) 0.015	.132(*) 0.102	-0.037 0.639	-.292(**) 0	-.388(**) 0	-.319(**) 0	.380(**) 0	0.12 0.122	-.312(**) 0	-0.132 0.089	-.184(*) 0.017	.236(**) 0.002
給与水準	0.075 0.333	-0.026 0.744	-.188(*) 0.015	1	-0.098 0.226	0.055 0.484	0.046 0.582	0.038 0.627	.265(**) 0	-.180(*) 0.026	-0.119 0.124	0.073 0.346	0.076 0.329	.666(**) 0	-0.107 0.168
職位	.347(**) 0	-.232(**) 0.004	.132(*) 0.102	-0.098 0.226	1	-0.024 0.772	.543(**) 0	.486(**) 0	-.345(**) 0	.710(**) 0	-.177(*) 0.018	-.189(*) 0.018	.164(*) 0.041	-0.081 0.317	0.059 0.466
機関数	-.171(*) 0.027	0.13 0.099	-0.037 0.639	0.055 0.484	-0.024 0.772	1	0.152 0.071	0.026 0.736	0.097 0.212	0.015 0.851	.211(**) 0.006	0.076 0.327	0.022 0.78	-0.06 0.443	0.044 0.572
ポスト	.402(**) 0	-.173(*) 0.041	-.292(**) 0	0.046 0.582	.543(**) 0	0.152 0.071	1	.607(**) 0	-0.112 0.18	.420(**) 0	-0.046 0.58	0.085 0.308	0.138 0.097	0.08 0.34	-0.062 0.458
国連在職年	.822(**) 0	-.167(*) 0.032	-.388(**) 0	0.038 0.627	.486(**) 0	0.026 0.736	.607(**) 0	1	-0.047 0.543	.620(**) 0	-.177(*) 0.021	0.037 0.637	.255(**) 0.001	0.022 0.773	0.056 0.471
性別	-0.075 0.333	0.073 0.349	-.319(**) 0	.265(**) 0	-.345(**) 0	0.097 0.212	-0.112 0.18	-0.047 0.543	1	-.409(**) 0	-0.085 0.269	0.145 0.058	0.008 0.919	.248(**) 0.001	-0.021 0.789
年齢	.506(**) 0	0.008 0.919	.380(**) 0	-.180(*) 0.026	.710(**) 0	0.015 0.851	.420(**) 0	.620(**) 0	-.409(**) 0	1	-0.129 0.111	-.287(**) 0	0.129 0.11	-0.118 0.144	.231(**) 0.004
勤務地	-0.132 0.085	.205(**) 0.008	0.12 0.122	-0.119 0.124	-.177(*) 0.018	.211(**) 0.006	-0.046 0.58	-.177(*) 0.021	-0.085 0.269	-0.129 0.111	1	0.117 0.129	-0.006 0.935	-.268(**) 0	0.086 0.267
入職方法	0.01 0.899	-0.034 0.665	-.312(**) 0	0.073 0.346	-.189(*) 0.018	0.076 0.327	0.085 0.308	0.037 0.637	0.145 0.058	-.287(**) 0	0.117 0.129	1	0.09 0.242	0.082 0.286	-0.019 0.803
第1因子キャリア満足	.205(**) 0.007	-0.069 0.376	-0.132 0.089	0.076 0.329	.164(*) 0.041	0.022 0.78	0.138 0.097	.255(**) 0.001	0.008 0.919	0.129 0.11	-0.006 0.935	0.09 0.242	1	0.136 0.078	0.024 0.756
第2因子処遇満足	0.028 0.719	-0.078 0.322	-.184(*) 0.017	.666(**) 0	-0.081 0.317	-0.06 0.443	0.08 0.34	0.022 0.773	.248(**) 0.001	-0.118 0.144	-.268(**) 0	0.082 0.286	0.136 0.078	1	-.173(*) 0.024
第3因子現状不満	0.041 0.594	.321(**) 0	.236(**) 0.002	-0.107 0.168	0.059 0.466	0.044 0.572	-0.062 0.458	0.056 0.471	-0.021 0.789	.231(**) 0.004	0.086 0.267	-0.019 0.803	0.024 0.756	-.173(*) 0.024	1

表6 相関分析からの3因子を持つ職員の特徴

	キャリア満足	処遇満足	現状不満
おもな特徴	・勤続機関での長期勤務 ・国連共通システムでの長期勤務 ・高職位	・女性職員に多い ・若年採用 ・給与を評価 ・開発途上国勤務者は処遇不満	・入職時年齢高い ・調査時の年齢高い ・入職前の転職回数多い

転職回数が多いという特徴がある。表5から明らかになった3つの因子の特徴は表6のように整理することができる。

第3節 男性職員・女性職員別の因子分析

　第2節では日本人正規職員の因子分析を行い，国際機関に勤務する日本人正規職員が3つの因子から構成されていることを明らかにした。本節では男性職員・女性職員間の因子の相違を調べるため，集計値を男女に分け第2節で行ったのと同じ方法で因子分析を行った。手順としては，第2節で行ったのと同じ最尤法により因子を抽出し，Kaiserの正規化を伴うプロマックス法で回転させた。その結果，男性職員の場合は4回の回転で収束し，女性職員の場合は5回の回転で収束した。プロマックス法による男性職員，女性職員の因子はそれぞれ3つ抽出され，男性職員の因子行列を表7に，女性職員の因子行列を表8に示した。

　男性職員の場合は，因子の特徴を次のように要約することができる。

　　第1因子：キャリア満足（職務に満足し，総合満足も高い）
　　第2因子：入職前・現状不満（入職前の職場にも不満があったが，現在も労働時間が増えており，生活満足も低い）
　　第3因子：処遇満足（給与が前職より増え，福利厚生にも満足し，生活満足も高いが，職務満足は低い）

　次に女性職員の場合は，因子の特徴を次のように要約することができる。

　　第1因子：キャリア・生活高満足（職務満足，生活満足が共に高く，総合的にも満足）

表7 プロマックス変換によるパターン行列(男性)データ数:78

	因子		
	1	2	3
前職満足	0.100	**-0.326**	-0.059
職務満足	**0.788**	-0.003	-0.024
労働変化	0.095	**0.987**	0.107
給与比較	0.029	0.151	**0.436**
福利厚生	-0.128	0.146	**0.797**
生活満足	0.206	**-0.321**	**0.506**
総合満足	**0.996**	-0.016	0.019
定年まで	0.231	0.200	-0.224

注:1. 因子抽出法:最尤法。
 2. 回転法:Kaiserの正規化を伴うプロマックス法。
 3. 4回の反復で回転が収束。

表8 プロマックス変換によるパターン行列(女性)データ数:92

	因子		
	1	2	3
前職満足	0.115	-0.230	-0.137
職務満足	**1.038**	-0.178	-0.121
労働変化	0.036	0.108	-0.292
給与比較	0.092	0.092	**0.636**
福利厚生	0.020	0.107	**0.497**
生活満足	**0.545**	0.015	0.251
総合満足	**0.873**	0.085	0.011
定年まで	0.044	**0.959**	-0.083

注:1. 因子抽出法:最尤法。
 2. 回転法:Kaiserの正規化を伴うプロマックス法。
 3. 5回の反復で回転が収束。

　　第2因子:現状不満・長期勤務希望(職務満足も生活満足も低いが,定年までの勤務を希望)
　　第3因子:処遇満足(給与が前職より増え,福利厚生にも満足しているが職務満足は低い)

　なお,バリマックス変換による因子行列からもほぼ同様の結果が得られた。
　男性職員・女性職員別の因子分析から,男性職員の場合は①職場の職務に満足する職員(キャリア満足),②入職前も入職後も職場の仕事に不満を感じている職員(入職前・現状不満),③職務満足は低いが処遇に満足している職員(処遇満足)の3種類の職員に分類される。他方,女性職員の場合は①職場の仕事と生活の両方に満足する職員(キャリア・生活高満足),②現状に不満を感じているが,定年まで勤務したいと考える職員(現状不満・長期雇用希望),③職務満足は低いが処遇に満足している職員(処遇満足)の3種類の職員に分類された。
　前節で因子分析を行った際,3因子の順番は「キャリア満足」「処遇満足」「現状不満」であったが,男性職員・女性職員別の因子分析ではそれぞれ第2因子と第3因子の順番が逆になった。
　因子分析からは,職場には男性職員・女性職員を問わず,キャリアに満足す

る職員，処遇のみに満足している職員，現状に不満を感じている職員などさまざまであるが，女性職員の方が男性職員よりも国際機関の勤務に高い満足を示している。

第4節 重回帰分析

本節では重回帰分析を行い，どのような変数が職員の総合満足を決定するか

表9 モデル集計

モデル	R	R^2乗	調整済み R^2乗	推定値の標準誤差
1	.815(a)	0.665	**0.553**	0.472

表10 総合満足を従属変数とする重回帰分析

モデル		非標準化係数		標準化係数	t	有意確率
		B	標準誤差	ベータ		
1	(定数)	0.601	0.779		0.772	0.444
	勤務年数	-0.023	0.087	-0.038	-0.269	0.789
	転職回数	-0.063	0.055	-0.113	-1.152	0.254
	前職満足	0.12	0.118	0.084	1.015	0.314
	入職年齢	-0.006	0.106	-0.009	-0.052	0.959
	職務満足	**0.621**	**0.09**	**0.659**	**6.876**	**0.000**
	労働変化	-0.009	0.067	-0.014	-0.14	0.889
	給与水準	-0.073	0.116	-0.072	-0.628	0.533
	給与比較	-0.019	0.072	-0.027	-0.265	0.792
	福利厚生	0.124	0.076	0.154	1.635	0.108
	生活満足	0.081	0.091	0.086	0.892	0.376
	定年まで	**0.301**	**0.132**	**0.194**	**2.276**	**0.027**
	職位	-0.028	0.073	-0.048	-0.389	0.699
	機関数	0.02	0.062	0.03	0.322	0.748
	ポスト	0.004	0.035	0.015	0.124	0.902
	国連在職年	-0.031	0.171	-0.047	-0.181	0.857
	性別	0.008	0.141	0.006	0.058	0.954
	年齢	0.01	0.022	0.101	0.473	0.638
	勤務地	0.081	0.146	0.05	0.552	0.583
	入職方法	0.045	0.153	0.029	0.296	0.768

を調べる。重回帰分析では，「勤務年数」「転職回数」「前職の満足度」「入職年齢」「職務満足」「労働時間変化」「給与水準」「給与比較」「福利厚生」「生活満足」「定年までの勤務」「職位」「勤務機関数」「経験したポスト数」「国連共通システム在職年数」「性」「年齢」「勤務地（先進国，開発途上国）」「入職方法（中途採用，若年採用）」を予測値（定数）とし，総合満足度を従属変数とした。その結果を表10に示す。表10から5％水準で統計的に有意に総合満足を説明することができる係数は「職務満足」と「定年までの勤務」のみである。なお，表9から分かるようにモデル1の調整済みR^2乗は0.553であることから，重回帰分析の説明力はそれほど高いとはいえない。

重回帰分析からの結論としては，説明力はそれほど高くないが，総合満足を決定するのは「職務満足」と「雇用保障」であるといえる。

第5節　要約と考察

本章では日本人正規職員の特質を明らかにするために統計分析を行った。

まず，第1節では差の検定を行い，その結果，男性職員の方が入職年齢，調査時の年齢および職位が女性職員より高いことから，男性職員が女性職員よりも中途採用で国際機関に入職していると判断することができる。また，女性職員は男性職員よりも国際機関の処遇を高く評価していた。

第2節では因子分析を行い，その結果，国際機関に勤務する日本人職員は3種類の因子から構成されていることを明らかにした。第1因子は国際機関の仕事に満足し，総合満足も高く，定年退職時までの勤務を希望する「キャリア満足」職員であり，第2因子は給与や福利厚生など国際機関から提供される待遇に満足し，生活を楽しむ「処遇満足」職員である。第3因子は国際機関に転職する前の職場でも不満を持ち，転職後も労働時間が長くなったと不満を感じる「現状不満」職員である。

上記3因子と他の変数との相関係数を求めた結果，「キャリア満足」職員は国際機関での勤務年数が長く，職位が高い職員であること，「処遇満足」職員は女性で，若年採用で入職した職員に多いこと，「現状不満」の職員は転職を

繰り返した後に年齢がいってから国際機関に入職した職員に多いことが分かった。

　第3節では，男性職員，女性職員に分け因子分析を行った。その結果，第1因子の「キャリア満足」では「女性」キャリア満足職員の方が「男性」キャリア満足職員よりも満足度が高いことが分かった。第2因子の「現状不満」職員については，特に「女性」不満職員は現状に不満ではあるが，国際機関に定年まで働き続けたいと考えていることが分かった。第3因子の「処遇満足」職員に関しては，男性職員，女性職員の間に大きな違いは見られなかった。

　第4節では重回帰分析を行った。その分析から説明力はそれほど高くはないが，日本人正規職員の「総合満足」を決める決定変数は「職務満足」と「雇用保障」であることが分かった。

　参考として第6章で紹介する聴き取り調査協力者の中から上記3因子のうち「キャリア満足」職員に該当するGさんのキャリア・パス（資料，145頁）を，「処遇満足」に該当すると考えられるJさんのキャリア・パス（資料，154頁）を参照してほしい。なお，「現状不満」職員からの聴き取り調査は行ったが，本書への掲載を辞退されたことを付記する。

　「キャリア満足」職員のGさんは社会開発分野の専門家とし一貫して貧困撲滅，紛争予防，平和構築の職務に就いている。Gさんは2児の母親であり，国連事務局本部に勤務しているが，仕事の性格上，途上国の現場には頻繁に長期出張している。

　「処遇満足」職員のJさんは日本で修士課程を修了後，米国で2つ目の修士号を取得し，国連事務局に採用された。Jさんは一時期，国連組織に働くことに疑問を持ち，職場を休職し日本で働いたが，国連も捨てたものではないと自分なりに納得し国連に復職している。Jさんは聞き取り調査で「満足は仕事を通じて得られるものが中心であるが，生活満足も重要である」と述べた。

　本章で行った統計分析結果からの考察は，第3章で行った日本人国際公務員に対する分析をより掘り下げるものとなった。

　差の検定から男性職員，女性職員間の入職方法を比較すると，男性職員の方が女性職員よりも中途採用で入職した比率が高いことから，男性職員の職位が女性職員の職位よりも高いと統計分析から一般化することができる。

表11　男性職員・女性職員別の満足度決定変数

	男性職員	女性職員
満足度の構成要素	職務満足度のみ	職務満足度＋生活満足度

　因子分析からは職員は「キャリア満足」「現状不満」「処遇満足」の3因子から構成されることが分かった。「キャリア満足」因子を持つ職員のうち，女性職員の方が男性職員よりも満足度が高いという特徴がある。男性職員の場合，「キャリア満足」を決定するのは「職務満足」のみであるが，女性職員の場合は「職務満足」と「生活満足」であった。男性・女性職員の満足度を構成する要素を表11に示す。

　ここで因子分析から導き出された「キャリア満足」「現状不満」「処遇満足」の3因子をハーツバーグのモチベーション理論から検討する。

　米国の心理学者ハーツバーグ（Herzberg, F.）は著書『仕事への動機づけ』の中で，人間には痛みを回避させようとする「衛生要因」と自己の存在を拡大させようとする「動機づけ要因」の2つの欲求があり，2つの要因は独立しているというモチベーション理論（動機づけ理論）を確立した。

　ハーツバーグのモチベーション理論に従えば，「キャリア満足」は「動機づけ要因」に，「現状不満」および「処遇満足」は「衛生要因」に分類することができる。現状不満と処遇満足はともに職務満足が低く人の痛みを回避する要因とみなすことができる。理解しやすいように現状不満を処遇不満に含め，キャリア満足と処遇満足の2項目の満足度と職場での勤務の関係を表すと表12のようになる。

　表12からキャリア満足が高く処遇満足が高い場合は，昇進などにより自己存在を拡大させようとする。キャリア満足が高く処遇満足が低い場合には他ポスト，他の機関，あるいは国際機関外の職場に退出することを試みる。キャリア満足は低いが処遇に満足している場合は，他の勤務地のポストには応募せず，現状に留まろうとする。キャリア満足および処遇満足がともに低い場合には，当該職員は組織から雇用契約終了により強制退出させられるか，現在のポストへの滞留を続けようとする。

　整理すると，衛生要因である処遇満足のみで動機づけ要因であるキャリア満

表12 キャリア満足・処遇満足と勤務との関係

処遇満足 (衛生要因)		キャリア満足（動機付け要因）	
		高	低
	高	昇進・継続勤務	職場滞留
	低	他の職場への退出／継続勤務	職場滞留／強制退出（契約終了）

足を高めることはできない。よって，国際機関の勤務を継続させたいと考えるのであれば，動機づけ要因であるキャリア満足を高める必要がある。

第6節 総 括

　因子分析からは，国際機関の職員はさまざまな目的や動機を持って働いていることが分かる。国際機関に働く職員のイメージは，女性職員が精力的に働くプロフェッショナル集団であり，日本の民間企業で働く職員とは異なるものと考えられがちである。しかし，本章の分析から多国籍の職員構成，高学歴，世界各国への転勤など国際機関特有の特徴はあるものの，国際機関に勤務する日本人職員は仕事に満足し生きがいを感じている職員，国際機関の処遇に満足している職員，職場に不満を持っている職員など日本の大企業の職場で働く会社員とそれほど変わらないといえる。

第5章

日本人正規職員と外国人正規職員の比較分析
―第2次質問紙調査から

　国際機関という職場は180を超える国籍の職員から構成されているが，日本人職員は人数で見ると国連共通システム内の機関で3%を占めているに過ぎない。筆者は2003年に第1次質問紙調査を行って以降，外国人職員と日本人職員との比較研究を行うことを模索した。2006年12月に独立行政法人労働政策研究・研修機構（JIL）の研究員に今後の研究指針について尋ねたところ，全国籍の国際公務員を対象に質問紙調査を行い，日本人職員と外国人職員の比較を行うことを示唆された。

　上記のアドバイスを踏まえ，2003年に行った第1次質問紙調査時に作成した質問項目を再構築した上で，2007年5月末に外国人職員を対象者に加え第2次質問紙調査を実施した。本章では第2次質問紙調査結果に基づき，日本人職員と外国人職員間の相違点，働く姿勢等について考察を行う。

　第1節では調査対象の定義を行うとともに調査方法を紹介する。第2節では第1次質問紙調査と第2次質問紙調査との関係を言及し，第3節では第2次質問紙調査結果の比較・分析を行う。第4節，第5節ではそれぞれ，考察と総括を行う[1]。

第1節　調査対象と調査方法

　本章における調査対象は，第3章，第4章同様，契約期間が1年以上で，国

連共通システム内の機関に雇用される正規職員である。

　第2次質問紙調査の実施に先立ち，2つの問題が生じた。第1の問題は直近の日本人国際公務員の人事データを入手することであり，第2の問題は外国人職員へのアプローチであった。

　第1次質問紙調査は2003年6月10日に実施されたが，質問紙調査の実施時期と前後し，国内外で個人情報保護の動きが高まった。日本では個人情報保護法が2003年5月23日に成立し，2005年4月に施行された。2003年に第1次質問紙調査を行った際には，関係機関の協力により，国際機関に勤務している日本人職員録を入手することができたが，第2次質問紙調査が行った2007年には，個人情報保護法の理由で最新の人事データを入手することができなかった。このため，第2次調査時には，第1次調査時に送付したのと同じ日本人職員に電子メールで調査票を送り，協力を求めた。回収数を増やすために，調査票の記入を依頼するカバー・レターには，他の有資格の日本人職員および外国人職員に本調査への参加を働きかけるよう依頼した。また，筆者のホーム・ページ上に調査票を掲載し，調査票をホーム・ページからダウンロードできるようにした。

　外国人職員に関しては，デンマーク・コペンハーゲンにあるUNDP JPOサービス・センター（UNDP JPO Service Centre）に連絡し，協力を求めた。このセンターは現職UNDP職員，および元国連準専門家（元JPO）を対象にした人材情報を管理している。過去にアソシエート・エキスパート（AE）あるいはJPOとして働いた準専門家の約50％は現在，国際機関で職員となっているか，国際協力の分野で働いているという。JPOサービス・センターが元JPOのネットワークに第2次アンケートの調査票を配信することを約束してくれたことから，調査票の電子メールでの配信を依頼した。

第2節　第1次質問紙調査と第2次質問紙調査との関係

　第2次質問紙調査に回答した日本人職員は第1次調査時と比較すると，約半数に減少した。この理由として，辞職や勤務機関の変更などで送信した電子

メールのうち，約30％が本人に受信されなかったこと，日本人職員が個人情報の開示に慎重になったことなどが考えられる。

日本人職員の第2次質問紙調査への回答者数は90人と少ないものの，集計値を調べたところ，回答者の勤務機関の構成に変化はあったが，その他の項目に関しては大きな隔たりはなかった。また，外国人職員の回答者は29人と少ないが，外国人国際公務員と日本人職員の比較を行った研究は現在まで国内外を含め行われたことはない。詳細は第5章第3節①「日本人正規職員と外国人正規職員の分析上の問題」に譲るが，回答者の所属機関に偏りがあるという問題があり，本章の分析結果からのみ日本人職員と外国人職員の比較を公平に論じることはできない。しかしながら，日本人職員と外国人の職員の比較分析を初めて行ったという観点から第2次質問紙調査の意義を評価できると考える[2]。

2003年に実施した第1次質問紙調査実施時に回答者から質問項目が多すぎるという指摘を受けた。それゆえ，第1次質問紙調査では57の質問項目を設けていたが，項目の精査を行い，第2次質問紙調査では質問項目を40項目にした。また，職員の実際の年収，部下の人数など，第1次質問紙調査では含めなかった質問も新たに加えた。

第3節　第2次質問紙調査結果

■1　日本人正規職員と外国人正規職員の分析上の問題

2007年に行った第2次質問紙調査の集計値から，国際機関で働く日本人正規職員と外国人職員の平均像を表1に示すが，上記第2節でも述べたように回答者の勤務機関に偏りがあった。まず，29名の外国人回答者のうち，約50％の15名がUNDP勤務者であった。それゆえ，外国人職員の回答はUNDPという機関の影響を大きく受けている。次に日本人職員の場合は，国連事務局職員からの回答が第1次調査時は15％であったが，第2次調査時には19名おり，約30％を占めていた。本章では国際機関に勤務する日本人職員と外国人職員

表1　回答者（日本人職員および外国人正規職員90人）の属性

		全体	日本人職員	外国人職員
人数		90人	61人	29人
人数内訳	男性	46人（51%）	28人（46%）	18人（62%）
	女性	43人（48%）	32人（52%）	11人（38%）
	無記名	2人（1%）	2人（2%）	0人
平均年齢		43歳	44歳	41歳
平均職位		P-4, Step4	P-3, Step9	P-4, Step6
既婚者		57人（63%）	37人（60%）	20人（69%）
最終学歴	博士号取得・課程	13人（14%）	6人（10%）	7人（24%）
	修士	63人（70%）	43人（70%）	20人（69%）
	学士（大学）	8人（9%）	7人（11%）	1人（3%）
	その他	4人（4%）	5人（8%）	1人（3%）
国際機関勤務機関数		1.8機関	1.6機関	2.0機関
勤務国数		2.4カ国	2.1カ国	3.3カ国
勤続年数		12年	12年	11年
専門職の部下の数		5人	5人	6人
一般職の部下の数		7人	6人	9人
国際機関入職前勤務		5年	6年	4年
国際機関入職前勤務機関数		1.6機関	1.5機関	1.7機関
正規職員年齢		32歳	32歳	31歳
税込み基本給（年俸）		US $103,549	US $100,816	US $106,898

の比較を行っているが，日本人職員の集計値は国連事務局に勤務する職員の影響を，外国人職員の場合はUNDPの影響を強く受けていることを指摘する。なお，61名の日本人回答者のうち，UNDP勤務者からの回答は2名であった。

　なお，表1に示す集計値の平均から，質問紙調査に回答した日本人職員と外国人職員の属性に関しては大きな差は見られなかった。日本人職員と外国人職員間の特徴および相違は次節で概観する。

2　日本人正規職員と外国人正規職員の比較

　本項では，回答された調査データを日本人職員，外国人職員の2グループに区分し，各グループが各質問項目に対しどの程度満足しているかを5段階に分け，3次元の分析を行った。集計値の分析から日本人職員と外国人職員の主な

表2　日本人職員と外国人職員の勤務国の比較

勤務国	日本人職員		外国人職員	
先進国勤務	40人	66%	9人	31%
開発途上国勤務	21人	34%	20人	69%
合計	61人	100%	29人	100%

特徴は次の通りである。

(1) 年　齢

本人職員の平均年齢は44歳，外国人職員の平均年齢は41歳であった。平均年齢で見ると，外国人職員の方がやや若い。両グループとも，年齢が高いほど満足度が高い。

(2) 国　籍

外国人回答者の国籍を調べると，29名の回答者のうち開発途上国出身者は3名のみであり，10%に過ぎなかった。さらに，回答者の国籍を調べると，ヨーロッパ出身者が78%を占めていた。よって，第2次調査における外国人職員の回答者はほぼ先進国，その中でもヨーロッパ出身の職員である。

(3) 勤務国

勤務国を先進国（OECD加盟国）と開発途上国（OECD加盟国以外の国）に区分し調べたところ，日本人職員で開発途上国に勤務しているのは34%（21人）であり，先進国勤務が66%であった。一方，外国人職員の場合は，開発途上国勤務が69%を占め，先進国勤務は31%に過ぎなかった。

(4) 勤務国数

日本人職員は平均2.1カ国の勤務を経験しているが，外国人職員は3.3カ国を経験している。外国人の場合，勤務国数が多い職員の方が満足度は高い。

(5) 勤続年数

勤続年数の平均は日本人職員の場合は12年，外国人職員の場合は11年とほぼ同じである。両グループとも共通して，勤続年数が長いほど，職員の満足度も高い。

(6) 学　歴

2グループ間で学歴に関する顕著な違いは，博士課程修了者，あるいは博士号取得者に見られた。日本人職員の場合，博士号保持者あるいは課程修了者は

表3 日本人職員と外国人職員の勤務国の最終学位での専攻分野比較

最終学位での専攻分	日本人職員		外国人職員	
国際関係論	14人	23%	5人	17%
法律	6人	10%	1人	3%
理学	6人	10%	2人	7%
経済	4人	7%	7人	24%
経営管理	4人	7%	4人	14%
医学・公衆衛生	4人	7%	3人	10%
その他	23人	38%	7人	24%
合計	61人	100%	29人	100%

回答者の中で10%を占めていたが，外国人職員の場合は25%であった。

(7) 最終学歴での専攻分野

日本人職員の最終学歴の専攻分野は，23%が「国際関係論」(International Relations) であり，この分野の専攻が突出していた。「国際関係」以外では，さまざまな分野に分散していた。日本人回答者の最終学歴での専攻分野が「国際関係論」に突出しているのは，国連事務局勤務者からの回答が多かったことと関係していると考えられる。他方，外国人職員の場合，「経済」が24%，「国際関係」が17%，経営管理が14%と3分野に集中していた。

(8) 勤務機関

日本人回答者は国連共通システム内の21機関に勤務しており，人数を見ると国連事務局勤務者からの回答が約30%を占めていた。一方，外国人職員の回答者は8機関に勤務しており，回答者の人数から見ると，50%がUNDP勤務者であった。

(9) 職 位

日本人職員の平均職位はP-3, Step9, 外国人職員の平均職位はP-4, Step6である。両グループとも，職位が高くなるほど，満足度が高い。

(10) 平均年収

質問紙調査では回答者に職位，ステップを尋ね，それらのデータから回答者の税込み基本給（年俸）を計算したところ，日本人職員の平均基本給は約10万800ドル（US＄100,816），外国人職員の場合は約10万7,000ドル（US＄

106,898）であった。

　国際機関に勤務する職員は，第 2 章第 2 節⑤「給与」で説明したが，税込み基本給の約 30％を職員課金と呼ばれる，本国に勤務していたら支払うであろう税額を差し引いた金額を手取り給与として受け取っている。実際の職員の手取りの年収は上記基本給×0.7 ＋地域調整給＋教育補助金（一人につき最高年額約 17,584 ドルまで）が加算された金額である。たとえば，2010 年 1 月 1 日付のデータでみると，職位が P-4，Step3 で結婚し子供が二人おり，ニューヨークで勤務する場合，税引き後の年俸（基本給＋地域調整＋扶養手当の年額）は US＄121,806，ジュネーブの場合は US＄134,408，バンコクでは US＄104,820 である。さらに，22 歳までの子供がいる場合には，子供一人につき年額最高 17,584 ドルの教育補助金が加算される。こうしてみると，国際機関の給与は，たとえば金融機関に勤務する職員と比較すると高いとはいえないかもしれないが，決して低くはない。特に学齢期の子供を持つ職員にとって，国際機関の給与は恵まれているといえる。

⑾　部下の人数

　日本人職員が管理・監督している専門職職員の平均は 5 名，外国人職員の場合は 6 名であり，両グループの間に大きな差は見られなかった。一般事務職の部下の平均人数は，日本人職員の場合は 6 名であり，外国人職員の場合は 9 名である。外国人職員の方が開発途上国の事務所で多くの一般事務職の部下を持っていると考えられる。

⑿　専門分野／職種

　日本人職員の回答者の調査時の職域は「経済・社会開発」「管理業務・人事」「プロジェクト管理」「人道援助」等々と広く分散していた。他方，外国人職員の職域は「経済・社会開発」「プロジェクト管理」の 2 分野に集中していた。日本人職員の回答は 21 機関に働く職員からの回答であり，外国人職員の場合

表 4　日本人職員と外国人職員の部下の平均人数比較

部下の人数	日本人職員	外国人職員
専門職レベル	5 人	6 人
一般事務職レベル	6 人	9 人

表5 日本人職員と外国人職員の入職前の勤務組織

入職前の勤務組織	日本人職員		外国人職員	
民間企業	19人	31%	3人	10%
政府・政府系機関	14人	23%	13人	45%
大学・研究機関	12人	20%	5人	17%
NGO	7人	11%	4人	14%
その他	9人	15%	4人	14%
合計	61人	100%	29人	100%

は回答者の50%がUNDPに勤務していることと関係していると思われる。

(13) **入職前の勤務先**

　日本人職員は民間企業（31%），政府・政府系機関（23%），大学・研究機関（20%）を経由して国際機関に入職している。他方，外国人職員の場合は，政府・政府系機関出身が45%と突出し，大学・研究機関出身は17%と，日本人職員の場合とほぼ同じ比率である。しかし，民間企業出身の外国人職員は10%と，日本人の同出身者と比べると3分の1に過ぎない。

(14) **入職年齢**

　両グループに違いはなく，日本人職員の入職時年齢は32歳，外国人職員の場合は31歳であった。

(15) **入職方法**

　約80%の日本人職員はJPO制度（38%），国連職員競争試験（21%），空席応募（18%）のいずれかの方法で国際機関に入職していた。他方，外国人職員の場合は，回答者の90%はJPO制度（62%），空席応募（28%）の2つの方法で入職していた。外国人職員の半数はUNDPで働いており，UNDPではJPO制度経由で正規職員になる職員が多いことからJPO制度出身者が回答者に多いのかもしれない。国連職員競争試験は分担金割合と比較して職員数が少ない加盟国の職員を増やすことを目的として創設された試験である。日本人でこの制度によって国連事務局に入職した職員は回答者の21%を占めていたが，外国人職員でこの試験から入職した職員は1名（3%）のみであった。

表6　日本人職員と外国人職員の国際機関入職方法

国際機関入職方法	日本人職員		外国人職員	
空席応募	11人	18%	8人	28%
JPO制度	23人	38%	18人	62%
国連職員競争試験	13人	21%	1人	3%
その他	14人	23%	2人	7%
合計	61人	100%	29人	100%

表7　日本人職員と外国人職員の志望動機（複数回答）

志望動機	日本人職員	外国人職員
第1位	開発途上国支援	開発途上国支援
第2位	自分の専門分野を生かす場	自分の専門分野を生かす場
第3位	世界平和への貢献	自国外で生活・働く場
第4位	国籍・文化の異なる人と働く場	国籍・文化の異なる人と働く場
第5位	自国外で生活・働く場	世界平和への貢献

(16) 志望動機

　両グループとも「開発途上国支援」「自分の専門分野を生かす場」を志望して国際機関に入職している。日本人職員の場合，「世界平和への貢献」が3番目の志望動機となっているが，外国人職員では「世界平和への貢献」は第5位であった。

(17) 入職のための準備

　日本人職員の場合，国際機関に入職するための準備として「大学院での修士号取得」が25%を占めていたが，「特に何もしなかった」と答えた者も23%いた。すなわち，国際機関に勤務している日本人の4分の1は，特別の準備をすることなく国際機関に入職している。

　他方，外国人職員の28%は，国際機関で働くための準備として「関連分野での職務を経験」しているが，「特に何もしなかった」と答えた職員も日本人の場合と同様24%いた。

(18) 専門技能の活用

　職場での専門技能の活用については，日本人職員の75%が「非常に高い」あるいは「やや高い」を選択し，外国人職員の69%が「非常に高い」あるい

表8 日本人職員と外国人職員の国際機関に入職のための準備

準備方法	日本人職員		外国人職員	
留学した	6人	10%	5人	17%
英語・他のUN言語を習得した	2人	3%	1人	3%
大学院で学位を取得した	15人	25%	0人	0%
関連分野の職務を経験した	5人	8%	8人	28%
インターンシップに参加した	3人	5%	3人	10%
特に何もしなかった	14人	23%	7人	24%
その他	16人	26%	5人	17%
合計	61人	100%	29人	100%

表9 専門技能の活用に関する日本人職員と外国人職員の回答

	日本人職員		外国人職員	
非常に高い	22人	36%	9人	31%
やや高い	24人	39%	11人	38%
普通	10人	16%	6人	21%
やや低い	2人	3%	3人	10%
非常に低い	2人	3%	0人	0%
回答なし	1人	2%	0人	0%
合計	61人	100%	29人	100%

は「やや高い」を選択している。両グループとも，職務での専門技能の活用は高い。

(19) 入職後の自己啓発

日本人職員の自己啓発は「職場内外での講習」の受講が39％，「他の語学コース受講」が27％を占めた。一方，外国人職員は「職場内外での講習」の受講が44％，「他の語学コース受講」が22％であった。自己啓発について，日本人職員と外国人職員の間に大きな違いは見られなかった。

(20) 労働時間

日本人職員で「非常に満足」が39％，「やや満足」が30％であり，「非常に満足」と「やや満足」を回答した職員は69％を占めた。一方，外国人職員の場合は「非常に満足」が21％，「やや満足」が38％であり，「非常に満足」と「やや満足」を回答した職員は59％であった。労働時間に関しては，日本人職員の方が労働時間への満足度が高い。

表10　労働時間に関する日本人職員と外国人職員の満足度

	日本人職員		外国人職員	
非常に満足	24人	39%	6人	21%
やや満足	18人	30%	11人	38%
普通	12人	20%	8人	28%
やや不満足	2人	3%	3人	10%
非常に不満足	4人	7%	1人	3%
回答なし	1人	2%	0人	0%
合計	61人	100%	29人	100%

(21) 福利厚生

　両グループとも福利厚生に関し，高い満足を示した。なお，外国人職員の場合，最も高い「非常に満足」を選択した者は48%いたが，日本人職員で「非常に満足」を選択した者は31%であった。

(22) 総合満足度

　日本人職員は「非常に満足」が36%，「やや満足」が48%と，80%以上の日本人職員は「非常に満足」か「やや満足」と回答した。外国人職員の場合は「非常に満足」が41%，「やや満足」が45%と，86%の外国人職員が「非常に満足」あるいは「やや満足」を選択している。

(23) 働くうえで重要な要素

　複数回答で質問したところ，日本人職員は「対人関係能力」「適応性／柔軟性」「専門分野」「語学能力」の順に回答したが，外国人職員の回答は「適応性／柔軟性」と「対人関係能力」の2つに集中した。

表11　総合満足度

	日本人職員		外国人職員	
非常に満足	22人	36%	12人	41%
やや満足	29人	48%	13人	45%
普通	7人	11%	3人	10%
やや不満足	2人	3%	1人	3%
非常に不満足	1人	2%	0人	0%
合計	61人	100%	29人	100%

⑷ 勤務地での適応困難な事項

勤務地での適応困難な事柄として，両グループとも「安全」「信頼できる医療機関へのアクセス」など仕事に関係しない一般的な事柄を挙げた。仕事の内容，上司との関係，同僚との関係が適応困難な事項と指摘した職員は両グループとも少数であった。

⑵ 懸案事項

日本人職員の場合，仕事面で懸案事項が「特になし」が41％おり，「昇進」が25％であった。他方，外国人職員の場合は「契約の更新」が28％，「昇進」が28％，「特になし」が24％であった。何度も述べたように外国人回答者の約50％がUNDPに勤務しており，UNDPでは期限付き契約が主流となっている。このことから「契約の更新」が懸案事項のトップに挙がったと考えられる。

仕事以外の懸案事項に関しては，2つのグループの間に大きな違いが見られた。日本人職員の31％が「高齢の親の世話」，18％が「子供の教育」を仕事面以外での懸案事項に挙げた。「子供の教育」については，子供たちが母国語を話すことができず，海外で自国人としてのアイデンティテイを育むことが難しいと考え，母国に戻り生活することを検討していると考えられる。また，日本人回答者の3人に1人が親の老後を心配していた。他方，外国人職員の場合は，「別の国に暮らす家族と離れて暮らすこと」が34％と最も高く，2番目に「子供の教育」が28％と続いた。外国人職員で「高齢の親の世話」を選択した者は1人もいなかった。この理由は第4節「要約と考察」で検討したい。

⑯ 定年退職時までの勤務

表12　日本人職員と外国人職員の仕事面での懸案事項

	日本人職員		外国人職員	
契約の更新	4人	7％	8人	28％
昇進	15人	25％	8人	28％
国際機関外で職を得ること	3人	5％	1人	3％
懸案事項なし	25人	41％	7人	24％
その他	11人	18％	3人	10％
無回答	3人	5％	2人	7％
合計	61人	100％	29人	100％

表13　日本人職員と外国人職員の仕事面以外での懸案事項

	日本人職員		外国人職員	
子供の教育	11人	18%	8人	28%
高齢の親の世話	19人	31%	0人	0%
定年退職後に住む国	2人	3%	0人	0%
定年退職後の活動	3人	5%	0人	0%
他国に住む家族と離れて暮らすこと	5人	8%	10人	34%
現在の生活条件	3人	5%	3人	10%
健康問題	1人	2%	0人	0%
懸案事項なし	12人	20%	5人	17%
その他	3人	5%	3人	10%
無回答	2人	3%	0人	0%
合計	61人	100%	29人	100%

　両グループとも，約70％の職員は定年退職時まで国際機関で働こうと考えているが，20％弱の職員は定年まで国際機関に働くつもりはない，あるいは定年まで国際機関に勤務することに疑問を示した。

(27) 国際機関外への転職の検討

　(22)「総合満足度」表11にあるように国際機関での総合満足（職務満足・生活満足）に84％の日本人職員が，86％の外国人職員が「非常に満足」あるいは「やや満足」を選択していたが，表14にあるように，3分の1以上の職員

表14　国際機関外で働くことを真剣に考えたことに関する日本人職員と外国人職員回答

	日本人職員		外国人職員	
もちろん，真剣に検討したことがある	22人	36%	11人	38%
真剣ではないが，検討したことがある	21人	34%	10人	34%
分からない	2人	3%	0人	0%
検討したことはない	3人	5%	3人	10%
国際機関外への転職を考えたことはない	13人	21%	5人	17%
合計	61人	100%	29人	100%

（日本人36％，外国人38％）は国際機関を辞め，国際機関以外の機関で働くことを真剣に考えた経験があった。

第4節　要約と考察

　本章第1節では第2次質問紙調査での調査対象と調査方法の説明を行った。

　第2節では第1次質問紙調査と第2次質問紙調査の内容には整合性があることを説明した。

　第3節①「日本人正規職員と外国人正規職員の分析上の問題」では，日本人の回答は国連事務局勤務者が約30％，外国人の回答はUNDP勤務者がほぼ50％であったことなどから，本章での比較分析では対象者の公平性に関し問題を含んでいることを説明した。第3節②「日本人正規職員と外国人正規職員の比較」では，27項目にわたる両職員間の違いや特徴について比較分析を行った。

　本章で分かった事柄を考察として記す。

　第3節②「日本人正規職員と外国人正規職員の比較」を概観すると日本人職員と外国人職員の外形的特徴はほとんど変わらなかった。日本人職員と外国人職員が正規職員として働き始めた年齢は32歳，31歳とほぼ同年齢であり，勤務年数は日本人職員，外国人職員とも，12年，11年とほぼ同じである。また，平均年齢を比較すると日本人職員は44歳であり，外国人職員の場合は41歳であった。このように2つのグループ間の外形的相違は少ないように見えるが，詳細に集計値を調べると2つのグループに次に述べる特徴や違いがあった。

　第1の特徴は，日本人職員の場合，先進国勤務が多いことである。第1次質問紙調査でも日本人で先進国に勤務する職員の比率が高かったが，第2次調査でも日本人職員の3分の2は先進国に勤務しており，開発途上国に勤務している職員は3分の1に過ぎなかった。一方，外国人職員の3分の2は開発途上国に勤務しており，先進国に勤務している職員は回答者の3分の1に過ぎなかった。

　第2の特徴は，外国人職員の方が自己のキャリア形成に積極的なことであ

る。外国人職員の平均年齢は 41 歳と，日本人職員の平均年齢より 3 歳若いものの，外国人職員の平均職位は P-4, Step6，日本人の場合は P-3, Step9 と，外国人職員の方が日本人職員よりも昇進している。昇進は通常，現在の勤務国以外の勤務地で公募されている 1 つ上の職位の空席ポストに応募し，選考されることにより実現される。2 つのグループの職員の勤務国数を調べると，外国人は 3.3 カ国，日本人は 2.1 カ国である。また，高い職位ゆえに，外国人職員は税込み基本給（年俸）で US＄6,000 ほど高い報酬を得ていた。

　第 3 の特徴は，外国人職員と日本人職員では国際機関入職までのキャリア・パスが異なり，外国人職員の方が早い時期から国際機関で働くための準備を行っていることである。国際機関で働き始める前の勤務組織を比較すると，日本人の 31％は民間企業から，次に 23％が政府・政府系機関から，20％が大学・研究機関からの転職であった。日本人職員の場合，民間企業経由で国際機関に入職している割合が最も多い。日本人の多くは入職に向けての準備を 20 代後半から 30 代の初めに開始していた。

　一方，外国人職員の入職前の組織は，45％が政府・政府系機関，17％が大学・研究機関で，民間企業からの転職は 10％に過ぎなかった。外国人職員の場合は，自国政府の ODA 関係機関や ODA 事業に従事した後に国際機関で働くようになった場合が多く，民間企業からの転職者は少ない。

　参考までに第 6 章で紹介する聴き取り調査での協力者 X さん（フィンランド人）の経歴は外国人職員の典型的なキャリア・パス（資料，197 頁）であることから，紹介する。

　X さんは高校時代に受けた授業から地球規模問題に興味を持ち，このことが国際的なキャリアを持つきっかけとなったという。大学卒業後，修士号を取得，博士課程在籍時に AE（現 JPO）試験に合格し IFAD で 2 年間勤務する。AE 期間終了後は，大学に戻り博士号を取得，その後フィンランドの ODA 事業のコンサルタントとして働く。そうした中，国際機関（国連大学）で環境問題担当の正規職員となり，その後は複数の国際機関での勤務を経験している。

　次に民間企業で働いた後に国際機関で働くようになった日本人の B さんのキャリア・パス（資料，133 頁）を紹介する。B さんは大学卒業後，入社した民間企業の社費留学制度により米国で MBA を取得し，その後外資系投資銀行

の勤務を経て、国際機関の空席ポストに応募し、現在に至っている。

Bさんの場合は民間企業から習得した専門分野が国際機関の求める分野と一致した事例であり、Xさんの場合は高校時代から国際的職業を志し、その準備の過程で国際機関での仕事に出会い、自分の夢を実現させている事例である。BさんとXさんのキャリア・パスを比較すると、外国人のXさんの方が主体的に職業選択を行っている。

議論を元に戻し、次に両グループの学位と最終学歴での専攻分野を比較してみる。外国人職員の場合は25%、すなわち4人に1人は博士課程を修了しているか博士号を取得している。一方、日本人職員の場合、第2次質問紙調査ではその比率は14%と低い。これは第2次調査時に世界銀行の職員を含めなかったことが影響していると考えられる。なお、第1次質問紙調査時の日本人回答者の博士号取得者割合は、第2次質問紙調査時の外国人回答者とほぼ同じ26%であった。

最終学歴の専攻分野は、日本人職員の場合「国際関係」が突出しており、残りの回答は他の分野に広く分散していた。前述したように、日本人職員の回答は、国連事務局勤務者からの回答が多いことと関係すると考えられる。一方、外国人職員の場合は「経済」「国際関係」「経営管理」の3分野に集中していた。国際機関、特にUNDPでは開発途上国を支援するために経済分野の専門家の需要が高いことと関係していると考えられる。

さらに、国際機関への準備に関する質問では、外国人職員の約3分の1は「関連分野の職務経験」を挙げているのに対し、日本人職員の4分の1は「大学院に進学し、学位を取得した」と答えた。

以上を総合すると、外国人職員の方が日本人職員よりも国際機関に働くための準備を早い段階から行っているといえる。

第4の特徴は仕事外の懸案事項が日本人職員と外国人職員で異なることである。日本人職員の3分の1は「高齢の親の世話」を懸案事項として選択しているが、外国人職員の約3分の1は「離れて暮らす家族のメンバーからの別離」を選択している。外国人で「高齢の親の世話」を選択した者はいなかった。ヨーロッパでは個人主義が浸透し、社会保障制度が整備されていることから「親の世話・老親の介護」を心配しなくてもよいと考えられる。

第5の特徴は国際機関外への転職の検討についてである。⑵「総合満足度」によれば，80％以上の日本人職員および外国人職員ともに国際機関での職務と生活に満足しているが，約40％の両グループの職員は国際機関を辞め，機関外の職場への転職を真剣に考えたことがある，と回答している。日本人職員を対象とした第1次質問紙調査においても転職については同様の回答が得られた。その際，転職の理由で最も多かったのは「自分の能力・知識を他の職場で活かしたい」であり，転職先は大学・研究機関を希望した回答が最も多かった。実際に国際機関を辞め，大学で教職に就いている者も多く，筆者もその一人である。日本人職員，外国人職員ともに，国際機関の勤務にこだわることなく，自分の能力を活かす機会があるならば積極的に転職する用意があることを示している。

第5節　総　括

　本章では，第2次質問紙調査は国際機関に勤務する日本人職員と外国人職員の働き方に関する比較分析を行った。回答者の所属機関が偏っているという問題があり，本章の分析から職員の比較が厳密に公平であるとはいえないが，日本人職員と外国人職員の比較を扱った研究は現在まで国内外で行われていないという観点から，第2次質問紙調査の意義を評価することができる。

　本章第4節「要約と考察」で述べたように，外国人職員の方が日本人職員より国際機関で働くための準備計画を早い段階から立て，実践していた。日本人職員の場合は民間企業でサラリーマンとして働いた後に国際機関に転職した者が31％と多いが，外国人職員の場合は45％が政府・政府系機関で働いた後に国際機関に入職している。学歴・最終学歴での専攻分野を見ても，外国人職員の多くが国際機関で行われている事業と関係の深い「経済」「国際関係」「経営管理」などの分野で専門教育を受け，かつ関連分野での職務を経験した後に国際機関に応募している。総括すると，外国人職員の方が日本人職員よりも早い時期に目指す職業分野を定め，関連分野での経験を積むなど国際機関に働くための準備を行っている。国際機関に採用後も開発途上国での上位ポストに応募

するなど自己のキャリア形成を積極的に行っている。

　最後に日本人職員の最大の懸案事項として「高齢の親の世話」の問題を挙げたい。日本人職員が海外の勤務地で長期間働くことができるためには，たとえば日本の介護保険制度や成人後見人制度を海外で働く日本人に積極的に情報提供する等，親の老後に関する心配を軽減させる必要がある。今後，民間部門でも海外に長期間働く日本人が増加すると考えられることから，海外で長期間勤務する日本人を対象に日本に生活する高齢の親の面倒を見る制度の創設を検討する必要がある。

注

（1）本章は横山和子・中村寿太郎「国際公務員質問紙調査からのキャリア分析―日本人職員と外国人職員との比較分析」『東洋学園大学紀要』第17号，2009年3月を大幅に加筆修正したものである。
（2）さらに，第1次質問紙調査では，国連共通システムに所属する機関，および世界銀行グループ・世界貿易機関に勤務する正規職員を調査対象としたが，第2次質問紙調査では国連共通システムに勤務する正規職員のみを対象とした。第1次質問紙調査では世界銀行グループ，世界貿易機関からの回答が17%を占めており，因子分析等の統計分析を行う際に，一定のデータ数を確保したいと考えこれらの機関からの集計値を含めたが，第2次質問紙調査時には，国連共通システムに勤務する職員の意識構造のみに焦点を当て分析したいと考え，世界銀行グループ，世界貿易機関の職員に質問表を送付しなかった。それゆえ，結果として，第1次質問紙調査と第2次質問紙調査の調査対象に多少のずれが存在していることを指摘しておく。

第**6**章

日本人国際公務員の満足度と職種を中心とする分析
―日本人国際公務員への聴き取り調査から

　日本人国際公務員の意識形態や働き方について2回にわたる質問紙調査を行い，定量分析を行った。研究を進める中で，データ分析中心の定量分析だけではなく，聴き取り調査に基づく定性分析を行う必要があると考え，2008年4月から8月までの期間，米国ニューヨーク市立大学を基盤にニューヨークの国際機関に勤務する主に日本人職員の聴き取り調査を行い，同年8月にはジュネーブ，ローマでも同様の聴き取り調査を行った。

　本章では，第1節で聴き取り調査の目的を明確にするとともに調査の実施方法を紹介し，第2節では聴き取り調査協力者の属性と調査の概要を，第3節では海外での留学経験について考察する。第4節では満足度と職種との関係を考察し，第5節では専門分野の変更可能性と他職種への異動可能性を考察する。さらに，第6節では調査協力者の働く姿勢について考察し，第7節，第8節では考察および総括を行う。

第1節　聴き取り調査の目的と調査の方法

　第1次質問紙調査，第2次質問紙調査を通じ日本人国際公務員の意識・働き方について研究を行ってきたが，定量分析だけで日本人国際公務員のキャリア研究について論じることは片手落ちである。

　筆者は当該研究を発展させるために研究対象者への聴き取り調査を行いたい

と考えたが，対象者が海外で勤務しているため，彼らが日本に一時帰国する際に聴き取り調査を行う以外に方法はなかった。そこで現地で聴き取り調査を行う方法を模索し，最終的には勤務校の在外研究制度を活用し半年間，海外で対象者への聴き取り調査を行った。

在外研究では米国，ニューヨーク市マンハッタンにあるニューヨーク市立大学 Graduate Center 経済学研究科に在籍し，そこを基盤に徒歩20分の場所に位置している国連事務局を中心に関係機関に勤務している国際公務員の聴き取り調査を行い，帰国途中の同年8月にジュネーブとローマでも同様の聴き取り調査を行った。

聴き取り調査の準備として，第2次質問紙調査の結果を当該質問紙調査の回答者に2007年12月に送付した際，ニューヨーク，ローマ，ジュネーブで聴き取り調査を行う予定であることを回答者に伝えるとともに，第2次質問紙調査の回答者で，ニューヨーク，ジュネーブ，ローマに勤務している職員に聴き取り調査の申し込みを行った。

調査協力者の選定は仮説①「日本での職務経験は国際公務員としてのキャリア形成に有効である」の証明を考えていたことから，日本国籍を有し，国際機関に勤務しているだけではなく，「日本で働いた経験がある」ことを選定の主眼に置いた。しかし，日本での職務経験があるという条件を厳密に課すと，当該条件を満たし，かつ調査に協力してくれる職員は非常に少なくなることが懸念された。それゆえ，本研究に理解を示し，かつ調査記録を本書に掲載することを承諾した職員を調査対象とした。

なお，時間的都合で開発途上国を訪ね，該当する日本人職員の聴き取り調査を行うことはできなかったが，エジプトに15年間勤務し，2009年末に一時帰国していたY氏の聴き取り調査を行い，本書に含めることができた[1]。また，在外研究から帰国した後も適宜，聴き取り調査を継続した。

聴き取り調査協力者は次の3つのいずれかの方法により選ばれた。

　①第2次質問紙調査回答者で，日本での勤務経験のある職員
　②「国連フォーラム」に掲載されている日本での職務経験のある職員
　③スノーボール方式で紹介（主に国際機関に勤務する友人等）された職員

なお，②の方法については，「国連フォーラム」(http://www.unforum.org/)と呼ばれるニューヨーク在住の国際機関関係者・研究者等が運営しているインターネット上のサイトがあり，そこの国連職員紹介欄の略歴から日本での職歴の有無を調べ，日本での勤務経験がある職員に電子メールで聴き取り調査の申し込みを行った。聴き取り調査は主に勤務時間外（主に昼食時間）に行った。

　上記期間中に1名の外国人職員，2名のJPOを含む32名に対して聴き取り調査を行ったが，そのうち6名（約20%）は聴き取り調査実施後に本書への掲載を辞退した。それゆえ第7章での聴き取り調査対象者は日本人職員23名と外国人職員1名の合計24名である。

　調査への協力者は40歳〜50歳代が多かった。他方，辞退者の多数は30代後半から40代中盤までの職員が多く，辞退理由としては国際機関での実績が十分でない，自分の将来への見極めがつかない，個人情報を活字にさせたくない等であった。

　第4章第2節で因子分析を行った際，国際機関に勤務する日本人正規職員は「キャリア満足」「処遇満足」「現状不満」の3因子から構成されていた。本章で紹介する調査協力者は主に「キャリア満足」職員であると考えられ，聴き取り調査辞退者は「現状不満」あるいは「処遇満足」の職員であると考えられる。

第2節　調査協力者の属性と調査結果の概要

　調査協力者の属性と聴き取り調査の概要を表1に示し，AからXさんまでの24名の協力者の聴き取り調査記録とキャリア・パスを文末資料に掲載した。調査記録の掲載順は主に調査を行った時系列順とした。聴き取り調査を終えてから本書を出版するまでに所属・職位・勤務国に変更があった協力者が8名いたが，表1には聴き取り調査時の職位・職名・勤務国を掲載した。なお，昇進，転勤などの変更については各人の聴き取り調査記録の最後に付記した。

　表1「聴き取り調査協力者の概要」は職種，職名，職位など調査協力者の概

表1 聴き取り調査協力者の概要

職員	性	年齢	勤務機関	職名	分野	職位	満足度（5点評価）	勤務地
A	F	31	UNDP	評価スペシャリスト	専門職（評価）	P-2	5.0	ニューヨーク
B	M	42	UN	上級投資オフィサー	専門職（投資）	P-5	5.0	ニューヨーク
C	M	41	UNDP	財務部課長	専門職（財務）	P-5	4.0	ニューヨーク
D	F	47	UN	財務部課長補佐（経理）	アドミン業務	P-3	2.0	ニューヨーク
E	F	33	UN	政務担当官	専門職（政務）	P-3	5.0	ニューヨーク
F	F	54	UNDP	管理局長	アドミン	ASG	5.0	ニューヨーク
G	F	50	UN	社会問題担当官	専門職（社会問題）	P-4	5.0	ニューヨーク
H	M	41	UNDP	プログラム・スペシャリスト	調整業務	P-4	4.0	ニューヨーク
I	F	60	UN	情報処理・収書課　課長（図書館）	専門職（図書館）	P-5	5.0	ニューヨーク
J	M	58	UN	プログラム・コーディネーター	調整業務	P-4	4.0	ニューヨーク
K	F	53	UNFPA	監視部次長	専門職（監査）	D-1	4.0	ニューヨーク
L	M	42	UN	プロジェクト調整官	調整業務	L-3	4.0	ニューヨーク
M	F	53	UNFPA	上級顧問	調整業務	P-5	2.5	ニューヨーク
N	M	45	WFP	物流担当官	専門業務（物流）	P-3	4.0	ローマ
O	M	51	WFP	財務部　課長	専門業務（財務）	P-5	4.0	ローマ
P	F	45	ILO	上級人事担当官	人事業務	P-4	5.0	ジュネーブ
Q	F	45	WHO	医務官	専門職（医学）	P-5	5.0	ジュネーブ
R	F	41	WHO	予算調整官	専門職（財務・予算）	P-4	4.0	ジュネーブ
S	F	54	ILO	内部監査室　室長	専門職（監査）	D-1	5.0	ジュネーブ
T	F	45	UN-HABITAT	人道支援担当官	途上国支援	P-4	4.0	ジュネーブ
U	M	50	UNIDO	上級工業開発官・次長	調整業務	L-4	4.0	東京
V	M	50	IFAD	財務官	専門職（財務）	D-1	4.0	ローマ
W	M	48	WHO	結核・エイズ・マラリア調整官	専門職（医学）	P-6	5.0	カイロ
X*	M	51	UNDP	上級評価アドバイザー	専門職（環境）	P-5	3.0	ニューヨーク

注：＊外国人。

要を示すとともに，満足度をリッカートの5段階評価で示したものである。表1から調査協力者の60％はニューヨークに勤務する職員であり，20％はジュネーブ，13％はローマ，4％は開発途上国に勤務する職員であったことが分か

表2 調査協力者の属性の要約と満足度

	合計	男性	女性
人数	24人	10人	14人
平均年齢	47歳	47歳	47歳
平均職位	P-4 Step5	P-4 Step5	P-4 Step6
平均勤続年数	16年	11年	16年
正規職員時年齢	34歳	35歳	32歳
勤務国数	2.3カ国	2.0カ国	2.5カ国
入職時年齢	32歳	33歳	31歳
満足度（1～5）	4.2	4.1	4.3

る。

 表2「聴き取り調査協力者の属性の要約と満足度」には調査協力者の属性の要約と満足度の平均を示した。表2の協力者の男女別内訳を見ると，女性職員が60％，男性職員が40％であり，平均年齢は男女ともに47歳であった。協力者の平均職位はP-4と男性職員・女性職員とも同じ職位であるが，正規職員になった年齢は男性職員の場合は35歳，女性職員の場合は32歳であった。国際機関での勤続年数が男女それぞれ11年，16年であることを判断すると，第4章，第5章で行った分析結果と同じく，男性職員の方が女性職員よりも遅く国際機関に入職しているものの，男性職員の方が入職時の職位が高かったか，入職後に女性職員よりも速いスピードで昇進していると考えられる。満足度に関しては女性職員の方がわずかであるが高く，勤務国数については男性職員よりも女性職員の方が多かった。国際機関で働くことによる満足度については5段階評価で尋ね，男性，女性両者とも5段階で平均4.2と非常に高い満足度を示した。

 表3「聴き取り調査協力者の入職方法」を調べると，男女とも JPO 制度を経て入職した比率が50％（Aさん，Cさん，Eさん，Fさん等）と最も高い。次に高い比率を占めるのは空席応募で17％（Bさん，Tさん，Vさん，Wさん）であるが，その他の方法で入職した職員（Iさん，Jさん，Lさん，Qさん，Sさん）も21％いた。その他の方法は日本政府（Jさん），あるいは関係者の推薦（Lさん），直接応募（Iさん），直接採用（Sさん），政府からの出向を経由しての採用（Qさん）等さまざまである。

表3 聴き取り調査協力者の入職方法

入職方法	合計		男性		女性	
JPO制度	12人	50%	5人	56%	7人	47%
国連職員競争試験	1人	4%	0人	0%	1人	7%
空席応募	4人	17%	3人	33%	1人	7%
採用ミッション	2人	8%	0人	0%	2人	13%
その他	5人	21%	1人	11%	4人	27%
合計	24人	100%	9人	100%	15人	100%

表4 聴き取り調査協力者の入職方法の分類

入職方法	合計		男性		女性	
若年採用	16人	67%	7人	70%	9人	64%
中途採用	8人	33%	3人	30%	5人	36%
合計	24人	100%	10人	100%	14人	100%

次に表4「聴き取り調査協力者の入職方法の分類」では採用方法を若年採用、中途採用の2つの区分に分けてみた。表3から分かるように、調査に協力してくれた職員のうち67%と、約3分の2はJPO制度、あるいは国連職員採用試験等の若年採用で入職しており、他方、約3分の1の33%の職員は空席応募、採用ミッション等の中途採用で入職していた。

次に調査協力者が教育を受けた国を調べてみた。表5「調査協力者が教育を受けた国」に大学教育を受ける前の小学・中学・高校での教育、大学教育、大学院教育の3つの区分に分け、それぞれのレベルでの教育を調査協力者が日本で受けたのか、海外で受けたのかを示した。なお、聴き取り調査の協力者は24名であったが、1名は外国人職員であったことからこの外国人職員を集計から除いた。また、複数の教育機関で複数の学位を取得した場合にはそれぞれ集計した。

表5から分かることは、調査協力者の3分の2は大学卒業まで日本で教育を受けているが、ほぼ同じ比率の調査協力者は海外の大学院で学位を取得していることである。約30%の調査協力者は日本で最終学位を取得した後に留学することなく国際機関に入職している。

なお、本章第1節「聴き取り調査の目的と調査の方法」で説明したように、筆者が調査協力者を選定した際には、日本で勤務経験がある職員を優先させ

表5　調査協力者が教育を受けた国

	日本の教育機関		海外の教育機関	
大学以前（小・中・高校）	18人	78%	5人	22%
大学	15人	65%	8人	35%
大学院	6人	27%	16人	73%

表6　日本での勤務経験の有無

日本での勤務経験	合計		男性		女性	
あり	21人	88%	10人	100%	11人	79%
なし	3人	12%	0人	0%	3人	21%

た。よって実際には国際機関に勤務する日本人職員のうち，海外で教育を受けた職員は表5に示す数字よりも多いと考えられる。

次に調査協力者の日本での職務経験の有無について尋ね，その結果を表6「日本での勤務経験の有無」に示した。表6から分かるように，88％の職員が日本で働いた経験があった。ここでの職務経験は国際機関に入職する前の日本での経験，国際機関に在籍中に休職し日本で働いた経験も含んでいる。特記すべきこととして男性職員は全員，日本で勤務した経験があった。

さらに，調査協力者が日本で働いていた組織について質問した。日本で働いた経験のある21名の調査協力者が日本で所属した組織を表7「日本での所属組織」に示した。表6から日本で働いた経験のある21名の職員のうち，最も多い44％の職員は日本の民間企業で働いていた。2番目に多いのは外資系企業の24％，次に政府機関の14％，大学の5％と続いた。「その他」に属する組織

表7　日本での所属組織

組織	合計		男性		女性	
日本での勤務あり	21人	88%	10人	48%	11人	52%
民間企業	9人	43%	4人	44%	5人	56%
外資系企業	5人	24%	2人	40%	3人	60%
政府機関	3人	14%	2人	67%	1人	33%
大学	1人	5%	0人	0%	1人	100%
その他	3人	14%	2人	67%	1人	33%

は自営のコンサルタント，研究機関などであった。第5章第3節[2](13)「入職前の勤務先」で明らかになったように外国人職員はODA関連の政府機関で関連分野の職務経験を持った後に国際機関に勤務した割合が約45％と最も多かったが，日本人職員の場合は第1次質問紙調査，第2次質問紙調査共に民間企業出身者が最も多かった。

次に日本で働いた経験が国際公務員としてのキャリア形成に有効であるか否かという質問を行い，その結果を表8「日本での勤務経験の評価」にまとめた。表8から分かるように，回答は男女で大きく分かれた。男性職員は全員が日本で受けた社内での訓練や社内教育を高く評価し，たとえば，Uさん（資料，188頁）は「企業で学んだ手順，段取り方法は国際機関で働く際に有益であった」と述べ，Nさん（資料，167頁）は「勤務した船舶会社での仕事の進め方，業務関係の国際基準・規則は現在勤務しているWFPと同じものであり業務にそれほど差はなく，日本の会社では社会人として鍛えられた」と述べていた。Wさんも「日本の職場で学んだ技術，物の考え方は現在の仕事に役立っている」と述べ，男性調査協力者は全員，日本での経験を高く評価していた。

一方，「該当しない」と回答した4名を除く10名の女性回答者のうち，40％は日本での勤務は国際機関で働くうえで役に立っていないと答えた。残りの60％は日本での勤務経験は有益であったと答えているものの，その理由の多くは職務での専門性向上に直接結びつくものではなかった。Rさん（資料，179頁）は「厳しい条件下で苦労したことが打たれ強くさせた」と述べ，Qさん（資料，176頁）は「技術面では役に立っているが，国際機関という組織で生き残るうえで日本の経験は役に立っていない」と答えた。Oさん（資料，170頁）は「日本での勤務というより，日本の外資系企業での経験が役に立っている」と述べた。

第1章第2節[2]「キャリア研究分野での先行研究」で触れたが，メンター

表8　日本での勤務経験の評価

日本での職務経験	合計		男性		女性	
有益であった	16人	66%	10人	100%	6人	43%
有益でなかった	4人	17%	0人	0%	4人	29%
該当しない	4人	17%	0人	0%	4人	29%
合計	24人	100%	10人	100%	14人	100%

表9 メンターの有無

メンターの有無	合計		男性		女性	
初職でのメンターあり	14人	58%	8人	57%	6人	43%
現在メンターあり	11人	46%	7人	64%	4人	36%

(Mentor)とは業務上の問題解決方法を指導するだけではなく職業人生に指針を与えてくれる良き助言者，指導者という意味を持ち，一般に先輩社員や上司を指すことが多い。筆者が2001年に予備調査を行った際に複数の調査協力者から「○○さんがいなければ現在の自分がいない」「○○さんから国際機関で働くための基礎を学んだ」などのコメントがあり，初職時にメンターに出会ったか否かはその後の職業人生に大きな影響を与えると判断した。聴き取り調査ではメンターの役割を考慮に入れ，「国際機関の最初の職場でメンターに出会ったか」「現在の職場でメンターがいるか」という質問を行った。その回答結果は表9「メンターの有無」に示した。

表9から分かるように，現在国際機関に勤務している職員の約60％は最初の職場でメンターに出会っていた。メンターの国籍はオランダ人，フィンランド人，南アフリカ人，米国人，日本人等さまざまであったが，職場の直接の上司，同じ部局のベテラン職員の場合が多かった。Qさんはメンターを自分で探したと答えた。筆者は聴き取り調査を通じ，初職でメンターからのガイダンスを受けた職員の方がメンターに出会わなかった職員よりも国際機関での進路選択を上手に行っているとの印象を受けた。

なお，聴き取り調査協力者は国際機関に平均16年間勤務しているが，現在もメンターを持っている職員は46％いた。男性職員の方が女性職員よりもメンターの役割を重視している。

聴き取り調査では調査協力者に定年退職時まで国際機関に継続し勤務するつもりか否かについても質問し，その結果を表10「定年退職時までの勤務」に示した。調査協力者の約40％は将来について「分からない」と回答した。たとえば，Qさんは「いい仕事，面白い仕事であれば検討する」と答え，Xさんは「専門分野との関連で興味深い仕事がオファーされれば検討する」と答えた。調査協力者の多くは自分の専門分野を活かすことに積極的であった。

表10　定年退職時までの勤務

定年退職時までの勤務	合計		男性		女性	
はい	13人	54%	5人	50%	8人	57%
いいえ	2人	8%	1人	10%	1人	7%
分からない	9人	38%	4人	40%	5人	36%
合計	24人	100%	10人	100%	14人	100%

表11　働く上での所得額の重要性

所得額の重要性	合計		男性		女性	
重要である	1人	4%	0人	0%	1人	7%
いいえ	23人	96%	10人	100%	13人	93%
合計	24人	100%	10人	100%	14人	100%

　筆者が大学の経営学部で教鞭を執っているからかもしれないが，日本の大学生は給与額の高低で職業の良し悪しを判断する傾向があると日頃考えており，所得についての質問も行なった。表11「働く上での所得額の重要性」に回答結果を示したが，調査協力者のほとんどは所得額にこだわっていなかった。調査協力者の中には，国際機関に就職した際，所得が大幅に減少した人も散見されたが，協力者のほとんど全員は所得の多少は重要ではないと答えた。Gさん（資料，145頁）は「仕事のやりがいの有無が重要」と答え，Kさん（資料，157頁）は「ある程度の給与があれば職務満足の方が大切」，Wさん（資料，194頁）は「開発途上国の担当者の給与と比較すると文句はいえない」と答えた。

　最後に聴き取り調査協力者と第2次調査で行った外国人職員との比較を行ってみた。

　表12「聴き取り調査協力者と外国人職員の比較」に記載されている外国人職員の値は第5章第3節表1から抜粋したものである。日本人の調査協力者は，筆者が行う調査研究に好意的であった職員であり，協力者の平均職位はP-4, Step5であった。これらの協力者の職位は日本人国際公務員の平均職位であるP-3, Step9と比べると高く，第4章第2節「因子分析」から明らかになった「キャリア満足」職員と考えられる。日本人「キャリア満足」職員である調査協力者と外国人職員を比較すると，表12から分かるように，調査協力者と外国人職員の入職時年齢は32歳，31歳とほぼ同年齢であるが，ほぼ同じ

表12　聴き取り調査協力者と外国人職員の比較

	日本人調査協力者	外国人職員
平均年齢	47歳	41歳
平均職位	P-4, Step5	P-4, Step6
入職年齢	32歳	31歳

職位に到達するのに日本人調査協力者は外国人職員と比べると6年ほど長くかかっている。

第3節　海外での教育

本節は調査協力者の海外での留学経験および海外での教育の有無を明らかにするとともに，海外での教育が国際機関への勤務につながった事例を紹介する。

調査協力者24人のうち，外国人協力者（X氏）を除く日本人協力者23名の海外での教育経験を表13に示した。表13から分かるように，35％の人は私費であるいは奨学金を得て海外の大学院を修了している。調査協力者の26％は帰国子女と呼ばれる学齢期の教育を海外で受けた職員である。次の13％の協力者は3人とも民間企業の社費留学制度により米国でMBAを取得している。残りの13％は国際機関に入職する前に海外への留学を経験したり学位を取得しておらず，教育はすべて国内で受けている。

第2章第2節[2]「採用管理」で国際機関は学歴社会であると述べた。国際機関では，選考の際に応募者の学位レベルが重視されるが，どの大学を卒業したかということはそれほど重視されていない。選考では，主に応募者の国籍，専門分野，関連分野での職務経験，学歴レベルが評価される。他方，日本の民間

表13　調査協力者の海外での教育経験

私費・奨学金留学		帰国子女		社費留学		海外留学なし		その他	
8人	35％	6人	26％	3人	13％	3人	13％	3人	13％

企業の職員採用時には，卒業した大学名が重視され，応募者の大学での専門分野はそれほど重視されない。よって，日本では高校卒業後にどの大学に進学したかによってその後の職業人生が方向づけられる。この視点から国際機関の職員を概観すると，職員はさまざまな経緯を経て国際公務員になっていることが分かる。海外での学位取得が国際公務員への道につながった3名の職員の事例を紹介する。

Sさん（資料，182頁）は，父親が娘の高等教育への理解がなかったため，高校を卒業した後，専門学校で学んだ。20代後半に米国の大学に短期留学をした際，専門学校で習得した単位が米国の大学の単位として認定されたことから学位取得のための留学に切り替え，2年後に会計学の学士号（BA）を取得した。大学卒業後は，ニューヨークの会計事務所に勤務し，CPA（公認会計士）を取得する。Sさんは国際結婚したことから，外国人が米国で働き続けるためにはグリーン・カードが必要であるが，国連はグリーン・カードを要求しないことが分かり，国連での雇用の可能性を尋ねるために訪問したところ，Sさんの実務経験とCPAの資格が幹部職員に着目され，国連（UNDP）に直接採用された。現在はILO本部の内部監査室長（D-1）として勤務している。

2番目のTさん（資料，185頁）は，短大卒業後，ロータリー奨学生として米国に1年間留学した後に，地元の市役所に3年半勤務した。働きながら学費を貯めた後に，米国の大学で女性学を学び学士号（BA）を取得する。Tさんは女性学を学ぶなかでジェンダーに関わる問題と開発途上国の貧困問題に共通点を見つけ，ニューヨークにある日系銀行で働きながら学費を貯めた後，コロンビア大学で開発経済学を学び修士号を取得する。帰国後は横浜に本部がある国際NGOで働いた後，国際機関の空席ポストに応募し，現在に至っている。

第3番目のOさん（資料，170頁）の場合は，高校を卒業し，専門学校で学んだ後に外資系企業で働く。20代後半に米国の大学に留学し，学士号（BA），修士号（MBA）を取得する。その後，帰国し米国系証券会社に勤務した後，47歳の時にWFPの採用ミッション試験に合格し，WFP本部で課長として採用された。

上記事例で示した3名の女性調査協力者は米国で学位を取得し，グローバル・スタンダードのCPA，MBA等の資格を取得し，実務経験を積んだ後に

国際機関に中途採用されている。上記の3人と同種の経歴を持ち国際機関に勤務している職員は国籍を問わず珍しくない。しかし，日本の組織は学卒者を採用し，必要と考えれば組織内部で必要となる人材を育成することから，上記3人のような経歴を持つ人材が日本の組織で活用されることはきわめて少ない。

最後に海外で教育を受けずに国際機関に採用されたNさんを紹介する。

Nさん（資料，167頁）は大学卒業後，航空会社の地上職員として勤務した際，地球規模の問題に興味を持つ。その後船舶会社に転職し，UNHCRのキャンプ・サダコに参加した後はNGOで働きながら大学院で国際学の修士号を取得し，35歳の時にJPO試験に合格する。WFPでは船舶会社での経験を活かし物流（ロジスティック）業務の専門家として勤務している。

上記を概観すると，国際機関に勤務するための入職方法は複数あり，日本のように新卒一括採用というひとつの方法だけではないことが分かる。

第4節　満足度と職種を中心とする分析

本節では，第1次質問紙調査時に問題意識を持ち，聴き取り調査時に確信を持った「満足度」と「職種」との関係から職員の分析を行う。

筆者は第1次質問紙調査の集計値の分析過程，および2008年の24名の国際公務員への聴き取り調査実施後の調査記録の作成過程で，「満足度」と「職種」との視点から国際公務員のキャリアを説明できると考えた。調査協力者の職種を満足度に基づき次の5つのグループに分類することができた。なお，アドミンとはAdministrationの略語で，総務など後方業務全般を指す。

- 専門職グループ
- 財務グループ
- 調整業務グループ
- アドミン・人事グループ
- 開発途上国支援グループ

上記の5グループの特徴を明確するために職員の専門分野，男女比，平均職

表 14 聴き取り調査協力者の専門分野, 男女比, 職位, 年齢, 満足度

専門分野	合計		男性	女性	平均職位	平均年齢	満足度 5段階評価 (M：男性, F：女性)
専門職（財務を除く）	10人	41%	4人	6人	P-4, Step7	48歳	4.7　M = 4.25, F = 5.0
財務	4人	17%	2人	2人	P-4, Step7	46歳	4.25　M = 4.0, F = 4.5
調整分野	5人	21%	4人	1人	P-4, Step1	49歳	4.0　M = 4.0, F =（2.5）
アドミン・人事	3人	13%	0人	3人	P-4, Step5*	46歳*	4.5　M = —, F = 4.5
開発途上国支援	2人	8%	0人	2人	P-3, Step5	39歳	4.5　M = —, F = 4.5

注：＊1名は平均値と大きく離れるため計算から除外した。

位，平均年齢，満足度に分け，表14「聴き取り調査協力者の専門分野，男女比，職位，年齢，満足度に整理した。

この表から，専門職に就く職員が41%，調整業務（Program Management）を担当する職員が21%，財務担当職員が17%，アドミン業務・人事を行う職員が13%，開発途上国支援業務を行っている職員が8%を占めていることが分かる。

表14は財務分野を含む専門職職員の多数が，聴き取り調査に協力してくれたことを教えてくれる。財務職を含む専門職グループの職員が他のグループと比べ，職位が高いことから，財務分野を含む専門職グループの職員は職場で実績を挙げ，内外からの評価が高いと考えられる。これら専門職グループは聴き取り調査への依頼に躊躇することなく対応してくれ，聴き取り調査後に本書への掲載を辞退した者は一人もいなかった。

上記の6つのグループの職員の特徴を順次紹介する。

第1番目の「専門職グループ」は自分の持つ専門分野の能力を使い，業務を遂行している職員グループである。このグループの職員の専門分野は医学，評価，社会問題，物流，図書館情報，投資運用等と広く分散しているが，調査協力者は皆，自分の専門分野に自信を持っており，職務での満足度も高いという特徴があった。平均職位もP-4, Step7と高い。満足度に関しては，5段階評

価でこのグループの職員が最も高い4.7の満足度を示し，特に女性は全員，最高の5.0であった。このグループは専門家として中途採用で国際機関に入職するか，JPO制度や国連職員競争試験等の若年者向け採用試験を経て国際機関に入職した後に自分の専門分野を確立した職員から構成されている。

たとえば，第5章第4節で紹介した専門職グループのBさん（資料，133頁）は勤務していた日本の証券会社の社費留学制度により米国でMBAを取得，その後外資系信託銀行でファンド・マネージャーとして勤務していた時に，公募された国連合同年金基金の投資担当官のポストに応募し採用されている。

次に，UNFPAで監視部次長として働くKさんの場合（資料，157頁）は，UNDPのJPOとして国際機関での勤務を開始し，聴き取り調査時まで計4機関で勤務していた。現在は独立の立場で，主に開発途上国実施されている事業評価の統括を担当している。

第2番目は「財務グループ」である。このグループは「専門職グループ」に含めることもできたが，財務というひとつの職種に17％の職員が就いており，彼らの満足度が高く，かつ平均職位もP-4, Step7と高かったことから，「財務グループ」として独立させた。財務グループの平均満足度は4.25であり，男性職員は4.0，女性職員は4.5であった。女性職員の方が男性職員より満足度が高い傾向は専門職グループの場合と同じである。このグループの4名の職員のうち1名のみが若年採用のJPO制度経由で入職しているが，他の3名は民間部門で財務分野の専門家として職務経験を積んだ後に中途採用，採用ミッション，直接採用の方法で国際機関に入職している。

財務グループの例として第5章第4節で取り上げたWFPに勤務するOさん（資料，170頁）は米国でMBAを取得後，日本にある米系証券会社でコントローラー等の仕事に就いていたが45歳の時に国際機関で働くことを真剣に考えはじめ，来日したWFPの採用ミッション試験に合格し，WFPの財務部に採用されている。

次にUNDPに勤務しているCさんは，中学，高校，大学を米国で過ごし，日本の都市銀行および米系投資銀行で働いた後にイギリスで財政学の修士号を取得した。JPO制度を経由しUNDPでの勤務を通じ2カ国の開発途上国での勤務を経験しているが，本部の財務部門を中心に勤務している。

第3番目の「調整業務グループ」は,一言でいえば「苦戦」しているグループである。このグループの平均年齢は49歳と全グループの中で最も高いが,平均職位はP-4 Step1と最も低い。満足度に関しては4名の男性が全員5段階評価で4であった。調整業務グループに属する女性は一人のみであることから,集計から除外した。日本人は全般的に調整業務に優れていると考えられるが,母語がアルファベットではない日本人が欧米のアルファベットを母語とする他国出身の職員と業務内容や政策等の調整野で長期にわたり競い合うことは苦労を伴う。このグループの職員の入職方法はJPO,直接採用等さまざまであるが,このグループの職員は比較的若い時期に国際機関に入職している。

　このグループ例としてHさん(資料,148頁)を挙げる。Hさんは日本とオランダで修士号を取得した後にUNDPのJPOとなりパキスタンで働く。帰国し米国のコンサルタント会社に1年間勤務した後にUNDPに戻り,聴き取り調査時にはUNDP本部の危機予防・復興支援局でプログラム・スペシャリストとして勤務していた。

　第4番目の「アドミン・人事グループ」は該当者が3名おり,1名は管理部門の局長,残りの2人のうち,1名は経理分野,1名は人事であった。このグループはケース数が少ないこと,協力者の職務分野が異なること等の理由により,当該グループの特徴を公平に評価することはできない。なお,男性で当該グループに就く職員はおらず,女性職員の満足度の平均は4.0であった。筆者の経験から判断すると,「アドミン・人事」の職務は定型的業務が多いことから,几帳面な日本人は高い評価を受けやすい分野である。しかし,このグループが職務において「専門職グループ」と同程度レベルの満足度を得ることは難しいと考える。

　このグループの例として人事担当官のPさん(資料,173頁)を紹介する。Pさんは日本の大学を卒業,米国で修士号を取得した後にJPOとして開発途上国で勤務する。その後,UNV(国連ボランティア)事務所でプログラム・オフィサーとして勤務した後にILOの人事担当官として採用される。以後,ILOの人事部門で15年間勤務している。

　第5番目は「開発途上国支援グループ」である。このグループは機関の本部,あるいは地域事務所で開発途上国を支援する職員である。開発途上国を支

援する仕事はやりがいが大きいが，開発途上国支援の仕事は自分で制御できない外部要因に左右されることが多いためか，このグループの職員の満足度は大きく分かれた。このグループは開発途上国への支援業務を通じ職務満足度の高い職員がいる一方で，担当国政府の政策変更や担当国内の政治状況等の理由により，それまでの職務実績が正当に評価されず満足度が低い職員もいた。なお，聴き取り調査が先進国のみで行われ，開発途上国で実施されなかったことが影響していると思われるが，男性でこのグループに属する職員に出会うことはできなかった。このグループに属する女性の平均満足度は 4.5 である。

このグループの例として，第5章第4節で紹介したTさん（資料，185頁）を挙げる。Tさんは紆余曲折をへて，米国で開発経済学の修士号を取得した後，日本にある国際NGOで働く。この間に公募されたUN-HABITAの空席ポストに応募し，採用されている。Tさんは転勤を重ねながらアジア地域担当の人道支援調整官として勤務している。

本節を整理すると，聴き取り調査から国際機関で働く日本人職員で高い満足度と高い職位にあるのは，専門職，財務職に就いている職員である。専門職，財務職は専門性が高く，特に専門職の職員は中途採用されることが多い。第3章の第1次質問紙調査で男性回答者の最終学歴の専攻分野は広く分散していたが，このことは男性職員が多岐にわたる分野の専門職職員として採用されている可能性が高いことを示唆している。

第5節 専門分野の変更可能性と他職種への異動可能性

本節では調査協力者の専門分野の変更可能性と職員の他職種への異動可能性について考察する。

まず，調査協力者の最終学歴での専攻分野と現在の専門分野との関係を調べるために表15「調査協力者の最終学歴での専攻分野と現在の職名・専門分野」を作成した。この表から分かることは，最終学歴での専攻分野と現在就いている職務の専門分野，あるいはポストとの関係が密接であることである。第2章第2節②「採用管理」および④「昇進・配置管理」で述べたように，国際機関

表 15　調査協力者の最終学歴での専攻分野と現在の職名・専門分野

	最終学歴での専攻分野	現在の職名／専門分野
Aさん	開発経済学	評価スペシャリスト
Bさん	経営学（MBA）	上級投資担当官
Cさん	財政学	財務部課長
Dさん	経営学，財政学	出納課課長補佐
Eさん	国際関係学	政務官
Fさん	国際経済学	管理局長
Gさん	高等教育，公共政策	社会政策，平和構築
Hさん	開発学	危機予防・復興支援プログラム・スペシャリスト
Iさん	図書館学	図書館，情報処理収集課長
Jさん	国際関係論	行政・開発管理部プログラム調整官
Kさん	開発学	監視部次長
Lさん	法律（LLM）	通常兵器課プロジェクト調整官
Mさん	政治学	戦略計画室，上級アドバイザー
Nさん	国際学	運輸部，物流担当官
Oさん	経営学（MBA）	分担金・プロジェクト会計課長
Pさん	国際関係論	人事担当官
Qさん	感染症学	世界インフルエンザプログラム医務官
Rさん	経営学（MBA）	予算調整官
Sさん	会計学	内部監査室長
Tさん	開発経済学	人道支援調整官
Uさん	経済学	上級工業開発官
Vさん	経営学（MBA）	財務官
Wさん	医学	結核・エイズ・マラリア対策調整官
Xさん	経済地理学	上級評価アドバイザー

への入職および昇進・配置変更を含むすべてのポストの異動に際しては毎回，対象となるポストの候補者が当該職務を遂行できる経験や知識を有しているかを審査される。よって国際機関に入職後，職員の専門分野を大幅に変更することは容易ではない。

　第3章第3節②(4)「専門分野／職種の変更」で国際機関に入職した後に専門分野／職種の変更について言及しているが，専門分野／職種を変更した職員は37％であり，残りの59％は専門分野／職種を変更していない。

　他方，第2章で説明したが，日本の民間企業では，配置転換を繰り返しながら職員の能力開発が行われるが，その際に職員の潜在能力，人柄，年齢などが

図1　他の職種への異動可能性

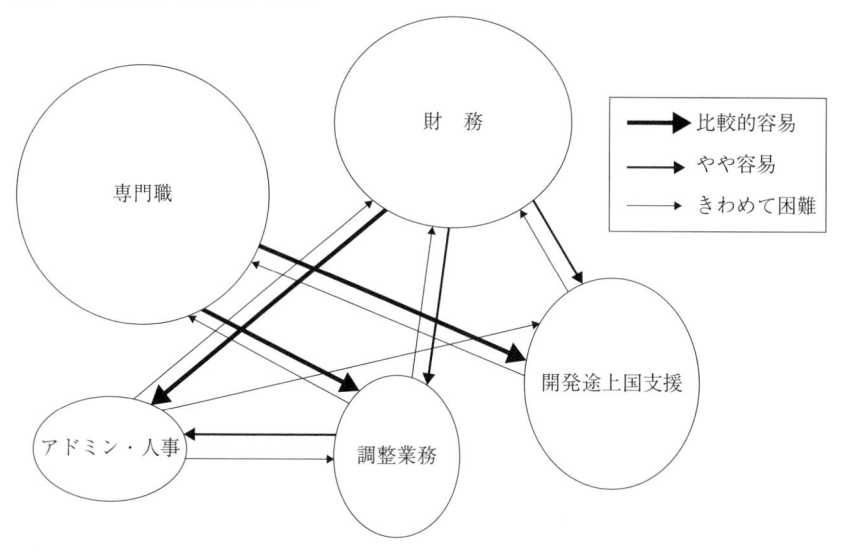

（図：専門職、財務、開発途上国支援、アドミン・人事、調整業務の各職種間の異動可能性を示す矢印図。凡例：太矢印＝比較的容易、中矢印＝やや容易、細矢印＝きわめて困難）

主に審査の対象とされ，大学での専攻分野はそれほど大きく考慮されない。

次に他職種への異動について検討する。

満足度と職種間移動の関係を図1に表した。外枠の大きさは職務満足度を示し，矢印は他職域への異動の可能性を示した。図1に示すように専門職にある職員が調整業務や開発途上国支援の職域に異動することはそれほど難しくない。しかし，調整業務，開発途上国支援分野から財務分野や専門分野への異動はその分野での実績が過去になければきわめて難しい。なぜならば，前述したように国際機関内に空席ポストが生じた場合には，空席ポストに応募した候補者の中から専門性や過去の当該分野での経験・実績等が評価され，選考が行われるからである。

日本の民間企業では人事部が中心となり数年ごとに職員の配置転換を行い職員の潜在能力や適性を評価しながら人材教育を行うが，国際機関では，組織主導の職員の配置転換は行われない。ただし，UNICEF，UNHCR，WFPなどの人道援助機関では，第2章第3節③「人道援助機関の職員採用方針」で述べたようにローテーション政策があり，人事部は職員に対し，数年ごとに他の勤務地の空席ポストに応募するよう要請することを付記しておく。

以上から，たとえば，日本の民間企業で勤務しある年齢に達してから国際機関に勤務することを検討しても，それまでの職業経験や専門分野が国際機関の求める専門性や職務経験などの要件と異なる場合には，国際機関で職を得ることは日本人が一般に考えるよりも難しい。

第6節 仕事への取り組み姿勢

筆者は国際公務員のキャリア研究に先立ち，関連分野での先行研究を調べている中で米国の心理学者エドガー・シャイン（Edgar H. Schein）の著書『キャリア・ダイナミックス』を参考にした。シャインは著書で「従業員は次第に自己認識を獲得し，より明白な職業上の自己イメージを開発する[2]」と述べ，「キャリア・アンカー」（職業上の錨）という言葉を使い職業上の自己イメージの概念を説明した。シャインは「キャリア・アンカー」は次の3つの要素から構成されると述べた[3]。

この自己イメージには次のような3つの成分があり，これが合わさって，私がいうところの個人の「キャリア・アンカー」を構成する。
　①自覚された才能と能力（さまざまな仕事環境での実際の成功に基づく）
　②自覚された動機と欲求（現実の場面での自己テストと自己診断の諸機会，および他者からのフィードバックに基づく）
　③自覚された態度と価値（自己と，雇用組織および仕事環境の規範および価値との，実際の衝突に基づく）

シャインは「キャリア・アンカー」を何年か働きやっと発見されるものであると述べている[4]。筆者は国際機関という政治的要素の入りやすく，理屈では割り切れないことのある職場で国際公務員職員がどのように毎日の仕事に向き合っているのか以前から興味を持っていた。筆者は「キャリア・アンカー」を「職務遂行上の心の拠り所」と再定義し，聴き取り調査の最後に，「キャリア・アンカー」の有無，「仕事をするうえでの姿勢を表す言葉」「座右の銘」について尋ねた。ほとんどの協力者は一瞬考えた後，自分なりの「キャリア・アンカー」を教えてくれた。回答者の「キャリア・アンカー」を，シャインの提唱

表16　日本人国際公務員のキャリア・アンカー

キャリア・アンカーの成分	キャリア・アンカー	調査協力者
自覚された才能と能力	・現場感覚　・前向き思考　・中長期計画	Eさん
	・現場主義　・病気を診ずして病人を診よ	Qさん
	・この道より我を生かす道なし。この道をゆく	Sさん
	・現場主義　・声なき人々の目と耳と口になれ	Tさん
	・技術的に正しい仕事をする，そして仕事を行政に反映させる ・物事の本質を考え，単純化する・結果を出す	Wさん
自覚された動機と欲求	・自分の人生は自分で決めたい	Bさん
	・途上国の人達の経済・社会発展に貢献したい	Gさん
	・国作りや途上国の人達の役に立ちたい	Hさん
	・人のために仕事をし，そのことで満足すること	Jさん
	・一度引き受けたことは，きちんと最後までやる	Lさん
自覚された態度と価値	・働くことは生活費を得，余暇を楽しむ手段	Dさん
	・自分を信じる，自分は恵まれている，家族のサポートあり	Fさん
	・全力投球	Iさん
	・忘れることは忘れ，毎日ゼロから始める	Kさん
	・李下に冠を正さず	Mさん
	・心は熱く，頭は冷静に	Nさん
	・良心に恥じない仕事をする	Oさん
	・理想は持つけれど，現実的であること	Pさん
	・確信を持つこと，それができなければ確信できるまで考え続けること	Rさん
	・志高清遠	Uさん
	・基本に戻る	Vさん

する3つの構成要素に分けると表16ようになった。

　上記の回答された「キャリア・アンカー」を概観すると，多国籍の職場，政治的要素の多い職場，自分が制御することの難しい環境の下で，調査協力者は自分なりの哲学を持ち国際機関での職務を遂行していることが分かる。

第7節　要約と考察

　本章では日本人国際公務員への聴き取り調査から，日本人国際公務員の満足

度と職種との関係について考察を行った。第1節では日本人国際公務員に対して行った聴き取り調査の目的と調査方法についての説明を行い，第2節では調査協力者の属性と調査結果を概説した。

第3節では調査協力者がどのように海外で教育を受けたかを整理した。次に海外での教育が国際機関での勤務につながった3名の事例と日本でのみ教育を受け，国内の勤務経験しかない1名の事例を紹介した。

第4節では，第1次質問紙調査および聴き取り調査から確信を持った職員の満足度と職種の視点から職員を専門職グループ，財務グループ，調整業務グループ，アドミン・人事グループ，開発途上国支援グループの5つに分け分析を行い，専門職および財務職に就いている職員の満足度と職位がともに高いことを明らかにした。

第5節では日本の民間企業での場合と異なり，国際機関で専門分野の変更や職種の異動をすることが難しいことを明らかにした。

第6節ではシャインが提起した「キャリア・アンカー」の概念を説明し，日本人国際公務員が自分なりのキャリア・アンカーを持ち職務を遂行していることを明らかにした。

考察では，①日本での職務経験の有用性，②メンターの役割，③仕事への取り組み姿勢（キャリア・アンカー）について検討を行う。

第1は第7章で再度検討を行うが，仮説1「日本での職務経験が国際公務員としてのキャリア形成に有効である」の検討である。本章第2節「調査協力者の属性と調査結果の概要」で述べたが，調査協力者の65％は日本で大学教育を修了しているが，70％を越える協力者は海外の大学院で最終学位を取得している。また，調査協力者の88％は国際機関に入職する前，あるいは入職後に日本で勤務した経験があり，日本で勤務した組織の44％は民間企業であった。男性職員は日本の民間企業での職務経験を高く評価していたが，女性職員の場合は日本の勤務経験を評価していないか，評価していても職務能力の向上と関連した事柄ではいなかった。調査協力者の女性職員の平均年齢が47歳であり，これらの職員は日本で雇用機会均等法が施行される前に日本で勤務していたことを念頭に置いても，第2章第2節①「女性の活用―雇用機会の均等」で指摘したように，日本の民間企業が積極的に女性職員の能力育成や戦力化を実践し

ているとは考えづらい。

　第2はメンターの役割である。メンターの重要性については第2節「調査協力者の属性と調査結果の概要」で説明したが，米国ではメンターの役割は広く重要視されている。日本の職場の場合はチームで仕事を行う場合が多いことから，職場の上司がメンターの役割を果たす場合が多く，メンターの役割自体はそれほど重視されてこなかった。

　他方，国際機関では，個人ベースで独立して職務を遂行する場合が多く，黙っていれば職場での仕事の進め方を教えてくれる人，相談にのってくれる人はいない。調査協力者は国際機関に平均で16年間勤務し，国際機関でいわゆる生き残った職員であるが，協力者の58％は初職でメンターに出会っている。また，現在も46％の職員がメンターあるいは仕事のことで心置きなく相談できる相手を持っている。特に，男性職員の方が女性職員の2倍近く現在もメンターを持っていることは注目される。

　第2次質問紙調査では第1次質問紙調査時に送付したのと同じメール・アドレスに調査票を送付したが，30％が受信されず返送された。その含意は，約30％の職員が4年間のうちにさまざまな理由で離職していることである。また，JPOの正規職員移行率は機関によって異なるが50％から70％といわれている。このことを考えると，日本の雇用システムに慣れた日本人が国際機関で働き始めた時に，メンターに出会えるか否かはその人のその後の職業人生を左右するように思われる。

　第4番目は仕事への取り組みである。聴き取り調査協力者のほとんどは仕事に取り組む姿勢を表す具体的キャリア・アンカーを持っていた。シャインは，キャリア・アンカーの成分を「自覚された才能と能力」「自覚された動機と欲求」「自覚された態度と価値」の3つに分類しているが，調査協力者のキャリア・アンカーの3つの成分のいずれかに分類される自分なりの哲学を持ち働いている。

第8節 総　括

　本章では第1次質問紙調査，第2次質問紙調査の結果を踏まえ行った聴き取り調査の分析および考察を行った。

　第6章第4節「満足度と職種を中心とする分析」から職種と満足度の関係を明確に説明した。聴き取り調査による分析によれば，財務分野を含む専門分野を持つ職員の満足度が最も高く，職位も他のグループの平均職位よりも高いという特徴がある。さらに，財務職あるいは専門職の職員が調整業務，あるいは開発途上国支援分野等の異なる職種への異動は比較的容易であるが，他の職種のグループが専門職や財務分野に職域を変更することは難しいことが分かった。国際機関では空席ポストの補充に際し，応募者は職務記述書に記載される専門分野での能力や経験を有しているかを問われる。他方，日本の民間企業は配置転換を通じ，組織運営に精通したジェネラリストを育成する。日本でジェネラリストとして育成された人材が国際機関で採用されることは簡単ではない。

注

（1）本書は国際機関の本部に勤務する日本人職員に聴き取り調査を行ったが，時間的および資金的制約から開発途上国に働く日本人職員については1名しか調査を行うことができなかった。国際公務員のキャリアを包括的に理解するために，開発途上国に勤務する日本人職員への聴き取り調査の実施を今後の課題としたい。
（2）エドガー・シャイン著，二村敏子・三善勝代訳『キャリア・ダイナミクス』白桃書房，1991年，143頁参照。
（3）同掲書，143頁。
（4）同掲書，144頁。

第7章 日本人国際公務員研究の成果

本章の構成は次の通りである。第1節では，本書第1章から第6章までの研究結果の概要を報告する。第2節では第1章第3節③で提起した仮説の検証を行い，第3節では日本人国際公務員研究からの主な成果を論じる。第4節では国際公務員のキャリア開発の観点から実践的提言を，第5節では日本企業のグローバル化に向けた提言を行う。最後の第6節では，今後の研究課題について考察する。

第1節 研究結果のまとめ

本節では，本書の第1章から第7章まで展開した研究結果を章ごとに順次整理する。

第1章では企業のグローバル化人材需要の高まり，個人の職業意識の変化，社会での雇用均衡の動きについての整理を行い，近年関心の高まっている社会貢献や国際貢献への関心の背景や企業経営に積極的に導入されているダイバーシティ・マネジメントの概念を本書の分析視角として採用することを論じた。

次に国際経営分野およびキャリア研究分野での先行研究を概観した。パールマッターは企業の究極の多国籍化は世界志向型であると主張しており，パールマッターの理論に従えば，国際機関の人的資源管理は世界志向型の実践例であることを論じた。さらにキャリア分野の研究は米国を中心に100年以上の歴史

109

があるが，日本でキャリア研究が注目されるようになったのは，日本の民間企業が成果型人事制度の導入を始めた20世紀末になってからであり，日本でのキャリア研究の歴史は短いことを指摘した。

　上記の整理を踏まえた後に，日本人国際公務員の研究目的，仮説を提起するとともに，国際公務員のキャリア研究は国内外で行われておらず，成果主義型人事制度を採用する国際機関に勤務する国際公務員のキャリア研究は国際的キャリアを志望する個人やグローバル化を進める日本企業の人的資源管理に役立つことを論じた。

　第2章ではダイバーシティ・マネジメントの視角から成果主義人事を実践する国際機関の人的資源管理を日本の民間企業の人的資源管理との比較で整理を行い，国際機関では女性職員の活用が進んでいること，職員の昇進・配置では本人の意思が尊重されること，雇用保障は低いが個人の裁量が大きいこと，機関により若年採用による内部昇進と中途採用が使い分けられていることを明らかにし，本書の分析課題の基盤整理を行った。

　第3章では電子メールを使った質問紙調査の結果から日本人国際公務員の意識形態を概観し，男性職員と女性職員間で次の2点が大きく異なることを指摘した。第1は，男性職員の場合は経験を積んでから中途採用されている割合が高く，女性職員の場合は，若年時に入職する割合が高いことである。第2の違いは，男性職員の最終学歴での専攻分野が広く分散しているのに対し，女性職員の場合は3分野のみに集中していることである。

　第4章では統計手法を使い日本人正規職員の意識形態の理解を深めた。因子分析から職員は「キャリア満足」「処遇満足」「現状不満」の3因子から構成されており，男女間で構成因子は同じであることを明らかにした。しかしながら，男性職員のキャリア満足は職務満足からのみ決定されるのに対し，女性職員の場合は職務満足と生活満足により決定されると論じた。加えて，女性職員は男性職員より勤務地での生活満足が高いことも確認することができた。重回帰分析からは，説明力はそれほど高くないが，総合満足度に一番大きな影響を与える変数は「職務満足」と「雇用保障」であることが分かった。

　第5章では日本人正規職員と外国人正規職員の比較を行い，外国人職員と日本人職員とではキャリア・パスが異なると論じた。外国人職員は国際機関と関

連の深い職務を経験した後に入職するが，日本人職員の場合は民間企業で働いた後に国際機関に入職する。さらに，外国人職員は昇進を目的に開発途上国での勤務を含め積極的であり，外国人職員のキャリア形成に向けての積極的さが日本人職員よりも早い昇進を実現させていると論じた。

第6章では，主に日本での職務経験の評価を論じた。聴き取り調査から男性職員は全員，日本で受けた社内での訓練や従業員教育を高く評価していたが，女性職員の場合は，40％しか日本の経験を評価しておらず，残りの60％は一応評価するものの，日本での経験を積極的に評価していなかった。

次に，職員の職種を5グループに分け分類し，高い専門性が求められる専門職，財務職の職員の満足度と職位が高いことを明らかにした。専門職あるいは財務職グループの職員が調整業務，あるいは開発途上国支援分野等の異なる職種へ異動することは比較的容易であるが，反対に他の職種から専門職や財務分野などに職域を変更することは困難であることも指摘した。

第2節　仮説の検証

本節では，第1章から第6章までの議論を踏まえ，本書の第1章第3節3で提起した次の2つの仮説を検証する。

仮説1：日本での職務経験は国際公務員としてのキャリア形成に有効である
仮説2：日本人職員の満足度に男女間格差は存在しない

まず，仮説1「日本での職務経験は国際公務員としてのキャリア形成に有効である」について検証する。第6章第7節「要約と考察」でも検討を行ったが，聴き取り調査協力者の88％は日本で働いた経験があり，日本での職務経験については評価が男性職員と女性職員の間で大きく異なった。男性聴き取り調査協力者は全員，日本での職務経験があり，日本での経験を高く評価していたが，女性調査協力者の多くは日本で働いた経験は有益ではない，あるいは，役立っていても職務能力の向上に結びついていないと回答した。日本の民間企

業は社員に多額の教育投資を行い，長期間をかけて投資費用を回収する内部人材育成制度を採用している。第6章の聴き取り調査結果から，日本の民間企業は男性に高いレベルの社員教育を提供していると判断することができる。従って，男性の場合は日本企業で習得した技能や経験は国際機関での職務遂行に有効であると推測することができるが，女性の場合は，日本の民間企業で十分な社員教育を受けていると判断することはできず，日本の民間企業での職務経験が国際公務員としての能力形成に有効あると結論づけることはできない。なお，仮説1では「日本での職務経験」と仮説を立てたが，正確には日本の民間企業での経験を言及しており，聴き取り調査結果から，日本の外資系企業での経験は男女問わず，国際機関での職務に有効であると判断することができた。結論として，仮説1「日本での職務経験は国際公務員としてのキャリア形成に有効である」は男性に対しては支持されるが，女性に対しては棄却される。

　第2の「国際機関に勤務する日本人職員の満足度に男女間格差は存在しない」について検証する。第4章第2節「因子分析」で明らかになったように日本人職員は「キャリア満足」「処遇満足」「現状不満」の職員から構成される。男女別で因子を調べると，多少の違いはあるものの男性職員・女性職員間で因子に大きな違いは見られなかった。男女別の因子分析の結果，第1因子の「キャリア満足」職員では，女性職員の方が男性職員よりも満足度が高かった。また，男性職員の場合は，総合満足を決定しているのは職務満足のみであったが，女性職員の場合は職務満足と生活満足の両方であった。差の検定からは，女性職員の方が男性職員よりも生活満足度が高いことが分かった。従って，仮説2「日本人職員の満足度に男女間格差は存在しない」は，女性職員の方が男性職員よりも国際機関の勤務を通じ高い満足を得ていると結論づけることができ，仮説2を棄却する。

　しかしながら，女性職員の方が男性職員よりも国際機関で勤務することによる総合満足が高いにもかかわらず，男性職員の方が女性職員よりも高職位にあることを指摘する。

第3節　国際公務員研究からの主な成果

本節では，国際公務員研究から次の3つの成果が得られたことを報告する。

1　国際公務員のキャリア行動

　一般に国際機関に働く職員はバリバリ職務を遂行するエリートであるという印象を持たれやすい。しかし，第4章で行った因子分析から国際公務員は「キャリア満足」「処遇満足」「現状不満」の職員から構成されており，すべての職員が職務に満足している訳ではない。

　国際機関と日本の民間企業の人的資源管理を比較すると，個人の裁量に大きな違いがある。国際機関における職員のキャリア行動を図1に示した。図1から分かるように，国際機関では自己の昇進・配置に関わるキャリア行動は個人の意思に基づき決定される。個人があるポストへのキャリア行動を起し，そのポストでの職務満足が高ければ上位ポストに応募するという形で新たな動機づけが行われる。万一，その仕事から職務満足が得られない場合は，他のポストへの応募，国際機関外への転職，あるいは処遇に依存するという選択を自分の意思で選択することができる。一方，日本の民間企業では，個人のキャリア行

図1　国際機関でのキャリア行動

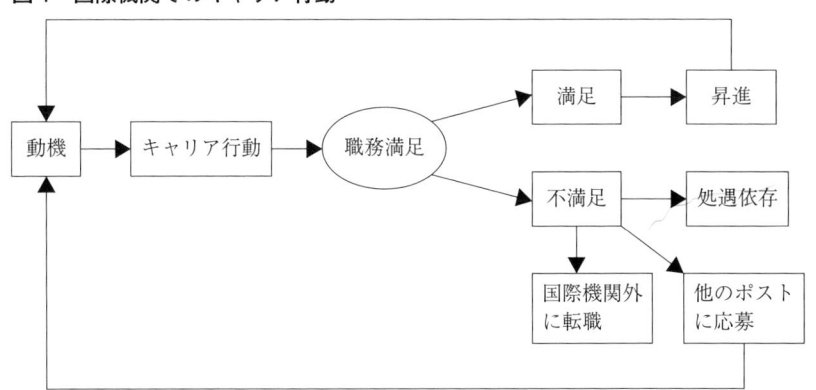

動は，組織の長期経営戦略に基づき人事部が中心となり決定され，本人が選択できる裁量はきわめて少ない。

国際機関という成果主義組織では契約に基づき職員が雇用されることから，雇用保障は日本の民間企業と比べ低いという特徴があるが，グローバル化が進み，多様性が求められる現代，民間企業は職員の意思を尊重する人的資源管理の仕組みづくりを真剣に検討する時期に来ている。

2 国際公務員の特質

国際機関は各加盟国が自国の利益を最大化させるため，関係国の利害の調整を行う目的で創設された組織である。それゆえ，国際機関の場では，往々にして関係国間の妥協や政治決着で問題の解決が図られる。

まず国際公務員と国家公務員間の特質の違いとして，権限の大きさが決定的に異なることを指摘したい。国家公務員の場合は，国家行政の中で自己の権限の執行や裁量を行使することが可能である。しかし，国際機関および国際公務員は，加盟国への勧告を行う権限は与えられているが，加盟国政府への内政に介入・関与する権限は与えられていない。一般の日本人は「公務員」という名称から，「国際公務員」と「国家公務員」が同種の権限を有すると考えがちであるが，両者の権限は大きく異なる。

それゆえ，国際公務員が加盟国の国政に影響を与えることができるという誤った夢を持ち国際機関に入職した場合には，失望し，挫折することもある。特に加盟国間のポリティックスを扱う職種に就いた場合には，現実と理想のギャップに悩まされる。それゆえ，第6章第6節「仕事への取り組み姿勢」でも述べたが，多くの職員は自己の職務への意義を確認するために現実的な視座で仕事に臨んだり，キャリア・アンカーを持ったりする。もし，国際分野で純粋に自己の理想を実現したいと考えるならば，国際機関ではなく，NGOやNPOの職場で自己実現を図るべきである。

国際機関が政治性の高い組織であるという観点から国際公務員のキャリア研究結果を見直すと，国際機関で高い職務満足を得ている日本人職員は国際機関のポリティックスから影響を受けづらい専門職に就く職員や財務分野に働く職

員である。

3 資料「聴き取り調査記録およびキャリア・パス」の学術的価値

　資料（130頁）には24名の国際公務員の詳細なキャリア記録およびキャリア・パスを掲載した。

　一般に過去の自己の記録を積極的に公開することを希望する者は少ない。それゆえ，国際機関のキャリア開発の参考にできる事例はきわめて限られる。今回，24名の国際公務員は，自己の職業経験が，国際公務員の志望者に役立つことができると考え，聴き取り調査への協力，並びに本書への掲載を許可してくれた。資料に掲載されている協力者の多くは「キャリア満足」の職員であるが，「処遇満足」や「現状不満」の職員も少数ではあるが含まれている。さらに，資料は国際的キャリアを歩みたいと考える人々に対しても，自己のキャリア選択の参考にすることもできる。それゆえ，資料の学術的価値は非常に高いと判断する。

第4節　国際公務員のキャリア開発のための実践的提言

　本節では，聴き取り調査協力者の中で，国際機関で最も昇進に成功しているFさん（資料，142頁）の事例からキャリア成功の秘訣を探る。

　Fさんのキャリア・パスから分かるように，30年を超える職業人生の中，5カ国で勤務し，UNDPでは9つのポスト，休職中の日本では3つのポストと計12のポストを経験している。Fさんは第4章第2節表6「相関分析からの3因子を持つ職員の特徴」にある第1因子「キャリア満足」の特徴である「勤務機関での長期勤務」「国連共通システムでの長期勤務」，および「高職位」の条件をすべて満たしている。Fさんは，日本人であること，女性であることに加え，勤務国の異動を積極的に繰り返し，開発途上国での勤務も3カ国経験している。さらに，UNDPを2回休職し，日本の研究所での勤務，開発コンサル

タント，大学教員を経験し職域を広げている。また，休職期間に日本の専門家とのネットワークも構築している。

　整理すると，Fさんの国際機関でのキャリア成功要因として，①分担金率に比べ職員比率が低い日本人であること，②国際機関は雇用均等を推進する対象の女性であること，③外国人職員と同様か，それ以上に転勤を行い，職域の拡充に努めるなど自己のキャリア形成に積極的なことが挙げられる。上記の成功要因の中で，Fさんのキャリア成功に最も大きく寄与したのは③キャリア形成への積極さである。

　Fさんの事例を参考に，国際機関で「キャリア満足」の職業人生を送りたいと考える若者は次のことを考え，実践してほしい。まず，自分の専門分野を大学時代，あるいは大学院時代に決め，その分野での専門家にどうすればなれるか考えることである。その専門家になるためには，どのような訓練や国際的な資格が必要であるか考える。さらに，勤務を希望する国際機関の採用政策に従い，国際機関への入職方法として若年採用と中途採用のどちらを選択するかを決める。いったん国際機関に採用された後は，職種や勤務機関の特徴にもよるが，先進国での勤務にとらわれず，機会を見つけ積極的に上位ポストに挑戦する。昇進すれば職務満足が高まる。最初の職場ではできるだけ早くメンターを見つけるとともに，仕事遂行に際しては自分なりのキャリア・アンカーを持つよう努める。そうすれば，「キャリア満足」の国際公務員になる道は決して険しいものではない。

第5節　日本企業のグローバル化に向けた提言

　本節では，国際公務員研究の視点から日本企業のグローバル化に向けた提言を行う。

　今後，グローバル化が加速すると，英語で職務を遂行することができ，海外での勤務にも積極的な人々は，国籍を問わず，自分の能力を高く評価してくれる職場で働きたいと考える。本書で行った聴き取り調査から，国際機関で働くことは所得を得る目的ではなく，キャリア満足を得る目的であることを教えて

くれた。そうであれば，日本の民間企業は，海外の企業との競争に打ち勝つために，高い能力と意欲のある職員がキャリア満足を持つことができる人的資源の仕組みを構築する必要がある。

本節では，第1章から第6章までの研究・分析を通し，日本企業のグローバル化に向け次の5つの提言を行う。

第1は専門職職員の育成である。国際機関に勤務する日本人調査協力者からの聴き取り調査から，満足度が高いのは専門職と財務職という専門性が高い職種に就いている職員であった。日本の民間企業の人材育成はジェネラリストの育成が中心であるが，日本以外の国や組織では，専門分野での学位歴や関連分野の職務経験がある高度な人材を活用している。今後，日本企業が海外の企業と競合しなければならないことを考えると，専門性の高い専門職職員の育成を急ぐ必要がある。

第2の提言は中途採用市場の拡充である。第3章第3節[2](20)で言及したが，専門機関に勤務する職員の多くは，自己の能力の発揮できる職場で働きたいと考えており，国際機関での長期勤務に固執していなかった。専門家の能力を社会全体が有効活用するという観点から，専門職分野の人材の流動性を高める中途採用市場を拡充させる必要がある。

第3は早い段階でのグローバル人材の選抜である。第2次質問紙調査から，外国人職員の方が日本人職員よりもキャリア形成に積極的なことが明らかになった。日本人職員の多くは，民間企業に勤務した後，さまざまな経緯を経て国際機関に転職しているが，外国人職員の場合は，将来就く職業分野を早い段階に決定し，自己の決定した職業分野でのキャリア形成に積極的に取り組んでいる。グローバルに活躍できる人材を育成するためには，専門分野での教育・経験，外国語，異文化コミュニケーション能力等を習得しなければならず，そのためには長期間の準備が必要となる。それゆえ，グローバル化を目指す日本の民間企業は，早い時期からグローバル人材を選抜する必要がある。

第4は女性の人材活用である。本研究で日本人女性の聴き取り調査協力者の平均年齢が47歳と，日本での勤務時期は男女雇用機会均等法施行以前であり，現在の日本の状況を反映していないという指摘もある。しかし，2007年の厚生労働省の調査から係長以上の女性役職者の割合は4.9％と低く，日本では女

性の人材活用が進んでいないのが実情である。女性労働の戦力化には時間がかかり，国際機関の場合でも男女の雇用均等を実現させるために30年以上の年月を必要とした。

女性を戦力として活用している北欧の国々では，労働力不足に対処するために移民労働を受け入れるか，自国の女性を戦力化するかを国民投票で問い，国民が女性の労働力化を選んだ歴史がある。その結果，北欧諸国では女性が子育てと仕事を両立させる社会制度を整備させた。日本の労働力不足は近い将来顕在化する。もし企業が女性を労働力不足の担い手にしたいと考えるのであれば，たとえば育児休業復帰後の先任権の保障を就業規則に明記するなど，女性の活用を推進させる施策の拡充を真剣に検討する必要がある。

第5はワークライフ・バランスの実現である。調査協力者の多くはワークライフ・バランスが保たれなければ，長期的に仕事か家庭のどちらか，あるいは両方に支障をきたすと家庭生活の重要性を指摘している。その含意は，私生活の充実や満足が成果主義組織で働き続けるうえでの頑張りにつながるということである。組織内の人的資源を長期間にわたり有効活用するという観点からも，組織主導で仕事と生活のバランスを実現できる職場づくりを真剣に検討する必要がある。

第6節 今後の研究課題

本書の最後に，国際公務員のキャリア研究を総括するとともに，今後の研究課題について述べたい。

本書では個人の働き方の視点から国際公務員のキャリア研究を行った。個人の意思を尊重する職場として国際機関でのキャリア開発を紹介することができた。国際機関という成果主義人事組織で働くことは，自己の意思がキャリア形成に反映される反面，雇用保障の面ではリスクが伴う。しかしながら，グローバル化という大きな潮流の中で，意識の高く能力のある日本の若者はリスクを伴っても，本人の意思が尊重されるキャリアを送りたいと考えていると確信する。その視点から，国際機関で働くのみならず，グローバルに働きたいと考え

る特に若者は本書を役立ててほしい。

　次に今後の研究課題について述べたい。前述したように，日本はグローバル化という大きな世界的構造変革真っ只中におり，この構造改革から避けて通ることはできない。日本的経営は戦後の高度成長期には大きな役割を果たしたが，グローバル化が進む現在，その役割を終えたといえる。本章第5節で日本企業のグローバル化に向けた提言を行った。日本の人材を育成し，グローバルに活躍できるようにするためには，日本企業の人的資源の制度をある程度変えざるを得ない。

　筆者は，今後の研究課題として，日本的経営と呼ばれているものの中で，再評価すべき制度と捨てるべき制度について研究する必要があると考えている。たとえば，日本企業には優れたチームワークという仕組みがある。日本の職場では，チームで日常業務を遂行することにより，中堅職員は若いうちからリーダーシップの能力を習得するだけでなく，若手の部下にメンターとして業務上の問題解決方法の指導や，職業人生の指針を与えたりしている。国際公務員のキャリア研究は，日本では当たり前と考えられているチームワークやリーダーシップが日本企業の組織力の強化に大きく寄与していることを再確認させてくれた。反対に，年功序列型賃金やジェネラリスト重視の経営については再検討が必要であろう。

　最後に，本書の国際公務員のキャリア研究から，国際機関という成果主義人事組織での働き方を習得し，キャリア満足を持つ日本人の国際公務員が増えて欲しい。

あとがき

　このたび，『国際公務員のキャリアデザイン』を上梓できたことは望外の喜びである。

　本書の構想は約10年前に遡る。海外で働くことや国際公務員についてさまざまな書籍が出版されていたが，それらの多くは個人的体験に基づくものであった。著者は3つの国際機関で働き，FAOでは人事部に勤務した経験を持つことから，データを使い客観的に国際機関という成果主義の職場とそこで働く職員について研究したいと考え，先行研究を調べたが，国内外で先行研究を見つけることはできなかった。このことから，国際機関に働く職員のキャリア研究を行うことを決心し，2回の質問紙調査と聴き取り調査を行い，本書にまとめることができた。

　本研究には多くの国際公務員に協力していただいた。この場を借りて，協力してくださった多くの方々に感謝したい。特に，聴き取り調査で自らの経験やキャリア・パスを開示してくれた調査協力者に心からお礼を申し上げたい。

　本書を完成させるまでに勤務校の同僚や他大学の先生たちから多くの協力を得た。特に勤務校で統計を担当する中村寿太郎先生には質問紙調査の調査票の作成，データ管理で大変お世話になった。統計解析では，石川勝先生から具体的なご助言をいただいた。勤務校から在外研究を認められた際には，田中巌先生がマンハッタンにあるニューヨーク市立大学 Graduate Center の経済学研究科長であられる Prof. Tom Thurston を紹介してくれ，国連事務局の近くに聴き取り調査の基地を持つことができた。また，不在中は，井原久光先生が著者のゼミ学生の指導を引き受けてくれ，研究に専念することができた。さらに，京都大学の日置弘一郎先生は完成原稿を読んでくださり，有益な助言とコメントをくださった。お名前をすべて挙げられないが，同僚や関係したすべての方々の協力により本書を完成させることができた。この場を借り感謝を申し上げたい。

本書の一部は勤務校の『東洋学園大学紀要』に投稿した論文を加筆修正したものである。また，当該研究は東洋学園大学特別研究費の支給により行われたことから，勤務校の東洋学園大学に感謝の意を表する。なお，本書の内容のすべての責任は著者に帰すものであることはいうまでもない。

　本書の出版に際しては，白桃書房の大矢栄一郎社長に感謝したい。出版を快諾してくださったことは本書を完成させるうえで大きな励みになった。

　最後に，著者が北海道大学経済学部で「労務管理論」の講義を受け，経営学を学ぶきっかけを与えてくださった故眞野脩先生は，著者が大学教員になり研究テーマを模索していた時，目立たなくてもよいから他人が行っていない研究を続けなさいという助言をくださった。時間はかかったが，本書を研究成果としてまとめることができたことを眞野先生に報告する次第である。

　最後に本書が国際公務員を目指す人，国際公務員として現在働いている人，海外で働きたいと考えている人々のキャリア形成に役立つことを願う。

2011年2月

著　者

主要参考文献

浅倉むつ子 『均等法の新世界』有斐閣選書，1999 年。
有村貞則 『ダイバーシティ・マネジメントの研究』文眞堂，2007 年。
井口泰 『国際的な人の移動と労働市場』日本労働研究機構，1997 年。
石田英夫 『日本企業の国際人事管理』日本労働研究機構，1985 年。
猪木武徳 『日本の雇用システムと労働市場』日本経済新聞社，1995 年。
梅澤正 『職業とキャリア―人生の豊かさとは』学文社，2001 年。
榎本悟 『海外子会社研究序説』御茶ノ水書房，2004 年。
太田肇 『仕事人と組織』有斐閣，1999 年。
大歳卓麻 「企業の国際化（やさしい経済学・経営入門）」『日本経済新聞』2002 年 5 月 13 日
 〜 2002 年 5 月 21 日。
外務省総合外交政策局国際機関人事センター編 『国際公務員への道―基礎編』(http://www.mofa-irc.go.jp/shiryo/kisohen090205.pdf)。
金井篤子 『キャリア・ストレスに関する研究』風間書房，2000 年。
ガブマン，E. L. 著，畑佳子訳 『人材戦略』東洋経済新報社，1999 年。
グラノヴェーター，M. 著，渡辺深訳 『転職―ネットワークとキャリアの研究』ミネルヴァ
 書房，1998 年。
クラム，C. 著，渡辺直登・伊藤和子訳 『メンタリング』白桃書房，2003 年。
黒川清・石倉洋子 『世界級キャリアのつくり方』東洋経済新報社，2006 年。
小池和男 『職場の労働組合と参加』東洋経済新報社，1977 年。
小池和男 『仕事の経済学』東洋経済新報社，1996 年。
小池和男 『プロフェッショナルの人材開発』ナカニシヤ出版，2006 年。
小池和男 『海外日本企業の人材形成』東洋経済新報社，2008 年。
小池和男・猪木武徳 『人材形成の国際比較―東南アジアと日本』東洋経済新報社，1987 年。
厚生労働省雇用均等・児童家庭局編 『平成 15 年度版女性労働白書』㈶ 21 世紀職業財団，
 2004 年。
厚生労働省雇用均等・児童家庭局編 『女性労働の分析 2008 年』㈶ 21 世紀職業財団，2009
 年。
笹島芳雄 『現代の労働問題 第 3 版』中央経済社，2002 年。
佐藤博樹 『変わる働き方とキャリア・デザイン』勁草書房，2004 年。

佐野陽子・川喜多喬　『ホワイトカラーのキャリア管理』中央経済社，1993年。
シャイン，E. H. 著，二村敏子・三善勝代訳　『キャリア・ダイナミクス』白桃書房，1991年。
ジョーンズ，B.　『ポスト・サーヴィス社会』時事通信社，1984年。
白木三秀　『日本企業の国際人的資源管理』日本労働研究機構，1995年。
白木三秀　『国際人的資源管理の比較分析』有斐閣，2006年。
須田敏子　『日本型賃金制度の行方』慶應義塾大学出版会。
武田圭太　『生涯キャリア発達』日本労働研究機構，1993年。
ドラッカー，P. F. 著，上田惇生・田代正美訳　『非営利組織の経営』ダイヤモンド社，1991年。
永井裕久　「日本人海外派遣者の異文化適応の促進要因—53カ国・地域を対象とした適応段階」『日本労務学会誌』第4巻第2号，2002年。
中谷巌　『ボーダレスエコノミー』日本経済新聞社，1987年。
㈶日本ILO協会　『欧米の公務員制度と日本の公務員制度』㈶日本ILO協会，2003年。
㈶日本ILO協会　『欧米の社会労働事情』㈶日本ILO協会，2005年。
日本国際連合学会編　『グローバル・アクターとしての国連事務局　国連研究第3号』国際書院，2002年。
日本労働研究機構編　『第4回海外派遣勤務者の職業と生活に関する調査結果』日本労働研究機構，2001年。
日本労働研究機構編　『日本企業の海外派遣者　職業と生活の実態』日本労働研究機構，2001年。
バートレット，C. = S. ゴシャール著，江夏健一監訳　『組織理論と多国籍企業』文眞堂，1998年。
林吉郎　『異文化インターフェイス経営』日本経済新聞社，1994年。
平澤克彦他編著　『国際人事管理の根本問題』八千代出版，2001年。
ブラック，J. S. 他著，白木三秀他監訳　『海外派遣とグローバルビジネス—異文化マネジメント戦略』白桃書房，2001年。
フリードマン，T. 著，伏見威蕃訳　『フラット化する世界』日本経済新聞社，2006年。
ベイリン，L. 著，三善勝代訳　『キャリア・イノベーション—仕事生活の問い直しがつくる個性尊重の組織文化』白桃書房，2007年。
ベルトラン，M. 著，横田洋三訳　『国連再生のシナリオ』国際書院，1991年。
マズロー，A. H. 著，小口忠彦訳　『人間性の心理学　改訂新版』産業能率大学出版部，1987年。

マーサジャパン 『個を活かすダイバーシティ戦略』ファーストプレス，2008 年。

マースデン，D. 著，宮本光晴・久保克行訳 『雇用システムの理論―社会的多様性の比較制度分析』NTT 出版，2007 年。

八代尚宏 『日本的雇用慣行の経済学』日本経済新聞社，1997 年。

ヤマモト・キャメル 『グローバル人材マネジメント論』東洋経済新報社，2006 年。

吉森賢 『日本の経営・欧米の経営―比較経営への招待』放送大学教育振興会，1996 年。

横田洋三 『新版国際機構論』国際書院，2001 年。

横山和子 「国際機関の人事制度」『経済学研究』（北海道大学）第 44 巻第 3 号，1994 年。

横山和子 「国際機関における女性雇用促進政策」日本労務学会編『日本労務学会第 28 回全国大会研究報告論集』1998 年。

横山和子 『国際公務員になるには』ぺりかん社，2009 年。

横山和子・中村寿太郎 「国際的キャリア拡充のための検討課題―日本人国連機関職員アンケート調査から」日本労務学会編『日本労務学会第 35 回全国大会研究報告論集』2005 年。

横山和子・中村寿太郎 「日本人国連職員の現状と課題―ダイバーシティ・マネジメントの視点からのキャリア調査」『東洋学園大学紀要』（東洋学園大学）第 13 号，2005 年。

横山和子・中村寿太郎 「日本人国連機関職員のキャリア分析―電子メールを使ったアンケート調査から」日本労務学会編『日本労務学会第 36 回全国大会研究報告論集』 2006 年。

依光正哲 『国際化する日本の労働市場』東洋経済新報社，2003 年。

吉原英樹 『日本企業の国際経営』同文舘出版，1992 年。

リッカート，R. 著，三隅二不二訳 『経営の行動科学』ダイヤモンド社，1964 年。

渡辺利夫 『国際開発学入門』弘文堂，2001 年。

渡辺三枝子 『キャリアの心理学』ナカニシヤ出版，2003 年。

Arthur, M. B. and D. M. Rousseau, *The Boundaryless Career,* Oxford University Press, 1996.

Bartlett, C. and S. Ghoshal, *Managing Across Borders: The Transnational Solution,* Harvard Business School Press, 1989 （バートレット，C. = S. ゴシャール著，吉原英樹訳 『地球市場時代の企業戦略』日本経済新聞社，1990 年）．

Bartlett, C., S. Ghoshal, and P. Beamish, *Transnational Management,* McGraw-Hill Irwin, 1992.

Brown, D. and L. Brooks, *Career Counseling Techniques,* Allyn and Bacon, 1990.

Gelatt, H. B., "Decision Making : A Conceptual Frame of Reference for Counseling," *Journal of Counseling Psychology,* Vol.9-3, pp.240-245, 1962.

Gelatt, H. B., "Positive Uncertainty: A New Decision Making Frame work for Counseling," *Journal of Counseling Psychology,* Vol.36-2, pp.252-256, 1989.

Gelatt, H. B., *Creative Decision Making : Using Positive Uncertainty,* Rev. ed., Criep Publications, 2003.

Gottfredson, G. D., "John L. Holland's Contributions to Vocational Psychology: A Review and Evaluation," *Journal of Vocational Behavior,* Vol.55, pp.15-40, 1999 .

Granovetter, M. S., "The Strength of Weak Ties," *American Journal of Sociology,* Vol.78, No.6, pp.1360-1380, 1973.

Guellec, D. and M. Cervantes, "International Mobility of Highly Skilled Workers:From Statistical Analysis to Policy Formulation," OECD, 2002.

Gysbers, N. C., M. J. Heppner, and L. A. Johnston, *Career Counseling: Process, Issues and Techniques,* Allyn and Bacon, 1997.

Halderman, J. W., *The Political Role of the United Nations: Advancing the World Community,* Praeger Publishers, 1981.

Hall, D. T. and Associates, *The Career is Dead Long Live the Career: A Relational Approach to Careers,* Jossey-Bass Publishers, 1996.

Hall, D. T., *Careers in and Out of Organizations,* Sage Publications, Inc., 2002.

Hansen, S. L., *Integrative Life Planning : Critical Tasks for Career Development and Changing Life Patterns,* Jossey & Bass Publishers, 1997.

Hansen, S. L., "Integrating Work, Family, and Community Through Holistic Life Planning," *The Career Development Quarterly,* Vol.49, No.3, pp.261-274, 2001.

Herr, E. L. and H. C. Stanley, *Career Guidance and Counseling Through the Lifespan,* 5th ed., Harper Collins College Publishers, 1996.

Herr, E. L., "Career Development and Its Practice: A Historical Perspective," *The Career Development Quarterly,* Vol.49, No.3, pp.196-211, 2001.

Issacson, L. E. and D. Brown, *Career Information, Career Counseling and Career Development,* 5th ed., Allyn and Bacon, 1996.

Kummerow, J. M., *New Directions in Career Planning and the Workplace: Practical Strategies for Career Management Professionals,* 2nd ed., Davis Black Publishing, 2000.

Langrod, G., *The International Civil Service,* Oceana Publications, 1968.

Montross, D. H. and C. J. Shinkman, *Career Development in the 1980s Theory and Prcatice,*

C. C. Thomas, 1981.

Perlmutter, H.V., "The Tortuous Evolution of the Multinational Corporation," *The Colombia Journal of World Business*, January-February, 1969.

Raelin, J. A., *The Clash of Cultures-Managers Managing Professionals*, Harvard Business School Press, 1985.

Savickas, M. L., "Holland's Theory (1959-1999): 40 Years of Research and Application," *Journal of Vocational Behavior*, Vol.55, No.1, pp.1-4, 1999.

Schein Edgar H., *Career Anchors-Participant Workbook*, 3rd ed., John Wiley & Sons, Inc. 2006.

Schein, E. H., "Organizational Socialization and the Profession of Management," *IMR*, Winter, Vol.9, No.2, pp.1-16, 1968.

Schein, E. H., *Organizational Culture and Leadership*, Jossey-Bass, 2004.

Shibagaki, K., M. Trevor, and T. Abo, *Japanese and European Management Their International Adaptability*, University of Tokyo Press, 1989.

Schlossberg, N. K., *Counseling Adults in Transition : Linking Practice with Theory*, Springer, 1984.

Sharf, R. S., *Applying Career Development Theory to Counseling*, Brooks/Cole Publishing Company, 1996.

Stalker, P., *Workers without Frontiers*, Lynne Rienner Publishers, Inc., 2000.

Steele, D., *The Reform of the United Nations*, Croom Helm, 1987.

Super, D. E. and J. M. Kidd, "Vocational Maturity in Adulthood: Toward Turning a Model into a Measure," *Journal of Vocational Behavior*, Vol.14, pp.255-270, 1979.

Super, D. E., "A Life-Span, Life-Space Approach to Career Development," *Journal of Vocational Behavior*, Vol.16, No.3, pp.282-298, June 1980.

Yokoyama, K., "Correlation Analysis and Factor Analysis of Japanese Staff Members Employed in the UN System," *Bulletin of Toyo Gakuen University*, No.16, March 2008.

なお，本稿で使われた質問紙調査集計値は著者のホーム・ページ（http://www.ba.tyg.jp/~yokoyama/）に掲載されている。

付　録

資料

24名の国際公務員聴き取り調査記録およびキャリア・パス

聴き取り調査は，決まった質問に答える形で行われた。筆者は聴き取った内容をA4で2枚に文章化するとともに，キャリア・パスをチャートに表した。文章化された聴き取り調査記録(案)は電子メールで送付し，各協力者に内容を確認してもらうとともに，文章を校正してもらった。さらに，出版に先立ち，各協力者に本書への掲載許可を得るとともに調査時以降の昇進・配置転換等の変更を確認し，変更がある場合には調査記録の最後に付け加えた。

聴き取り調査での主な質問内容

氏名，年齢，性，婚姻(1：未婚，2：既婚，3：その他)，出身地，大学までの教育，勤務機関，勤務地(1：本部，2：その他)，職名，職位，国際機関勤務志望時期，日本での勤務経験の有無，日本での勤務機関，国際機関入職方法，国際機関入職年齢，現職での勤務年数，正規職員になった年齢，国連共通システム在籍年数，国連共通システム勤務国数，国際機関入職後の自己啓発，満足度(1：低い，2：やや低い3：中，4：やや高い，5：高い)，初職でのメンターの有無，職場内外のネットワーク，国際機関で定年退職時までの勤務可能性，満足度決定要素(職務満足，生活満足，総合満足)，日本での勤務経験の有益性の有無，職業の選択時の所得額の重要性，仕事をするうえでの姿勢・座右の銘(キャリア・アンカー)

聴き取り調査実施詳細

協力者名	調査日	調査場所
Aさん	2008年4月30日	ニューヨーク
Bさん	2008年5月7日	ニューヨーク
Cさん	2008年5月14日	ニューヨーク
Dさん	2008年5月16日	ニューヨーク
Eさん	2008年5月20日	ニューヨーク
Fさん	2008年5月23日	ニューヨーク
Gさん	2008年5月30日	ニューヨーク
Hさん	2008年6月3日	ニューヨーク
Iさん	2008年6月19日	ニューヨーク
Jさん	2008年6月27日	ニューヨーク
Kさん	2008年7月1日	ニューヨーク
Lさん	2008年7月2日	ニューヨーク
Mさん	2008年7月2日	ニューヨーク
Nさん	2008年8月4日	ローマ
Oさん	2008年8月4日	ローマ
Pさん	2008年8月12日	ジュネーブ
Qさん	2008年8月12日	ジュネーブ
Rさん	2008年8月12日	ジュネーブ
Sさん	2008年8月14日	ジュネーブ
Tさん	2008年8月21日	ジュネーブ
Uさん	2009年5月29日	東京
Vさん	2008年11月7日	東京
Wさん	2009年12月16日	東京
Xさん	2008年6月9日	ニューヨーク

―― Interview

Aさん　女性　31歳（聴き取り調査時）
　　　　愛媛県出身

UNDP（国連開発計画）本部
評価スペシャリスト（P-2）
勤務地：米国，ニューヨーク

　Aさんは日本で中学校を終えた後，自らの意思でスイス公文国際学園高等部に進学，のちにレザンアメリカンスクール（Leysin）に編入した。大学は米国マサチューセッツ州にあるスミス・カレッジに進学し，開発学を専攻する。在学中には半年間アフリカ，セネガルの大学に交換留学をしている。大学卒業後，1年間首都ワシントンD.C. の「国際法のトレーニングセンター」で職務経験を持った後，コロンビア大学大学院に進学し，開発経済学を専攻した。大学院在学中には国連でインターン，またコンサルタントとして働く。大学院在学中に「外務省主催アソシエートエキスパート選考試験」を受験・合格し，国連開発計画（UNDP）で若手専門家であるJPOとして採用され，25歳でアフリカ・マラウィに赴任する。3年後にUNDP内で四半期に一度行われるマネジメント移動プログラム（Quarry Exercise）のポストに合格し正規職員となり，現在に至っている。なお，所属部署の業務は個別のプロジェクト評価ではなく，国単位のカントリープログラム評価や，組織全体の戦略的な評価を行うなど，執行理事会に評価報告書を提出することである。

　Aさんは高校時代からスイス国内での難民支援活動や，東欧での長期にわたるボランティア活動を通じて，国際機関で働くことを考え，それに沿ってキャリア設計を行ってきた。大学院修了時には日本にある外資系の企業からオファーも受け，プライベートセクターでの経験が将来，国際機関でのキャリアにも役立つと考え非常に迷ったが，最終的には国際機関で働くことを選択した。

　現在はUNDPの本部に配属されて2年目ということもあり，実績を積み，仕事での成果を上げることに専念している。また，現在担当している事業評価を行う仕事は，UNDPの全体像を見ることができ，責任も大きく大変勉強になるため満足している。将来については，国際機関以外の職場で働きたいという考えもあるが，長期的には現在の職場である国連開発計画の途上国事務所のプログラムマネジメントに関わる仕事に就きたいと考えている。

　働く場としては，国際機関のみに固執する気持ちはないと述べた。日本のJICA，開発援助機関，大学等で機会があれば働く気持ちはある。しかし，日本の職場についての情報は入手することが難しいうえ，日本では横の移動（システム間での移動）が

難しいと感じている。転職，転籍による所得の減少については，若いこともあり考えたことはない。やりがいがあり成果の挙げられる仕事ならよいと考えている。

国際機関入職後の自己啓発に関する質問に対しては，職場内で実施されているフランス語コースの受講を挙げた。加えて，所属機関が実施する事業評価訓練コースや世界銀行とカールトン大学が毎年行っている2週間の評価に関する研修を受講している。現在は出張が多くなり，なかなか時間が取れないのが難点である。キャリア・アップとして博士号を取得する道もあるが，その必要性は現在感じていない。

UNDPでは，日本人，外国人を含め自分が職場で生き残るために頑張ることに精一杯であり（UNDPでは1年から2年の短期契約が多く，恒久契約はなくなった），若手職員の指導に時間を割く余裕はないように思われる。また，他の機関で同じ分野を担当する職員の横のネットワークはあるが，情報交換程度であり，個人的問題を共有できるレベルにはない。現在独身であるが，自分のキャリアを尊重し，自分の転勤にも理解があり，ともに移動できる人と結婚したいと考えている。また，女性が仕事をしていくうえで問題と考えているのは，仕事と私生活をうまく両立させているロールモデルが少ないこと，と答えた。基本的に国際機関は男女平等のシステムだと思うが，実際に両立させようとしている女性を見ると，仕事量などから大変なプレシャーを感じているのではないかと考える。

　　追記：Aさんは「Rank in Post」と呼ばれる新システムに応募。聴き取り調査実施直後に，P-4のポストに合格し，P-2からP-4に昇進した。

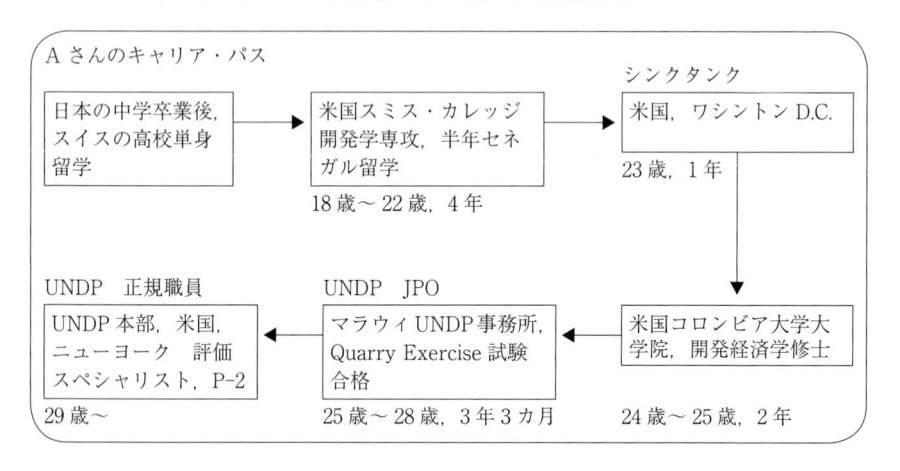

Aさんのキャリア・パス

日本の中学卒業後，スイスの高校単身留学 → 米国スミス・カレッジ 開発学専攻，半年セネガル留学（18歳～22歳，4年）→ シンクタンク 米国，ワシントンD.C.（23歳，1年）→ 米国コロンビア大学大学院，開発経済学修士（24歳～25歳，2年）→ UNDP JPO マラウィUNDP事務所，Quarry Exercise試験合格（25歳～28歳，3年3カ月）→ UNDP 正規職員 UNDP本部，米国，ニューヨーク 評価スペシャリスト，P-2（29歳～）

Interview

Bさん　男性　42歳（聴き取り調査時）
　　　　東京都出身

UNJSPF（国連合同年金基金）
上級投資オフィサー（P-5）
勤務地：米国，ニューヨーク

　Bさんは日本で大学卒業まで教育を受け，大学では経済学を専攻した。大学卒業後，日本の證券会社に入社し，転職するまで10年間勤務した。在職中の1991年～93年まで，企業派遣制度によりニューヨーク大学に留学しMBAを取得している。帰国し1年半後にはホンコン支店に転勤になり，その地に4年程勤務するが辞職する。転職先の在日外資系信託投資銀行ではファンド・マネージャーとして働くが，2004年に国連年金基金の空席公告（P-4）に応募し採用された。入職して3年後の2007年にP-5のポストの空席公募があり選考され，現在に至っている。

　国連に勤務することを考えたのは，日本の証券会社で先輩が国連合同年金基金に転職していたからであるという。それまで国連で働くことは考えたことはなかったそうだ。国連および国際機関の職員の年金資金は総額で4兆円を超える。Bさんは現在アジア株のポートフォリオを担当し，一人で3,000億円規模の資金運用を行っている。Bさんは，日本の証券会社，外資系銀行において一貫して外国株を担当しており，以前から日本株を担当したいと考えていたそうで，現在の仕事には非常に満足しているそうだ。

　満足度に関する質問に対しては，日本でのサラリーマン時代，および国連入職時には職務満足を充足させることが中心であったが，現在は職務満足と生活満足が両方満たされているという。生活満足度については家族との生活を考えると100％満足であり，職務満足度に関しては70％の満足である。これは，現在の職務内容には非常に満足しているが，組織改革の動きの中で，自分の投資業務と直接関係のない仕事が増えていることと，組織の先行きが見通せないことが理由である。

　メンターとしては昔の上司や先輩を挙げることができるが，現在の職場でメンターはいない。また，職場ではメンターに替わる同僚，上司はいない。職場内外のネットワークについては，日本での職場関係，金融関係のネットワークは持っているとのことである。

　定年まで国連で働く予定か？　という質問に対しては，分からないと答えた。職務の独立性から，国連の他の部署で働くことは難しい。国連の定年まで20年間あり，定年退職まで同じ部署で同種の仕事を継続していけるかについては答えを出せないと

のことであった。他の組織への転職については，機会やタイミング次第であるとのことであった。

日本の民間企業でのサラリーマンとしての経験が現在の仕事に役立っているかとの質問に対しては，投資運用の仕事は独立して行うものであり，日本企業の仕事の進め方が現在の仕事に直接役立っているとは思わない。しかし，日本の企業で培った人的ネットワークは役に立っているという。

自分の能力開発・自己啓発については，職場の予算で大学等の研究機関で実施される講習に参加することができ，最近では，ハーバード大学で実施された金融工学のセミナー，コロンビア大学の講習等に参加した。また，投資・運用の仕事は運用実績が数字で表れることから日々の学習・研鑽は欠かせないそうだ。

転職による所得の減少については国連のポジション応募に際しては考えなかったそうである。実際，国連への転職で所得は大幅に減少したが，職務内容や，子供に米国で教育を受けさせたかったこと，ニューヨークでの生活の質を考え，特に問題にならなかったそうだ。

最後に，Bさんは日本の民間企業における人事異動について不満を述べた。会社都合の辞令により，住む場所・期間を決められると，子供の教育計画の変更・調整など本人や家族の人生設計を変更せざる得ない。やはり，自分の人生は自分で決めたいと述べた。

 追記：聴き取り調査を行った翌年に，Bさんは新設された投資運用部の部次長（D-1）に昇進した。

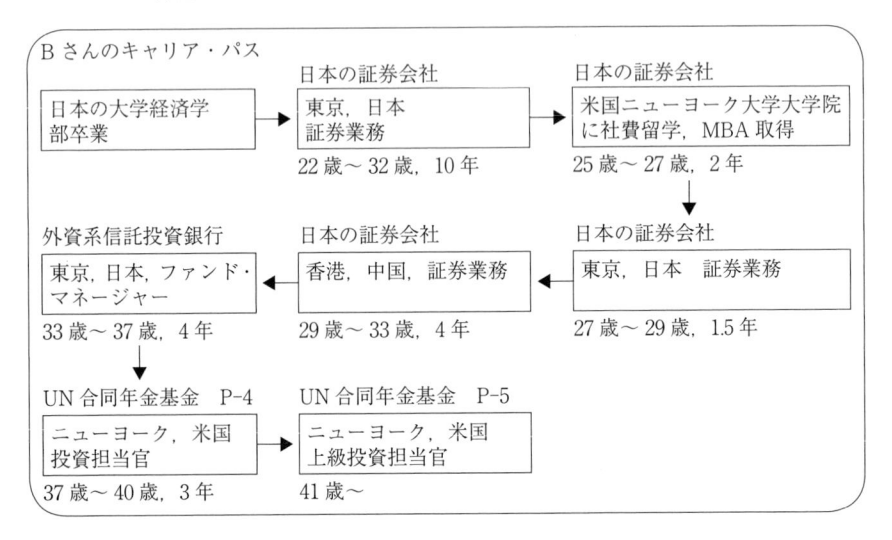

Bさんのキャリア・パス

- 日本の大学経済学部卒業
- → 日本の証券会社　東京，日本　証券業務　22歳～32歳，10年
- → 日本の証券会社　米国ニューヨーク大学大学院に社費留学，MBA取得　25歳～27歳，2年
- → 日本の証券会社　東京，日本　証券業務　27歳～29歳，1.5年
- → 日本の証券会社　香港，中国，証券業務　29歳～33歳，4年
- → 外資系信託投資銀行　東京，日本，ファンド・マネージャー　33歳～37歳，4年
- → UN合同年金基金　P-4　ニューヨーク，米国　投資担当官　37歳～40歳，3年
- → UN合同年金基金　P-5　ニューヨーク，米国　上級投資担当官　41歳～

―――― Interview

Cさん 男性　41歳（聴き取り調査時）
静岡県出身

UNDP（国連開発計画）
管理部財務アドミニストレーション課課長（P-5）
勤務地：米国，ニューヨーク

　Cさんは父親の仕事の関係で中学から高校までは米国で教育を受け，大学はコロンビア大学政治学部に進学した。同大学を卒業後，東京銀行に就職するが，3年後に日本にある米国投資会社に転職し，この会社に6年勤務する。その後，ロンドン大学大学院（LSE）に進学し財政学の修士号を取得する。Cさんは30歳に近づくにつれ，利益を追求する企業に働き続けることに疑問を感じ，社会貢献することができる職場で働くことを考えた。まず，NGOに勤務することを考えたが，賃金水準が低いことからこの選択肢を止め，国際機関で働くことを決意する。外務省主催AE試験に合格し，国連開発計画（UNDP）ラオス事務所にアソシエート・エキスパートとして勤務する。Cさんは32歳であった。

　ラオス事務所で国際公務員としてのキャリアを始めるが，Cさんの専門は財務分野であり，開発途上国の小規模な事務所では自分の能力を発揮できる機会が限られていると判断する。Cさんはアメリカ人の事務所副代表と気が合い，自分の国際機関での将来について話す中で，国連開発計画ニューヨーク本部が財務分野の人材を欲しがっていることを教えてもらう。Cさんがアソシエート・エキスパートとして働いていた当時，契約期間が実質3年であったことから，3年目の勤務を本部勤務とするよう外務省と交渉し，実現する。

　本部へ転勤してから，上部から財務分野での実力を認められ，34歳でP-3レベル，財務スペシャリストとして正規職員となる。本部で3年ほど勤務した後，国連開発計画タンザニア事務所の副代表（P-4）として3年間勤務し，2007年から現職のP-5（ポストはD-1レベル）に就いている。現在41歳であり，近く42歳になる。国連開発計画を含め国連システム内で上級のポスト数は少なく，現在の自分の年齢を考えるとキャリア・アップを急ぐ必要はないと感じている。また，国連開発計画で自分が所属している財務部門はプログラム部門と比べて，必ずしも主流な部署ではない。将来については，物流・財務部門が大きな位置を占める国連平和維持局（DPKO），世界食糧計画（WFP）などの機関への転出あるいは，このまま国連開発計画で勤務を続けていくか思案中であるとのことであった。定年まで国際機関で勤務するつもりか？

という質問に対しては，現時点では定年まで働き続けようと考えているとのことであった。

メンターについての質問には，メンターや人的ネット・ワークは自分の職業人生を考えるうえで非常に重要な役割を果していると回答した。東京銀行時代にはメンターに出会うことはなかったが，ゴールドマン・サックス社入社2年目に2人のメンターに出会い，その影響は大きいとのことだ。現在は3名のメンターを持っており，その内のひとりは元の上司だそうである。職場でのネットワーキングに関しては，国際機関はコンセンサスに基づき意思決定が行われることから仕事では根回しが必要となる。現在は，仕事の情報を共有できる同僚を各局に持っており，このネット・ワークが仕事を円滑に進めるうえで必要であると述べた。

仕事を選択するに際し，給与額の多さ・少なさは重要な要素になるかという質問に対しては，人並みに生活することができればよいと考えているという回答を得た。実際，Cさんが外資系企業から国連開発計画へ転職した際には，所得が3分の1以下に減少したそうだ。

日本でのサラリーマンとしての勤務経験は現在の職務を遂行するうえで役に立っているかという質問に対しては，国際機関では，日本企業・外資系企業で習得した知識・技術をフルに活用しているとのことであった。また，日本で外資系企業に勤務していたが，顧客は日本企業であったことから日本の組織の動き方を理解していなければ仕事はできない，と回答した。国際機関においては，日本人職員は日本人としての自覚を持ち，他国籍の職員に日本の組織での意思決定方法を説明できることが求められると述べた。

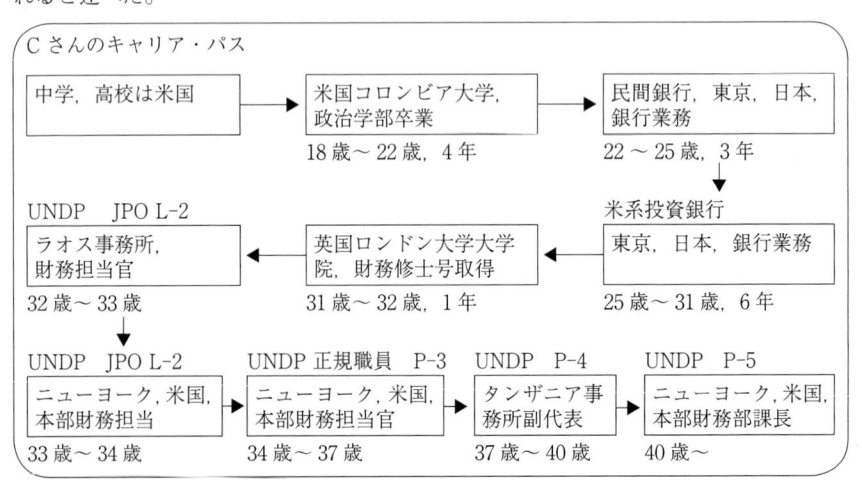

Cさんのキャリア・パス

中学，高校は米国 → 米国コロンビア大学，政治学部卒業（18歳〜22歳，4年） → 民間銀行，東京，日本，銀行業務（22〜25歳，3年）

↓

米系投資銀行 東京，日本，銀行業務（25歳〜31歳，6年） → 英国ロンドン大学大学院，財務修士号取得（31歳〜32歳，1年） → UNDP JPO L-2 ラオス事務所，財務担当官（32歳〜33歳）

↓

UNDP JPO L-2 ニューヨーク，米国，本部財務担当（33歳〜34歳） → UNDP 正規職員 P-3 ニューヨーク，米国，本部財務担当官（34歳〜37歳） → UNDP P-4 タンザニア事務所副代表（37歳〜40歳） → UNDP P-5 ニューヨーク，米国，本部財務部課長（40歳〜）

―――――――――――――――――――――――――――――― Interview

Dさん　女性　47歳（聴き取り調査時）
　　　　神奈川県出身

UN（国連事務局）
財務部課長補佐（Deputy Cashier）
（P-3）
勤務地：米国, ニューヨーク

　Dさんは父親の仕事の都合で中学から大学まで海外で教育を受け，米国の大学では，経営学・財務専攻で学位を取得した。大学卒業後は日本で生活することを考えたので，大学院へ進学しなかったそうだ（当時，修士号を取得すると日本で職を得ることは難しかった）。

　大学卒業後，日本にある外資系のコンピュータ会社に就職し，人事部に配属される。この会社には3年間勤務したが，主な業務は一般事務および翻訳であった。ここでの仕事から職務満足を得ることはできなかった。その頃，国連職員競争試験が日本で行われ，応募者を募っているという新聞記事を父親が見つけ，Dさんに受験を薦めた。アドバイスに従いこの試験を受験したところ，合格する。なお，試験に合格したのは24歳であったが，国連の財政難による新規採用の凍結の影響を受け，実際に赴任したのは27歳であった。

　最初の国連環境計画（UNEP），ナイロビ本部では財務を担当し，6年間勤務した。その後，ニューヨーク国連本部の財務部・出納課に転籍し，現在に至っている。

　現在所属している出納課では，Dさんを含む2名の専門職職員が5名の一般事務職員を統括しながら，職員への給与の支給，業者やコンサルタントへの各種支払い，国連加盟国への払い戻しなどの業務を行っている。数字相手の仕事であるため，正確さを要求され，仕事で手を抜くことはできないそうだ。また，地味な仕事ゆえに，その重要性や貢献度を適切に評価してもらうことが少なく，フラストレーションを感じることがあるそうだ。

　他機関・民間部門への転出や本部以外の事務所での転勤を考えたこともあったが，最終的には現在の仕事を続けることにした。国際機関内で，予算（Budget）や会計（Accounting）の仕事に就いていたら，職域を広げ，昇進の可能性があったであろうが，結果として財務部出納課に留まった。出納課は小さな部署であり，自分の上に課長がいるだけなので，自分の上司が定年退職か転出しない限り昇進は望めない。

　メンターに関する質問には，入職時を含め現在までメンターを持ったことはないと答えた。職場内外のネットワークは持っていない。出納課の仕事は独立しており，他

部署とチームを組んで仕事をすることはないそうだ。

　定年まで国連に勤務する予定かという質問には，たぶんそうすると思うと回答した。満足度に関しては，ニューヨークで生活するという生活満足度を職務満足度より優先させている，と答えた。

　職業を選択する場合，収入の多少は重要であるかという質問には，所得の減少はあまり問題にならないと答えた。職務内容に興味が持てれば，他の勤務地・機関で働く用意があるそうだ。なお，Dさんは独身であることから，家族責任を負っていない。

　仕事をする場合の拠り所や信条についての質問には，国連で働くことは生活費を得，余暇を楽しむ手段（Means to Pay the Bills and to Travel Abroad for Leisure）として割り切っていると述べた。

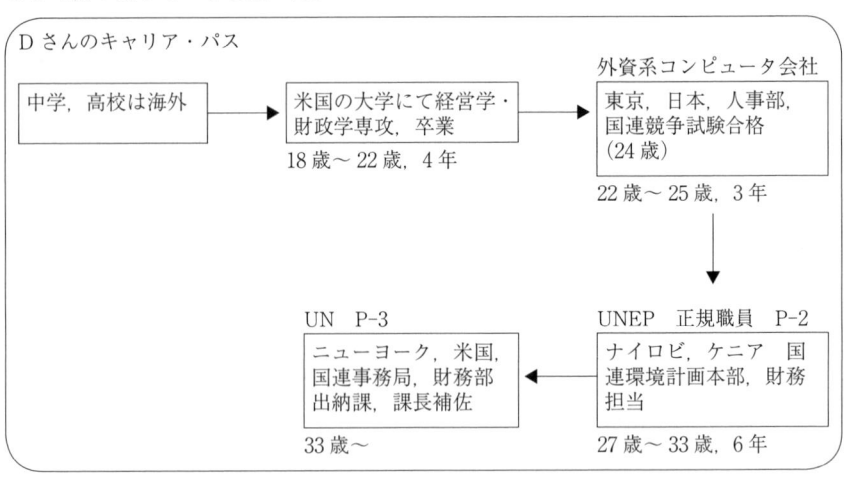

Dさんのキャリア・パス

中学，高校は海外
→ 米国の大学にて経営学・財政学専攻，卒業（18歳～22歳，4年）
→ 外資系コンピュータ会社　東京，日本，人事部，国連競争試験合格（24歳）（22歳～25歳，3年）
→ UNEP 正規職員 P-2　ナイロビ，ケニア　国連環境計画本部，財務担当（27歳～33歳，6年）
→ UN P-3　ニューヨーク，米国，国連事務局，財務部出納課，課長補佐（33歳～）

―― Interview

Eさん 女性　33歳（聴き取り調査時）
　　　　東京都出身

UN（国連事務局）
PKO 局 Best Practices セクション Political Affairs Officer（政務担当官）(P-3)
勤務地：米国，ニューヨーク

　Eさんは父親の仕事の関係で海外と日本の両方で半分位ずつ教育を受け，大学は慶應義塾大学社会学部を卒業した。大学卒業後，英国リーズ（Leeds）大学大学院で国際学修士号を取得し，続いてコロンビア大学国際関係学科にて2つ目の修士号を取得する。

　米国での学位取得後，日本に戻り，社会人枠で民間の銀行に応募・採用される。Eさんは大学院時に受験していた外務省主催のアソシエート・エキスパート試験に合格したことから，1年半勤務した銀行を退職し，国連本部，政務局で国連でのキャリアを開始する。Eさんは27歳であった。

　まずアソシエート・エキスパートとして最初の1年半を国連本部・政務局で勤務した後，正規職員としてスーダンに赴き国連事務総長スーダン特別代表の特別補佐官として働く。スーダンには1年半勤務した。この間，応募していた国連プロジェクト・サービス機関（UNOPS）東京事務所代表のポストに採用される。UNOPS のポストに勤務してから1年後に国連職員競争試験（人道）に合格し，2006 年から国連事務局の現職にある。

　Eさんは国連に入職してから5年間勤務しているが，現在まで3カ国で勤務し，4つのポストを経験している。Eさんは若い時期にさまざまな経験をしたことが現在の仕事に役立っていると述べた。

　国連で働くことを真剣に考えたのは，大学院時代だそうだ。大学院時代に国連のインターンとして国連事務局・政務局の選挙監視部で働き，国連での実際の仕事の内容を知ったことが，国連で働く強い動機づけになったと述べた。

　働き始めた頃にメンターに出会ったかという質問には2人を挙げた。1人はインターン時代に出会った日本人国連職員で，Eさんがアソシエート・エキスパートとして国連本部で働き始めた時，同じ局で働いており，いろいろ相談に乗ってもらったそうだ。もう1人は，アソシエート・エキスパート時代に所属していた局のメンター制度で出会った人物だ。南アフリカ人の上級職員がメンターを申し出てくれ，この人か

ら国連で働くうえでの心構えなど重要な事柄を教わったそうである。現在は，前述の日本人職員に加え，大きな決断が必要な時に相談することができる人が数人いるそうである。

　職場内外のネット・ワークとしては，友人が数人おり，仕事やそれ以外の事柄について踏み込んだ話ができるそうだ。また，同僚たちとは時々昼食を一緒にし，意思疎通を図っている。

　満足度に関する質問には，職務満足と生活満足のバランスが重要であると回答した。スーダンで特別代表の補佐官を務めていた1年半は，寝る時間以外は仕事のみの生活で自分の時間が全くなかったそうだ。この時の経験から，仕事と生活のバランスが重要であると確信した，と述べた。

　日本で働いた経験については，非常に役立っていると答えた。第1に，日本の企業は人を育てる意識が高いこと。日本の企業で働いていた時は十分実感できなかったが，新入社員時代に上司が時間をかけて教育してくれたことは，現在の仕事に大変役立っており，感謝しているそうだ。第2に仕事をするうえでのビジネス・マナーを学べたこと。実際，アソシエート・エキスパート試験に合格し，国連勤務の通知を受けた時には日本の会社を辞めることを大変悩んだそうだ。

　国際機関に定年退職まで勤務するか，という問いに対しては分からないと回答した。現在の仕事には満足しているが，仕事上で理不尽なことや自分で納得できない大きな問題に遭遇した場合には別の場所で働く可能性はある，と答えた。その意味でも，人生の選択肢は多く持っていたいそうだ。

　職業を選択する際に所得の多少は重要か，という質問には，あまり考えたことがないと答えた。今後，他の国際機関等への移籍などを考える際には，その仕事が面白いか否かが決め手となるそうだ。

　最後に仕事に対する姿勢として，まず第1に現場感覚を大切にすること，第2に前向きに考える（Positive Thinking）こと，第3は中長期計画を考えておくこと，と答えた。

Eさんのキャリア・パス

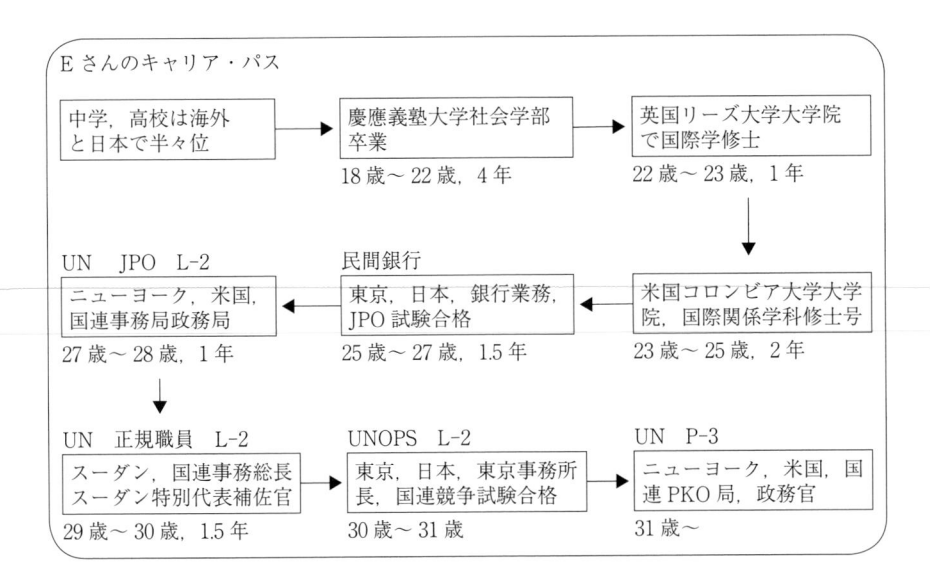

中学, 高校は海外と日本で半々位

→ **慶應義塾大学社会学部卒業**
18歳～22歳, 4年

→ **英国リーズ大学大学院で国際学修士**
22歳～23歳, 1年

↓

米国コロンビア大学大学院, 国際関係学科修士号
23歳～25歳, 2年

← **民間銀行**
東京, 日本, 銀行業務, JPO試験合格
25歳～27歳, 1.5年

← **UN　JPO　L-2**
ニューヨーク, 米国, 国連事務局政務局
27歳～28歳, 1年

↓

UN　正規職員　L-2
スーダン, 国連事務総長スーダン特別代表補佐官
29歳～30歳, 1.5年

→ **UNOPS　L-2**
東京, 日本, 東京事務所長, 国連競争試験合格
30歳～31歳

→ **UN　P-3**
ニューヨーク, 米国, 国連PKO局, 政務官
31歳～

Interview

Fさん 女性　54歳（聴き取り調査時）
　　　　東京都出身

UNDP（国連開発計画）
管理局局長（ADG）
勤務地：米国，ニューヨーク

　Fさんは父親の仕事の関係で海外と日本の両方で教育を受け，大学はコロンビア大学教養学部を卒業した。大学時代に将来の職業を真剣に考えた時，国際機関で働くことも1つの選択肢であると思ったそうだ。大学卒業後に帰国，外務省が実施しているアソシエート・エキスパート試験を受験して合格，23歳でUNDPタイ事務所副代表補佐として国際機関でのキャリアを開始する。UNDPタイ事務所で1年間勤務した後，同じバンコクにある国連人口基金（UNFPA）タイ事務所の代表補佐を務めた。この間にUNDP本部アジア太平洋局プログラム支援部プログラム・オフィサーのポストに選抜されて正規職員となる。このポストには2年間在籍し，次の4年間は同じ局の中国・フィリピン担当のプログラム・オフィサーとして働く。ニューヨーク本部勤務中にニューヨーク大学大学院で開発経済学の修士号を取得した。

　次の4年間はUNDPを休職し，日本で働く。最初の2年半は社団法人海外コンサルティング企業協会（ECFA）でプロジェクト研究員として，次の1年半はフリーのコンサルタントとして日本をベースに働く。1988年タイ事務所常駐代表補佐としてUNDPに復職し，このポストに2年半在籍した後，UNDPインドネシア事務所常駐副代表として3年半勤務する。さらにUNDPブータン事務所常駐代表として4年半勤務する。この間に職位がP-5からD-1に昇進するが再び休職し，横浜のフェリス女学院大学国際交流学部教授として3年間学部と大学院で学生の指導にあたった。

　2002年にUNDPに復職，駐日代表として4年間勤務する。在職中に職位はD-1からD-2に昇進。この間，UNDPニューヨーク本部の管理局長のポストに応募・選考され，2006年9月から現職にあり，約200名の専門職職員と約200名の一般事務職員を統括している。

　上記略歴から分かるように，Fさんは国際機関入職から現在まで，5カ国で勤務し，UNDP内では9つのポスト，休職中の日本で3つのポストと32年間の職業生活中で計12のポストを経験し，職域を広げてきた。現在，国連共通システムに勤務する日本人職員の中で非常に高い職位に就いているが，これはFさんの能力とともに，自分の意思で異動を頻繁に繰り返した成果であると考えられる。

　メンターについての質問では，Fさんは国際機関でのキャリアを開始してから現在

まで特にメンターはいなかったと述べている。しかしながら、最初の職場でアメリカ人やイギリス人の男性の同僚（当時30代）と話が合い、国際機関で働くうえでの心構えを教えてもらったと述べている。

UNDP内のネットワークについては、職場では毎月、局長レベル以上の幹部会が開催されており、各局の局次長（D-2）を含め、横の連絡のみならず、トップから局次長までの縦の連携関係は現在の仕事を遂行するうえで、必要不可欠であると答えた。また、UNICEF、UNFPAなどの関係機関の担当者とも良好な関係を保持しておくことが必要であると答えた。

満足度に関する質問に関しては、職務満足度と生活満足度のバランスが重要であると回答した。比重がどちらかに一方的に偏ると、他方に無理が生じ、結果として両方がうまく機能しなくなると考えているそうだ。

日本で働いた経験は有益であるという。第1に、自分が日本人であるから、日本のシステムが分かっているという前提で国際機関内でも仕事が進んでゆく。また、日本で働き、日本のODA政策やシステムについての知見が開発援助での日本と国際機関との連携を推進・実践するうえで非常に役立っている、と答えた。第2に、日本の専門家レベルのネットワークを持っていることは非常に大切であり、一時帰国休暇（ホーム・リーブ）だけでこの人的ネットワークは十分に構築できない、と答えた。

職業を選択する際に所得の多少は重要になるか、という質問に関しては、仕事を選択する場合に、所得について考えたことはないと答えた。あまり低いと困るが、ある程度あればよいと考えているそうだ。

最後に仕事をするうえでの拠り所としては、まず第1に苦境にあっても自分を信じること、第2に、自分の人生は恵まれており、かつ仕事が意義深いこと、第3は配偶者を含め、家族がサポートしてくれていること、と回答した。

Fさんのキャリア・パス

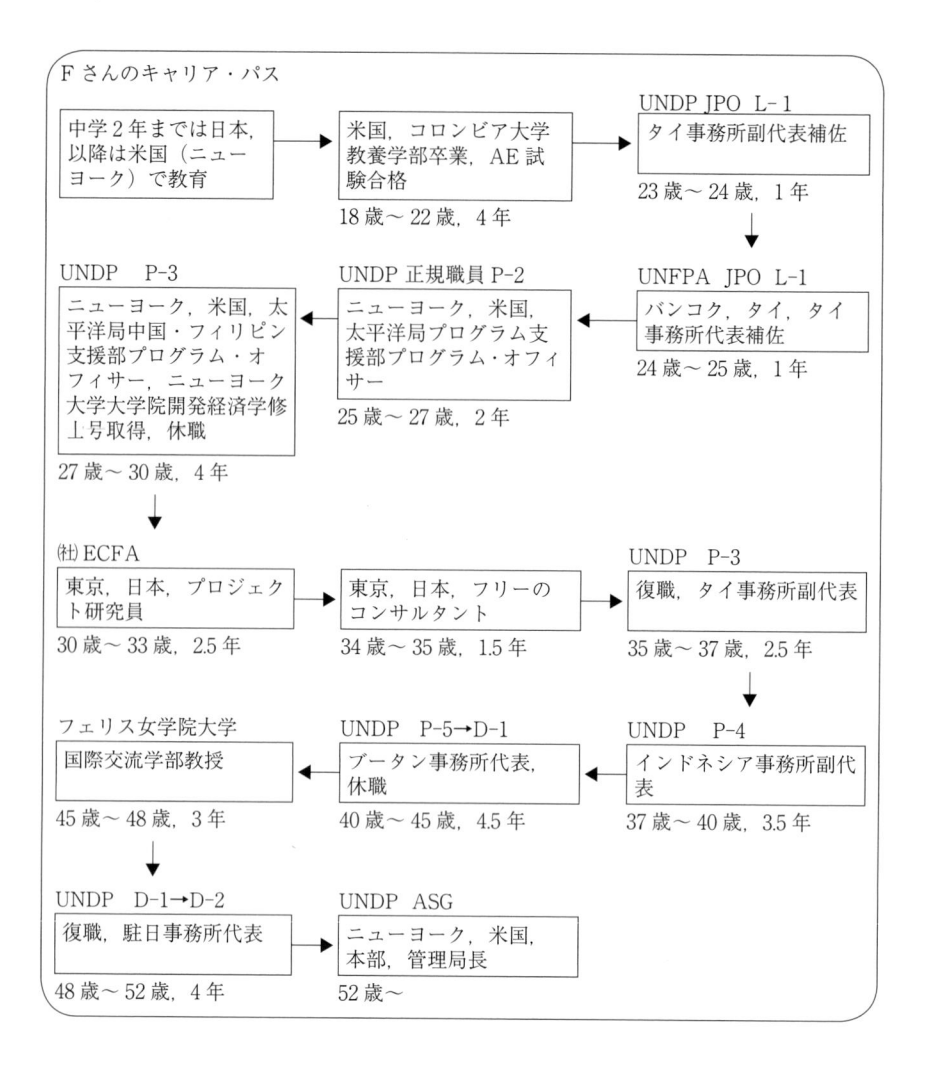

中学2年までは日本，以降は米国（ニューヨーク）で教育

→ **米国，コロンビア大学教養学部卒業，AE試験合格**
18歳〜22歳，4年

→ **UNDP JPO L-1**
タイ事務所副代表補佐
23歳〜24歳，1年

↓

UNFPA JPO L-1
バンコク，タイ，タイ事務所代表補佐
24歳〜25歳，1年

←

UNDP 正規職員 P-2
ニューヨーク，米国，太平洋局プログラム支援部プログラム・オフィサー
25歳〜27歳，2年

←

UNDP P-3
ニューヨーク，米国，太平洋局中国・フィリピン支援部プログラム・オフィサー，ニューヨーク大学大学院開発経済学修士号取得，休職
27歳〜30歳，4年

↓

㈳ECFA
東京，日本，プロジェクト研究員
30歳〜33歳，2.5年

→ **東京，日本，フリーのコンサルタント**
34歳〜35歳，1.5年

→ **UNDP P-3**
復職，タイ事務所副代表
35歳〜37歳，2.5年

↓（右側）

UNDP P-4
インドネシア事務所副代表
37歳〜40歳，3.5年

←

UNDP P-5→D-1
ブータン事務所代表，休職
40歳〜45歳，4.5年

←

フェリス女学院大学
国際交流学部教授
45歳〜48歳，3年

↓

UNDP D-1→D-2
復職，駐日事務所代表
48歳〜52歳，4年

→ **UNDP ASG**
ニューヨーク，米国，本部，管理局長
52歳〜

―――――――――――――――――――――――――――――― Interview

Gさん 女性　50歳（聴き取り調査時）
　　　　兵庫県出身

> UN（国連事務局）
> 経済社会開発局社会政策開発部
> 社会統合課社会問題担当官
> (Social Affairs Officer)（P-4）
> 勤務地：米国，ニューヨーク

　Gさんは日本で生まれ育ち，米国留学まで海外で教育を受けたことはなかった。大学は地元の関西学院大学英文科に進んだ。大学時代に大学主催のセミナーに参加しインドネシアを訪れ，現地の状況を知り開発途上国の開発の仕事に興味を持ったという。しかし，それはぼんやりとしたもので，実際に夢が実現できるとは考えていなかったそうである。大学卒業後は，民間企業に就職したが，そこでは女性である限り何年働いても展望はないと考え2年半で辞め，母校の国際交流センターに事務職員として転職する。配置転換で大学の院長室に勤務していた時に休職し，米国インディアナ大学大学院に留学し，高等教育と公共政策の修士号を取得する。留学中に外務省が実施しているアソシエート・エキスパート試験のことを知り，国際機関で働くことを真剣に考え，帰国後，上記試験に応募する。帰国後は大学に復職していたが，このまま日本でのキャリアを進むのか，海外で働く可能性を追求するか，非常に迷った末，大学を辞めて，インディアナ大学大学院にいったん戻る。この間にアソシエート・エキスパート試験に合格，国際公務員の道を選択することを決める。
　Gさんは当時ジュネーブにあったUNDPの下部機関のUNボランティア計画本部でJPOとして2年間働く。JPO1年目終了が近づいた頃，国連職員競争試験のP-3レベルの試験が公募されており，受験し，合格する。配属先は国連事務局本部，経済社会開発局（DESD，その後DDSMS）で技術協力，その中でも貧困問題を担当する部署であった。この仕事に数年従事した後に，機構改革後に新しくできた経済社会局（DESA）の一部である女性局に移り，婦人の地位向上委員会（CSW）および，女性差別撤廃委員会（CEDAW）へのサポート，主に途上国政府の女性問題担当局へのキャパシティビルディング，アフリカ諸国で紛争予防および紛争後の平和構築のプロセスの中にいかに女性の視点を入れていくか，という仕事を担当した。2004年からは，同じ局内の社会政策開発部で，社会統合（Social Integration）と紛争予防・平和構築のリンケージの仕事に就き，現在に至っている。
　上記略歴から分かるように，Gさんは一貫して社会経済開発分野でキャリアを積ん

でいる。仕事の性格上，ミャンマーなど最貧国で貧困調査を実施したり，アフリカ各地でワークショップを開催するなど，本部勤務ではあるが途上国の現場には頻繁に出かけ，長期の出張も行っている。

　国連に赴任した最初の職場でメンターを見つけることができたか，という質問に対しては，メンターではないが，UNボランティア計画本部のNo.2が日本人であったことから，JPO終了後のキャリアについて相談に乗ってもらうことができたそうだ。また，ニューヨーク勤務を始めた頃，大学の大先輩で，同じ局内の部長（ディレクター）から，いろいろなアドバイスを受けることができたという。ニューヨークでは，国連邦人職員会の副会長を務めたこともあり，その関係で，先輩の日本人職員，外務省の職員の方々と親交を深め，直接，あるいは間接的な助言，サポートを得ることができた。残念ながら，子供が生まれてからは，勤務時間が終わった後の勉強会や会合に出ることが難しくなった。

　現在，メンターはいないが，職場内外のネットワークはあるという。具体的には，仕事を通じた他部局の同僚，以前に一緒に働いた元同僚，NGOや他の国際機関の担当者，日本人職員などである。特に中堅職員を対象にしたマネジメント講習で知り合った職員とは，お互い働く分野は異なるが，職場で同種の問題を抱えていることが多く，それらの問題を共有することができ，問題解決に役立っているという。また，国連では，女性職員のネットワークも大切であると述べた。

　満足度に関する質問に対しては，職務満足度が重要であると回答した。面白いと思う仕事であれば力が出て，私生活もやり繰りしながら充実させることができるそうだ。

　Gさんは日本で合計8年間働いたが，日本で働いた経験は国連での仕事に役立っていると回答している。第1に，組織の動き方を理解することができ，物事を多角的に見ることができること。第2に，日本の組織はチームで働くので，国連という組織の中でチームを組みながら働く方法を身につけることができたこと。第3に，国連の職場環境は女性にとって，日本と比べると格段働きやすいことを実感できること。日本の職場と比べると，結婚，妊娠後も仕事を続けやすい環境が整備されており，国連という職場で働くことができることに感謝しているとのことであった。

　職業を選択する際に所得の多少は重要になるか，という質問に関しては，所得は高ければそれに越したことはないが，それよりもやりがいのある仕事か否かの方が重要であると回答した。

　仕事をするうえでの拠り所としては，もし自分が開発途上国の貧しい農村に生まれていたら，現在とは全く異なる人生を送っているであろう。それゆえ，自分が恵まれ

ていることを感謝しつつ，自分の仕事，知識・経験が開発途上国の人達の力になれるよう役立てたいと答えた。また，2児の母親として，女性のライフ・サイクルは男性のライフ・サイクルと異なることを自覚しながら職業生活を送っていると答えた。

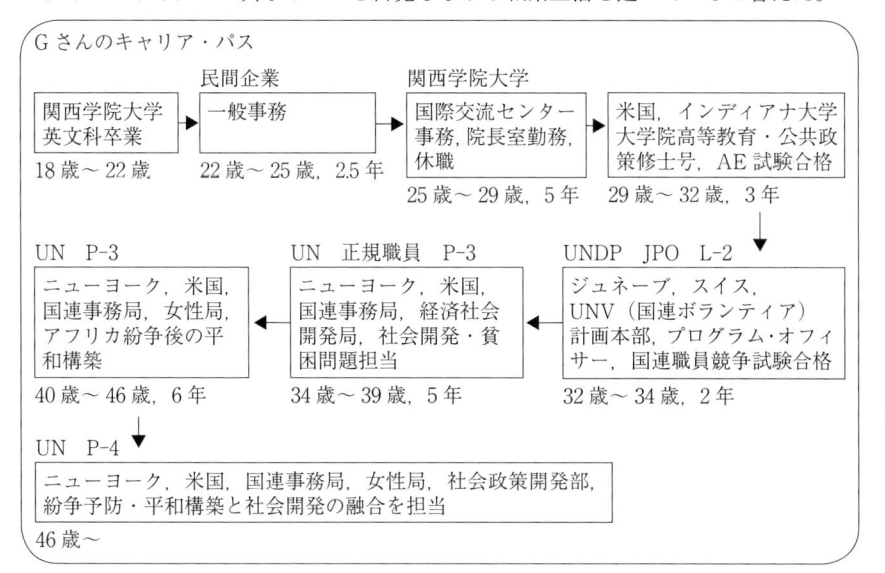

Gさんのキャリア・パス

関西学院大学英文科卒業
18歳〜22歳

↓

民間企業
一般事務
22歳〜25歳，2.5年

↓

関西学院大学
国際交流センター事務，院長室勤務，休職
25歳〜29歳，5年

→

米国，インディアナ大学大学院高等教育・公共政策修士号，AE試験合格
29歳〜32歳，3年

↓

UNDP JPO L-2
ジュネーブ，スイス，UNV（国連ボランティア）計画本部，プログラム・オフィサー，国連職員競争試験合格
32歳〜34歳，2年

←

UN 正規職員 P-3
ニューヨーク，米国，国連事務局，経済社会開発局，社会開発・貧困問題担当
34歳〜39歳，5年

←

UN P-3
ニューヨーク，米国，国連事務局，女性局，アフリカ紛争後の平和構築
40歳〜46歳，6年

↓

UN P-4
ニューヨーク，米国，国連事務局，女性局，社会政策開発部，紛争予防・平和構築と社会開発の融合を担当
46歳〜

---------- Interview

Hさん　男性　41歳（聴き取り調査時）
　　　　大阪府出身

UNDP（国連開発計画）
危機予防・復興支援局プログラム・スペシャリスト（アジア太平洋担当）（P-4）
勤務地：米国，ニューヨーク

　Hさんは日本で大学院まで教育を受け，大学教育は関西学院大学の法学部で受けた。学部時代の授業で，国際機関，国際公務員の仕事が取り上げられ，興味を持つ。影響を受けた先生の専任校の大阪大学大学院法学研究科に進学し，国際関係論の修士号を取得する。大学院在学中にハワイ大学大学院政治学科に留学するとともに，大学院修了した後は，オランダにある Institute of Social Studies にて開発学で2つ目の修士号を取得する。

　オランダの大学院に在籍中に外務省が実施しているアソシエート・エキスパート試験を受験し合格する。JPOとして最初の赴任先はUNDPパキスタン事務所であった。JPOの2年間の契約期間を修了後，UNDPで正規プロジェクトスタッフ（L-3）となり引き続き2年間パキスタンで働く。Hさんは大学院時代に結婚し，パキスタンへは単身で赴任した。けれどもパキスタンで勤務するに従い，家族は一緒に生活すべきであると考えるようになり，帰国する。帰国後UNOPS東京事務所で短期間勤務した後，家族がいる大阪で仕事を探し，米国大手コンサルタント会社の大阪支社に転職する。この会社に勤務して間もなく，UNDPの採用ミッションが来日する。試験を受験したところ合格し，UNDP駐日事務所に配属され，プログラム・マネージャー（P-3）として3年間働いた後，4年前に本部に転勤になり，現在に至っている。

　職場では，危機予防・復興支援局で，自然災害時や平和構築に取り組む現地事務所のための戦略立案や支援実施を行うとともに，UNDP全体における紛争予防・復興支援分野への取り組みの強化や他の国際機関との調整を担当している。

　Hさんは，他の国際機関に転籍することなく，中断はあるが，UNDPで11年間働いている。UNDP入職から現在まで，パキスタン，日本，米国（ニューヨーク）と3カ国で勤務し，UNDP内では4つのポストを経験している。キャリアの中で原点はパキスタンでの仕事であるそうだ。

　UNDPの最初の職場でメンターを持つことができたかという質問に，Hさんは正式なメンターではなかったが，初任地のパキスタンで日本人の職員が事務所の副代表

であり，その人の影響は大きいそうだ。イギリス人の常駐代表とともに事務所内で上司から信頼されていると感じることが仕事への自信につながり，頑張る源になったという。現在は特にメンターはいないと述べた。

　現在の仕事では，ニューヨーク，ジュネーブ，バンコクの関連部署の担当官との仕事を通じ，いいチームワークで仕事をしている，と述べた。また，現地に出張に出かけるとチームで2週間程度一緒に行動するのでお互い，気心が通じるようになるそうだ。加えて，国連や他の復興，人道援助機関の担当者との会議が頻繁に開催されるので，日常業務を通じおのずとネットワークができると述べた。

　満足度に関する質問に関しては，若い時は職務満足のみを求めていたが，家族を持ち，年齢を重ねるに従い，職務満足だけではなく，生活や家庭の満足の両方が必要と感じていると答えた。これは，Hさんが主に単身赴任で国際機関で働いていることと関係していると思われる。配偶者が教師として日本で生活の基盤を持ち，Hさんの生き方や仕事に理解を示しているので，国際機関で仕事を続けることができるそうだ。聴き取り調査時には，配偶者が休職し，ニューヨークで子供を含め家族で生活している，と述べた。結婚17年になるが，その内の半分くらいは別居だという。

　定年まで国際機関で働くか，という質問には，家族のこと，将来の仕事の見通し，定期的に転勤がある職場環境等々，簡単に結論を出せないそうである。ほとんどの国際機関は終身雇用ではなく，常に次のポストや昇進を自分で探さなければならないため，あまり長期的な計画は立てられないそうだ。実際，UNDPに働く40代の日本人男性は全世界で4～5人ほどしかいないという。ただ，どういう形であれ，今後も国際的な仕事を続けていくつもりである，と述べた。

　日本の組織で働いた経験は現在の仕事に役立っているかという質問に対し，外資であることと，日本の民間企業で働いたのが短期間であると前置きしたうえで，一般企業と公共部門では仕事の進め方・価値観などが大きく異なること，コンサルタントとして働くことの厳しさなどを実感したと答えた。

　職業を選択する際に所得の多少は重要であるかという質問には，自分が仕事を選択した際，所得について全く考えなかったそうだ。国連なのだから，生活していけるだろう，くらいしか考えなかったという。

　仕事をするうえでの拠り所についての質問には，若い頃から司馬遼太郎の本を愛読し，江戸時代末期から明治の時代を生きた志士の生き方にあこがれ，世のため，人のために役立ちたいという思いの延長線上に現在の仕事があるそうだ。

　　追記：Hさんは聴き取り調査の翌年タイに転勤となり，UNDPバンコク地域センター

でプログラム・スペシャリスト（P-4）として勤務している。

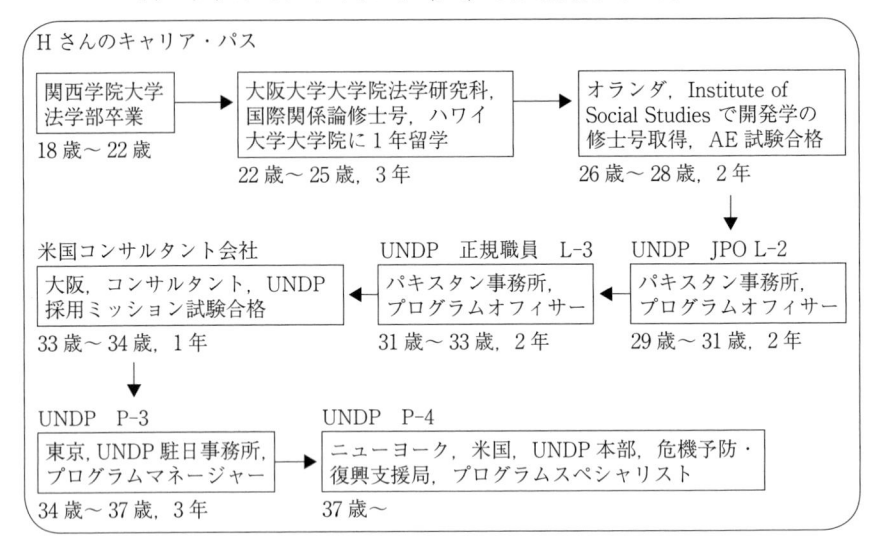

Hさんのキャリア・パス

```
関西学院大学        →  大阪大学大学院法学研究科，  →  オランダ，Institute of
法学部卒業              国際関係論修士号，ハワイ        Social Studies で開発学の
18歳～22歳             大学大学院に1年留学             修士号取得，AE試験合格
                       22歳～25歳，3年                  26歳～28歳，2年
                                                                    ↓
米国コンサルタント会社      UNDP 正規職員 L-3         UNDP JPO L-2
大阪，コンサルタント，UNDP ← パキスタン事務所，   ← パキスタン事務所，
採用ミッション試験合格         プログラムオフィサー       プログラムオフィサー
33歳～34歳，1年              31歳～33歳，2年            29歳～31歳，2年
     ↓
UNDP P-3                  UNDP P-4
東京，UNDP駐日事務所， → ニューヨーク，米国，UNDP本部，危機予防・
プログラムマネージャー       復興支援局，プログラムスペシャリスト
34歳～37歳，3年             37歳～
```

Interview

Iさん	女性　60歳（聴き取り調査時） 東京都出身	UN（国連事務局） 広報局ダグ・ハマーショルド図書館情報処理・収書課課長（P-5） 勤務地：米国，ニューヨーク

　Iさんは大学卒業まで日本で教育を受けた。東京女子大学では文理学部史学科に進み，卒業後は2年間OLとして働いた。結婚を機に配偶者のニューヨーク駐在に同行する。この間にロング・アイランド大学パーマー図書館学大学院にて図書館学修士号を取得した。その頃，配偶者の友人から国連の応募を薦められ，直接国連事務局に履歴書（P-11）を送付したところ，図書館から連絡があり，面接を受け採用された。採用に際し，Iさんの日本でのOL経験は専門職としての職歴とは認められなかったことから，専門職カテゴリーでは職位が最も低いP-1からスタートした。

　図書館では，国連文書のデーターベースの分野に配属され，2年後にP-2に昇進した。この分野のP-1，P-2，P-3レベルの専門職の仕事は国連文書のデーターベースのための主題分析である。P-3レベルの司書のうち1人だけが，他の司書が行った主題分析を校正および編集する仕事を担当する。当時このP-3のポストが欠員になっていたため，Iさんはこの業務を担当し，3年後にP-3に昇進した。このP-3レベルのポストに，国連文書データーベース編集の専門家として13年間在籍した。校正，編集の仕事では，部下，上司，関係部局との調整が必要であり，この業務を通じ管理能力，調整能力が身についたそうだ。その後，P-4に昇格し20人の部下を統括，P-5の課長職に就いてから42人の部下を統括する。

　上記略歴から分かるように，Iさんは特に国連勤務志望だったわけではなく，ニューヨークで取得した図書館学の学位を活かしたいと考え国連図書館に就職した。Iさん自身は国連で長期間勤務することを考えていなかったが，配偶者が駐在期間終了時に会社を辞めニューヨークで事業を起こしたことから，国連図書館に定年退職まで28年間勤務することになった。キャリアの面からは，国連文書データーベース分野での仕事振りが評価され，図書館で図書館長に次ぐNo.2の課長職にまで昇進することができたと考えられる。

　メンターについての質問では，Iさんは国連でのキャリアを開始してから現在まで特にメンターはいなかったと述べた。しかしながら，働き始めた時，定年退職間近の司書が実務面での指導をしてくれたそうだ。

職場内のネットワークについては，4つのネットワークを挙げた。まず，第1は中間管理者向けの一週間の研修を受講した職員とのネットワークである。ここで出会った人たちは所属部署が異なり利害関係がないことから，職場の悩み等を共有し，アドバイスしあうことができるという。第2は事務局・広報局内の色々な，行政関係のパネル（たとえば，昇進検討パネル）の委員として，他の委員とのネットワークである。パネルでは忌憚のない意見交換を行うことから，お互いの人柄，性格等が分かり，参加している委員とは必要な時に情報交換を行うそうだ。第3は国連事務局内に設置されている合同訴願委員会（Joint Appeals Board）の委員間のネットワークである。第4は，国連の日本人職員同士，仕事の関係を超えての，密接なネットワークである。

職場外のネットワークとしては，図書館関係者の会議が毎年世界レベルで開催されており，そこで知り合う図書館関係者，大学図書館情報学担当者との交流を挙げた。

自己啓発活動として日本の大学で集中講義の形で国連文書，国連機構，国際公務等について教えていることを挙げた。2003年からは立命館大学で，2007年からは早稲田大学大学院でも教えている。そのほか，三重大学，東海大学，鶴見大学などで，特別講義の経験がある。職場では公務扱いであるという。

満足度に関する質問に関しては，職務満足度と生活満足度の両方が必要であると答えた。

日本で働いた経験は有益であったかどうか分からないそうである。OLとして2年間定型業務を行っただけで，管理経験がないからだそうだ。ただ，日本の場合と同じく，図書館の仕事はチームで仕事を行うので協調性が求められるそうだ。

職業を選択する際に所得の多少は重要になるか，という質問に関しては，所得額について全く考えたことはないと答えた。高収入を得たいと考える人は国連で働かない方が良いと答えた。

最後に仕事をするうえでの心構えとして「常に最善を尽くして仕事をすること」と回答した。

Iさんのキャリア・パス

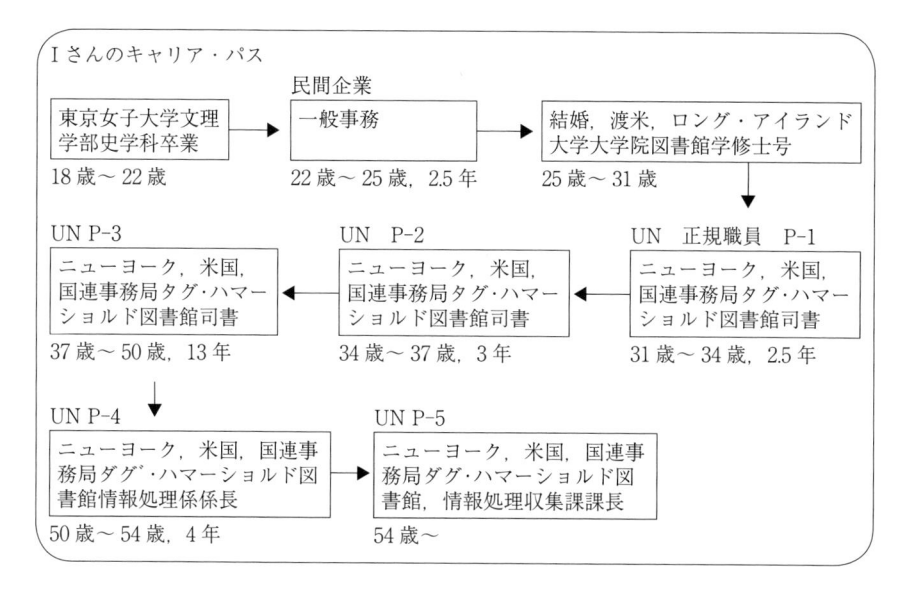

```
東京女子大学文理      →   民間企業           →   結婚,渡米,ロング・アイランド
学部史学科卒業              一般事務                大学大学院図書館学修士号
18歳～22歳                22歳～25歳, 2.5年       25歳～31歳
                                                              ↓
UN P-3                    UN P-2                   UN 正規職員 P-1
ニューヨーク, 米国,    ←  ニューヨーク, 米国,  ←   ニューヨーク, 米国,
国連事務局ダグ・ハマー    国連事務局ダグ・ハマー     国連事務局ダグ・ハマー
ショルド図書館司書        ショルド図書館司書         ショルド図書館司書
37歳～50歳, 13年          34歳～37歳, 3年           31歳～34歳, 2.5年
   ↓
UN P-4                    UN P-5
ニューヨーク, 米国, 国連事  ニューヨーク, 米国, 国連事
務局ダグ・ハマーショルド図 →  務局ダグ・ハマーショルド図
書館情報処理係係長          書館, 情報処理収集課課長
50歳～54歳, 4年            54歳～
```

―――― Interview

Jさん 男性　58歳（聴き取り調査時）
　　　　東京都出身

> UN（国連事務局）
> 経済社会局行政・開発管理部プログラム・コーディネーター（P-4）
> 勤務地：米国，ニューヨーク

　Jさんは大学院卒業まで日本で学んだ。国際基督教大学の教養学部を卒業後，同大学大学院に進み行政学修士課程を修了する。大学院修了後，開発分野を専門に学ぶために米国シラキュース大学マックスウェルスクールに入学し国際関係論の修士課程を修了する。国連の活動には高校時代から興味があり，大学で国際法を専門にする指導教官のアドバイスに答える中で，国連で働くことを真剣に考えるようになったという。米国の大学院修了前にニューヨークの国連代表部を通じ3つの国際機関の面接を受け，最初に採用通知が来た国連事務局に勤務することにし，現在に至っている。最初の配属先は開発技術協力局でプログラム・マネイジメントオフィサーとして28歳で国連でのキャリアを開始した。Jさんは職歴がなかったことから専門職カテゴリーでは職位が最も低いP-1からスタートした。

　Jさんは35歳の時，国連で働くことに疑問を感じ，休職し帰国する。東京の政府外郭団体と社団法人で働き，どこの組織にもすばらしい人もいればそうでない人もいる，国連も捨てたものではないと自分なりに納得し1年半後に国連に復職した。

　国連では，開発技術局内でベトナム・ラオスの担当をはじめ，中国その他アジア諸国に対するプログラムを担当した後，同局にて多国籍企業・管理部部長付，経済政策・社会開発部部長付を経た後，2003年からは経済社会局で公共政策とガバナンスを担当する行政・開発管理部にてプログラム・コーディネーター（P-4）として勤務している。

　Jさんは高校時代に興味を持ち，大学時代に学んだ研究分野で働きたいと考え国連事務局に勤務するようになった。Jさんは国連の活動の中でも開発問題に興味を持っており，一貫して技術協力部門で働いている。Jさんの年齢，経歴に比べ現在の職位はP-4とそれほど高くないが，これは職場での人間関係（一種の派閥間の力関係）が原因であると述べた。

　メンターについての質問では，Jさんは国連でのキャリア開始時に開発分野に勤務していた日本人2人を挙げた。この人たちとの関係は現在まで継続しているという。

また，仕事を進める中で上司の中国人がメンターとなり，この人との関係が緊密になったそうだ。現在も親しい関係が続いているが，この上司との関係が後に他のグループの職員から反目の対象となり，その後の昇進が阻まれる要因になったという。

職場内のネットワークについては，2つのネットワークを挙げた。まず，第1は上述した中国人のメンターを中心とするネットワークである。第2は国際機関の開発分野で働く日本人のネットワークである。この2つのネットワークはJさんが国連事務局に就職した初期に構築され，それ以降，現在まで継続しているそうだ。

職場外のネットワークとしては3つのネットワークを挙げた。第1は剣道を通じてのネットワークである。現在，ニューヨークにある道場の副館長を務めているとともに，全米剣道連盟の理事を務めており，このネットワークが米国のコミュニティとの接点になっている，と述べた。第2は日本の関係機関や関わりを持った人たちとのネットワークである。仕事を介し知り合った日本人との関係を大切にすることが，長期的には国連の仕事に反映されているという。例として，国連と東京都が協力し，1993年に50都市が参加した「都市経営世界会議」を企画し，成功させた。また，福岡市や新潟県などの地方自治体と協力し国際会議を立ち上げたこともあるそうだ。第3はニューヨーク市警察を手伝うボランティアを通じてのネットワークである。

自己啓発活動としては，仕事が多忙になり学位取得までには至らなかったが，ニューヨーク大学の行政学大学院に入学し，そこで学んだ行政管理学分野の研究方法，分析方法，計画・管理方法などは後の仕事に非常に役立ったそうだ。

満足度に関する質問に関しては，満足は仕事を通じて得られるものが中心であるが，生活満足も重要であると答えた。

日本で働いた経験は大変有益であったという。日本で働いたことで，自分が日本でもやっていけるという自信につながったという。

職業を選択する際に所得の多少は重要になるか，という質問に対しては，所得額について不満はないと答えた。国際機関は非営利組織であり，日本の企業の所得と比べても悪くないと述べた。民間企業の一部の高所得の職種と比較するのは間違っているとも述べた。

国連には定年退職まで勤務するかとの質問にはたぶん，と答えた。ただ，いろいろ考えていることがあるので，何カ月か早期に退職をする可能性もあるそうだ。

最後に仕事をするうえでの心構えとしては「人のために仕事をし，そのことで満足すること」と回答した。付記すると，Jさんは真言宗豊山派の僧侶として得度し伝法灌頂も受けている。

追記：Jさんは聴き取り調査の翌年に昇進し，職位はP-5となった。

Jさんのキャリア・パス

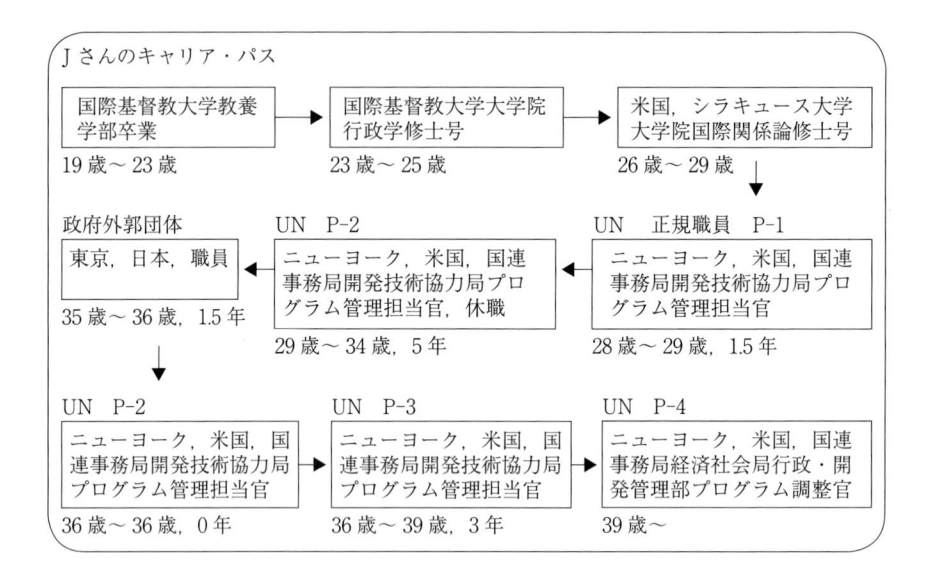

国際基督教大学教養学部卒業
19歳〜23歳

→ **国際基督教大学大学院行政学修士号**
23歳〜25歳

→ **米国，シラキュース大学大学院国際関係論修士号**
26歳〜29歳

UN 正規職員 P-1
ニューヨーク，米国，国連事務局開発技術協力局プログラム管理担当官
28歳〜29歳，1.5年

→ **UN P-2**
ニューヨーク，米国，国連事務局開発技術協力局プログラム管理担当官，休職
29歳〜34歳，5年

→ **政府外郭団体**
東京，日本，職員
35歳〜36歳，1.5年

→ **UN P-2**
ニューヨーク，米国，国連事務局開発技術協力局プログラム管理担当官
36歳〜36歳，0年

→ **UN P-3**
ニューヨーク，米国，国連事務局開発技術協力局プログラム管理担当官
36歳〜39歳，3年

→ **UN P-4**
ニューヨーク，米国，国連事務局経済社会局行政・開発管理部プログラム調整官
39歳〜

―――――――――――――――――――――――――― Interview

K さん 女性　53 歳（聴き取り調査時）
　　　　岐阜県出身

UNFPA（国連人口基金）
本部監視部次長（D-1）
勤務地：米国，ニューヨーク

　K さんは大学教育までを日本で受け，大学は一橋大学の社会学部を卒業した。卒業後は，学士入学し同大学の経済学部を卒業する。大学卒業後，米国デンバー大学大学院に入学し国際学（International Studies）で修士号を取得する。大学院修了後は社団法人海外コンサルティング協会（ECFA）に就職し，イラクで1年間ほど同国の都市計画事業プロジェクトに携わる。

　イラク勤務時に UNDP のバクダット・オフィスでインタビューを受け，UNDP の JPO に選考される。最初の勤務地は UNDP バルバドス事務所であった。K さんは，JPO として2年半この事務所に勤務する。JPO の契約修了後に UNFPA の正規職員として採用され，ニューヨーク本部に配属される。K さんは本部に4年半勤務し，この期間に職位が P-2 から P-3 に昇格する。この後，UNFPA 中国事務所で2年間働き，この間に P-4 に昇格する。中国での勤務終了後は，ウィーンにある国連薬物統制計画（UNDCP）に1年半出向する。その後，同じ職位で国際連合プロジェクトサービス機関（UNOPS）本部（ニューヨーク）に転籍する。UNOPS に2年間勤務した後は，UNFPA 本部に復籍する。本部に6年間勤務するが，この間に K さんの職位は P-4 から P-5 に昇格した。この後，UNFPA ラオス事務所で3年間代表（P-5）を務め，2年程前に UNFPA 本部の D-1 レベルのポストに選抜され，現在に至っている。

　上記の略歴から分かるように，K さんは24年間の国際機関でのキャリアにおいて4つの機関・10のポストを経験し，5カ国（バルバドス，米国，中国，オーストリア，ラオス）で勤務してきた。大学院修了後に勤務したイラクを含めると6カ国で働いてきた。国際機関入職後，キャリアの前半では転籍や出向を行いつつ職域を広げ，かつニューヨークとそれ以外の勤務地での勤務を繰り返しながら昇進している。ラオス事務所では機関のトップとして専門職職員および現地職員を取りまとめる管理業務を経験した。UNFPA という機関の活動を熟知していること，ならびに K さんの管理能力に対する評価が本部で D-1 という管理職ポストに選考された理由であると考えられる。現在，専門職の部下を4名，一般事務職の部下2名を直接指導する他，全部で23名の職員を統括している。

メンターについての質問では，特別なメンターというのではなかったが，最初の職場で尊敬できるジャマイカ人の上司に恵まれた，と答えた。

職場内外のネットワークに関する質問には，現在の働いている監視部は高い独立性が求められる部署であることから，職場内でのネットワークは特別ないと答えた。職場外のネットワークについても仕事関係以外では特にない，と回答した。

自己啓発活動としては，国連で行われるフランス語，中国語のコースを受講したこと，マネジメントコース，パブリック・スピーキング（Public Speaking），評価（Evaluation）など外部機関が実施するコースに参加したことを挙げた。その他に職場内の数々のワークショップに参加した。

国際機関には定年退職まで勤務するかとの質問には，定年まで働くつもりである，と回答した。

満足度に関する質問に対しては，国際機関で働き始めてから職務満足中心の生活を送ってきたが，今後は多少生活満足を加味したいそうだ。

Kさんは日本で働いた経験がなく，日本での勤務経験の有益性については回答できない，と答えた。Kさんは，ラオスで代表を務めた期間を除き日本とあまり関わることなく仕事をしてきた。しかし，開発途上国で家族計画活動を推進する際には，日本の経験が役に立ったという。ラオスでは日本の援助が重要な位置を占めていた関係上，日本人であることが大変有益に働いたと述べた。

職業を選択する際に所得の多少は重要か，という質問には，現在の給与はそれほど高くないが，Kさんが働き始めた頃は給与が良かった，と答え，ある程度以上の給与があれば，所得額よりも仕事の満足度の方が大切であると述べた。

仕事をする上での心構えは，いやなことや失敗したことは早く忘れ，毎日を新たに始めること，と答えた。

インタビュー時に，UNFPAにおけるP-5以上の管理職ポストおよび機関の代表の選考プロセスを説明してもらった。まず，公募した人の中から人事部が資格・経験等を審査し，有資格者を3～4人に絞り込む。次に，外部のコンサルタント会社に，ショートリストされた人の能力・適性を筆記試験，インタビュー，プレゼンテーションを通じ審査してもらう。その後，パネル（上級職員から構成）によるインタビューがあり，総合的に高く評価された人が選考される。選考においては，途上国事務所での職務経験，管理能力などがチェックされるという。

Kさんはニューヨークにある国際機関に勤務している日本人女性職員の中で部長職（Director）レベルに就いている数少ない職員である。管理職（D-1以上）に求めら

れる能力について質問したところ，管理職には「人を動かす能力」が重要，と答えた。Kさんの場合，ラオス事務所の代表として職員を統括したことが管理能力を高めた。昇進は，勤勉さ（Diligence），才能（Talent），機会（Opportunity）の3つの要素に左右される。P-5レベルまでは勤勉さと才能で昇進していけるが，それより上の管理職に昇進できるか否かは，ポストの数が少なくなるため，本人がコントロールできない運やタイミングなどに大きく影響されると答えた。また，政治的能力が必要になってくるとも付け加えた。

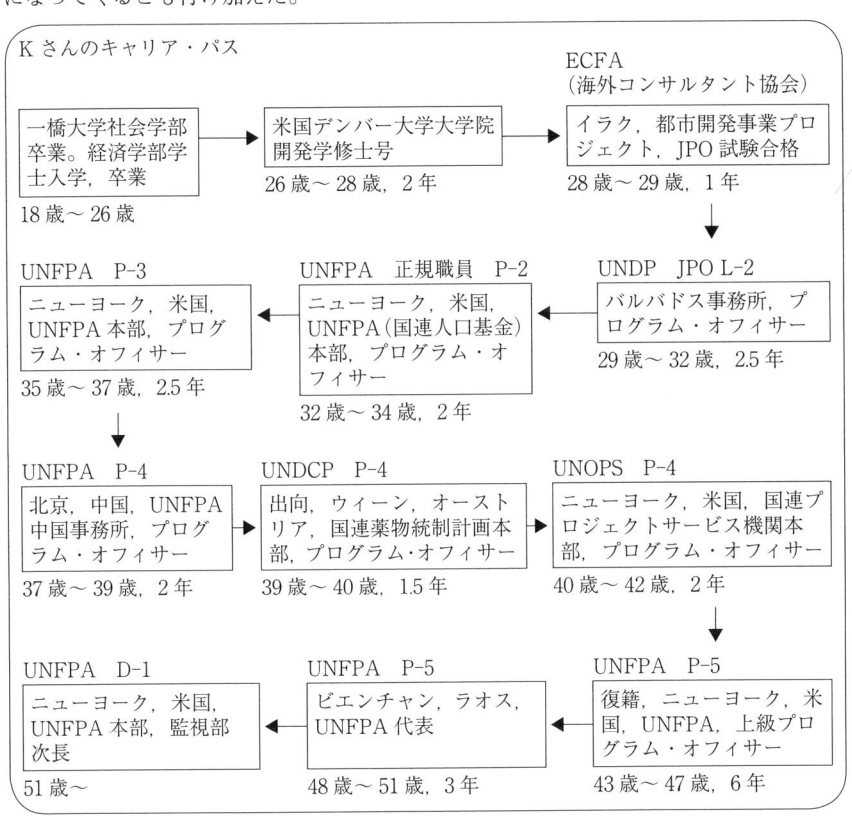

Kさんのキャリア・パス

```
一橋大学社会学部卒業。経済学部学士入学，卒業
18歳～26歳
   │
   ▼
米国デンバー大学大学院開発学修士号
26歳～28歳，2年
   │
   ▼
ECFA（海外コンサルタント協会）
イラク，都市開発事業プロジェクト，JPO試験合格
28歳～29歳，1年
   │
   ▼
UNDP JPO L-2
バルバドス事務所，プログラム・オフィサー
29歳～32歳，2.5年
   │
   ▼
UNFPA 正規職員 P-2
ニューヨーク，米国，UNFPA（国連人口基金）本部，プログラム・オフィサー
32歳～34歳，2年
   │
   ▼
UNFPA P-3
ニューヨーク，米国，UNFPA本部，プログラム・オフィサー
35歳～37歳，2.5年
   │
   ▼
UNFPA P-4
北京，中国，UNFPA中国事務所，プログラム・オフィサー
37歳～39歳，2年
   │
   ▼
UNDCP P-4
出向，ウィーン，オーストリア，国連薬物統制計画本部，プログラム・オフィサー
39歳～40歳，1.5年
   │
   ▼
UNOPS P-4
ニューヨーク，米国，国連プロジェクトサービス機関本部，プログラム・オフィサー
40歳～42歳，2年
   │
   ▼
UNFPA P-5
復籍，ニューヨーク，米国，UNFPA，上級プログラム・オフィサー
43歳～47歳，6年
   │
   ▼
UNFPA P-5
ビエンチャン，ラオス，UNFPA代表
48歳～51歳，3年
   │
   ▼
UNFPA D-1
ニューヨーク，米国，UNFPA本部，監視部次長
51歳～
```

―――――――――――――――――――――――――――――― Interview

Lさん 男性　42歳（聴き取り調査時）
　　　東京都出身

| UN（国連事務局）軍縮部通常兵器課プロジェクト調整官（L-3）勤務地：米国，ニューヨーク |

　Lさんは大学卒業まで日本で教育を受け，学習院大学では法学部で学んだ。大学卒業後，米国アメリカン大学のロースクールで法学修士課程（LLM）を修了する。この間米州機構（OAS）でインターンシップを経験する。ロースクール修了後，3年間ワシントンD.C.にある米国議会付属のシンク・タンクで日米貿易摩擦，科学技術政策，環境技術競争力等に関するリサーチの仕事に従事。さらに，米国の法律事務所でも働いた後，帰国し独立事業者として米国の政府機関や日米の法律事務所から仕事を請け負い，日米の実務分野で5年ほど働く。

　その間，1995年に外務省と法務省が共同で実施した在比日系人の身元調査プロジェクトに参加する。これは，フィリピン残留日系人が日本で戸籍を取得する際に必要となる「就籍」のための調査で，多くの日系人に戦争体験を聞く機会を得た。

　次第に，自分の「職務経験が国際協力分野で役立てるのではないか」と考えるようになり，32歳の時に国連ボランティアに登録した。仕事との調整がつかずソマリア，ルワンダPKO活動は実現しなかったが，1999年11月からのコソボでのPKO活動には帰還難民のための「緊急越冬対策プロジェクト」に3カ月間の予定で参加した。任期修了後もコソボで支援活動を継続し，国連コソボ暫定行政ミッション（UNMIK）では復興関連プロジェクトの立案・実施に参画，その後はUNOPS RESSコソボ事務所で地域開発計画プロジェクトに参画するなどした。

　LさんはコソボのUNMIK時代の上司に働きぶりを評価され，その人の推薦により，2002年に国連事務局，軍縮部の小型武器関連信託基金・プロジェクト担当の政務官補（P-2ポスト）として短期採用される。その後，期限付き契約のプロジェクトスタッフ（L-3ポスト）となり現在に至っている。

　上記略歴から分かるように，Lさんは国際法務の実務家，あるいはコンサルタントとしてキャリアを積んでいたが，フィリピンのボランティア活動に参加するなど国際支援活動にも取り組んでいた。大きな転機となったのは，コソボの国連ボランティアとしての活動で，その時の評価が現在の国連本部での勤務につながった。国際機関での勤務経験はUNVの経験を含めると，コソボで2年半，米国で6年，計8年半にな

る。

　Lさんは大学時代の指導教授を通じ国連の活動に関心を持ってはいたが，自分が実際に国連で働くようになるとは考えていなかったそうだ。

　メンターについての質問では，メンターではないが，国連の現在の職場に赴任した際，ベテランのアメリカ人の一般職職員が仕事の進め方等を教えてくれ（信託基金の活用，国連の財務規則等），彼女のお陰で短期間の内に職務を独立して遂行できるようになった，と回答した。もう1人はジンバブエ人の上司で，この上司とは仕事外のことを含め率直に話し合うことができる間柄であったという。上記の2人とは現在も良い関係が続いているそうだ。

　職場内のネットワークとしては，2つを挙げた。第1は通常武器分野の取り組みに参加している17の国際機関の担当者のネットワークである。第2は小型武器問題を担当している国連加盟国政府の担当者とのネットワークである。Lさんは2つのネットワークの担当者と頻繁に情報交換をしている。

　職場外のネットワークとしては2つのネットワークを挙げた。第1は国連事務局勤務の中で培った交友関係のネットワークである。第2はコソボで働いた仲間たちとのネットワークである。仲間達の多くは現在も国際機関で働いており，連絡を取り合っている，と答えた。

　自己啓発活動としては，通常兵器（特に小型武器）のデータベース化の仕事にも取り組んでいること，その関連で国連の情報技術部が実施したウェブやデータベースの講習に参加したことを挙げた。加えて，人事部が主催するネットワーキングやプレゼンテーションのワークショップも受講した。

　満足度に関する質問に関しては，現在までは職務満足が中心で満足度も高いが，結婚し近く子供も生まれる予定なので，これからは生活満足の比重も高くなるであろうと答えた。

　国連には定年退職まで勤務するかとの質問には将来は予測できない，と回答した。国連入職時から担当している現在の仕事で大きな会議が予定されており，それが一段落したら国際機関内で今後も働き続けるか，あるいはプライベートセクターに戻り自分の専門を活かし働くかを決めたい，と述べた。

　日本の民間企業で働いた経験に対する質問には，日本での職務経験はもちろん有益であるが，日米双方で働いたことが職務能力を向上させた，と答えた。日本の法律・財務などのプロフェッショナルがチームで取り組む現場では，各人の責任感のレベルは非常に高いと感じる一方，多国籍の職員が働く職場では，頭は良いが無責任な人もいると述べた。

日本人職員を増やすためには，国連職員競争試験，JPO，政治的任命以外のルートを開拓・支援していく必要がある。国際的な職務経験がある30代，40代の日本人が専門性を活かして国際機関に転職するケースを増やしていくべきだ，と持論を述べた。

　職業を選択する際に所得の多少は重要になるか，という質問に関しては，日本で契約スタッフ，コンサルタント，独立事業等をしていた時は現在の1.5倍以上の所得を得ていたという。収入だけで考えるのであれば，国連で働いていない，と回答した。

　最後に仕事をするうえでの心構えとしては「一度引き受けたことは，きちんと最後までやる」と答えた。プロジェクトなどは思いのほか長期にわたることもあり，途中で投げ出した同僚の尻拭いをしてきたが，そういった姿勢とそこから得られた経験は無駄になっていない，と述べた。

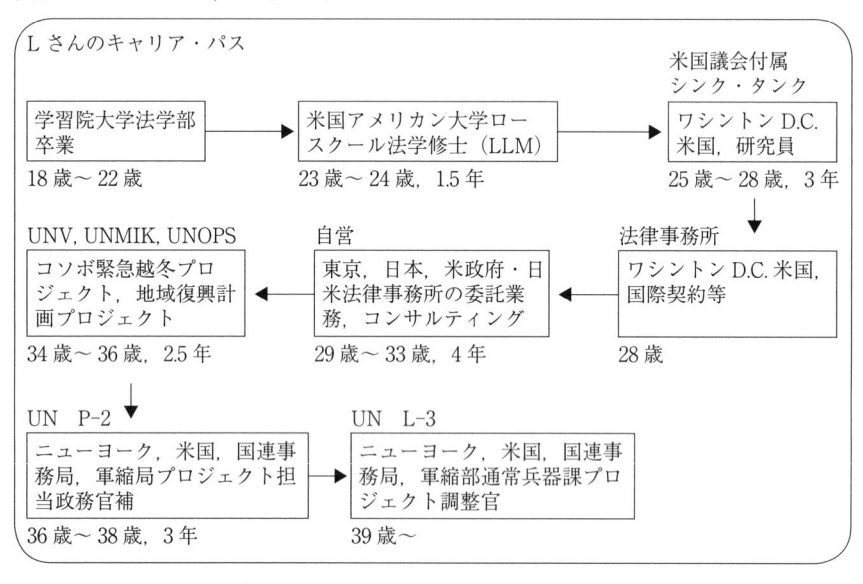

Lさんのキャリア・パス

学習院大学法学部卒業
18歳〜22歳
　↓
米国アメリカン大学ロースクール法学修士（LLM）
23歳〜24歳，1.5年
　↓
米国議会付属シンク・タンク
ワシントンD.C. 米国，研究員
25歳〜28歳，3年
　↓
法律事務所
ワシントンD.C. 米国，国際契約等
28歳
　↓
自営
東京，日本，米政府・日米法律事務所の委託業務，コンサルティング
29歳〜33歳，4年
　↓
UNV, UNMIK, UNOPS
コソボ緊急越冬プロジェクト，地域復興計画プロジェクト
34歳〜36歳，2.5年
　↓
UN P-2
ニューヨーク，米国，国連事務局，軍縮局プロジェクト担当政務官補
36歳〜38歳，3年
　↓
UN L-3
ニューヨーク，米国，国連事務局，軍縮部通常兵器課プロジェクト調整官
39歳〜

―――――――――――――――――――――――――― Interview

M さん 女性　53 歳（聴き取り調査時）
　　　　兵庫県出身

UNFPA（国連人口基金）
本部上級顧問（P-5）
勤務地：米国，ニューヨーク

　M さんは日本で生まれたが父親の仕事の関係で日本と台湾の両方で教育を受けた。台湾のアメリカン・スクールを卒業後，大学は上智大学に進学し比較文化学部を卒業する。大学卒業後はニューヨーク州立大学バッファロー校の大学院で政治学の修士号を取得した。大学院修了前にニューヨークの日本代表部で面接を受け，国際機関への勤務を推薦された。赴任先が決定するまで日本長期銀行のニューヨーク支店で半年働く。

　M さんが大学教育を受けていた頃，日本では大学卒の女性が働く環境が整っておらず，卒業後は日本の企業でお茶くみ，コピー取りはしたくないと考え米国の大学院に進学することを決意する。進学先は奨学金を全額提供してくれた米国ニューヨーク州立大学バッファロー校とした。

　M さんは 25 歳の時に国連人口基金（UNFPA）ニューヨーク本部に JPO として採用されたが，専門分野での職歴がなかったことから，専門職の職位では最も低い L-1 レベルで採用された。翌年には正規職員（P-1）となり，翌々年には UNFPA の職員（P-2）としてバンコク事務所に 1 年間勤務する。次に中国事務所で P-3 のプログラム・オフィサーとして 4 年間勤務した後，P-4 に昇進して本部の南東アジア課に配属される。この本部での 4 年間の勤務期間中，仕事が終った後ニューヨーク大学大学院で経済学を履修した。1990 年から 1 年間は休職し，財団法人国際開発高等教育機構（FASID）の奨学金を得てオックスフォード大学大学院で経済学を学び，職場復帰後は 37 歳で UNFPA ジンバブエ事務所の代表となる。ジンバブエ事務所に 6 年間勤務したが，任期途中に職位が P-5 レベルに昇格した。ジンバブエでの任期終了後はインドネシア政府の家族計画省の国際研修センターに UNFPA 地域間研修アドバイザーとして 2 年間勤務する。インドネシアでの任期終了とともに UNFPA のカンボジア代表（P-5）としてプノンペンに赴任，4 年間勤務する。この頃に長男の学習障害が見つかり，矯正教育制度が整備されているニューヨークでの勤務を申請する。しかし M さんは UNFPA から本部のポストを提供されなかったため，UNICEF ニューヨーク本部の HIV/AIDS セクションの上級アドバイザーのポストに応募し，採用され 1 年間勤務する。この後 UNFPA 本部の西アフリカ課の課長を 2 年間勤め，次に国連

開発グループの連合オフィス上級アドバイザーとして半年勤務した。2007年からはUNFPA本部の戦略計画室で上級アドバイザーとして働いている。

　MさんはUNFPAから恒久契約を得ており，子供が高校を卒業した後に途上国勤務に復帰したいという希望を人事部に提出している。現在就いている上級アドバイザーのポストは本部の正式なポストではないことから，現在進められている機構改革の中で，最悪の場合，Mさんは組織から整理解雇される可能性もある。現在はUNFPA本部と今後の配属先について協議を行っている。

　Mさんは，上記の略歴から分かるように，1年間の休職期間を除き27年間，国際機関に勤務しているが，その内の25年は開発途上国の家族計画を推進する国連人口基金での勤務である。入職から現在まで，米国，タイ，中国，ジンバブエ，インドネシア，カンボジアの6カ国で働いており，開発途上国での勤務は16年間に及ぶ。ジンバブエとカンボジアでは代表を合計10年間務めた。昇進は30代後半でP-5になるなど早かったが，現在も職位はP-5のままである。長男への特別教育が必要になったことから5年前から本部で勤務している。Mさんは子供の治療の機会には恵まれたが，本部で自分の技能・経験を活かすことができる職務には就いていないと述べた。

　メンターについての質問では，最初の職場でオランダ人の女性職員がメンターであったという。また，この上司のネットワークを通じ，当時のExecutive Directorのパキスタン人女性を含めトップ・マネジメントとも交流ができ，Mさんは入職直後からさまざまな国で経験を積む機会を与えられた。しかし，カンボジア勤務から本部に戻ってきた時Mさんを抜擢してくれた上司たちはすでに退職しており，後任のトップ・マネジメントの多くは外部から採用されたので，Mさんの能力や仕事ぶりを知る上級職員はほとんどいなくなっていたという。

　現在は職場で正式のポストを与えられておらず，職場内のネットワークは持っていない。

　職場外のネットワークとしては2つのネットワークを挙げた。第1は日本人職員，特に女性職員のネットワークである。第2のネットワークは今までUNFPAで一緒に働き現在は退職した人たちとのネットワークである。

　自己啓発活動としては，ニューヨーク大学大学院での経済学の履修，FASIDの奨学金を得て休職しオックスフォード大学大学院で経済学を学び，開発問題への理解を深めたことを挙げた。

　満足度に関しては，国連人口基金に働き始めてからカンボジアで代表を務めた頃までは非常に満足していたが，現在の満足度は低い。Mさんは，長男の特別教育のた

めに不本意な形で勤務している現在の状況を頭では理解することができるが心では割り切ることができないという。

Mさんは国際機関には定年退職まで勤務したい，と述べた。2人の子供の扶養義務がなければ，違う職場で働くことを検討するかもしれないが，Mさんが家族責任を全て負っており，教育補助が充実している現在の職場を辞めることはできない，と答えた。

Mさんは日本で働いた経験はないが，ニューヨークで日系企業に短期間勤務した経験からすると，日本企業の体質が性に合わないと述べた。

職業を選択する際に所得の多少は重要になるか，という質問には，国連の仕事は意義のあるものであり，食べていければ収入の多少は関係ない，と回答した。

最後に仕事をする上での心構えとして日本語では「李下に冠を正さず」，英語では次の文章を心に留めながら仕事をしているという。"You can bend the rules as far as you can, so long as you don't break it. You can interpret them as you like as long as it is for the good of the country & program and not for yourself."

M さんのキャリア・パス

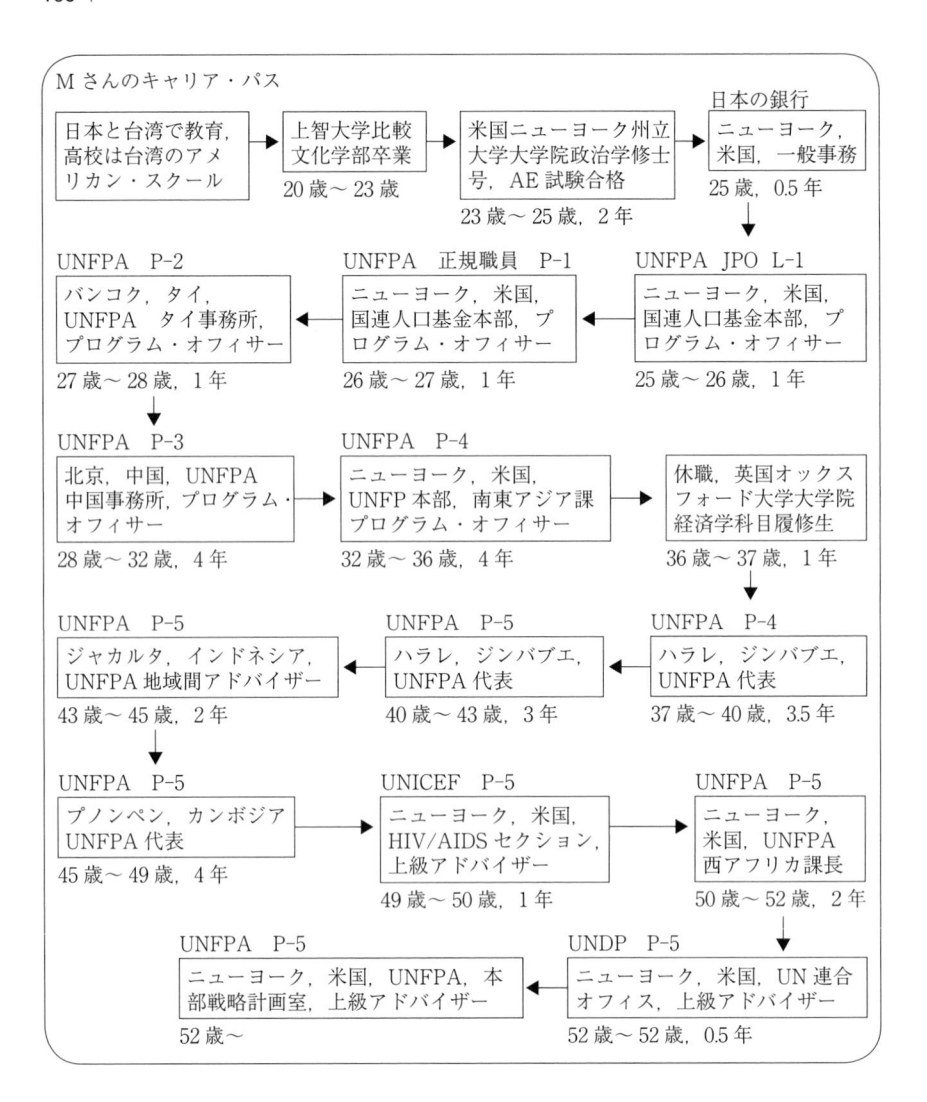

- 日本と台湾で教育, 高校は台湾のアメリカン・スクール
  → 上智大学比較文化学部卒業（20歳～23歳）
  → 米国ニューヨーク州立大学大学院政治学修士号, AE試験合格（23歳～25歳, 2年）
  → 日本の銀行, ニューヨーク, 米国, 一般事務（25歳, 0.5年）
  → UNFPA JPO L-1, ニューヨーク, 米国, 国連人口基金本部, プログラム・オフィサー（25歳～26歳, 1年）
  → UNFPA 正規職員 P-1, ニューヨーク, 米国, 国連人口基金本部, プログラム・オフィサー（26歳～27歳, 1年）
  → UNFPA P-2, バンコク, タイ, UNFPA タイ事務所, プログラム・オフィサー（27歳～28歳, 1年）
  → UNFPA P-3, 北京, 中国, UNFPA 中国事務所, プログラム・オフィサー（28歳～32歳, 4年）
  → UNFPA P-4, ニューヨーク, 米国, UNFP本部, 南東アジア課プログラム・オフィサー（32歳～36歳, 4年）
  → 休職, 英国オックスフォード大学大学院経済学科目履修生（36歳～37歳, 1年）
  → UNFPA P-4, ハラレ, ジンバブエ, UNFPA 代表（37歳～40歳, 3.5年）
  → UNFPA P-5, ハラレ, ジンバブエ, UNFPA 代表（40歳～43歳, 3年）
  → UNFPA P-5, ジャカルタ, インドネシア, UNFPA 地域間アドバイザー（43歳～45歳, 2年）
  → UNFPA P-5, プノンペン, カンボジア UNFPA 代表（45歳～49歳, 4年）
  → UNICEF P-5, ニューヨーク, 米国, HIV/AIDSセクション, 上級アドバイザー（49歳～50歳, 1年）
  → UNFPA P-5, ニューヨーク, 米国, UNFPA 西アフリカ課長（50歳～52歳, 2年）
  → UNDP P-5, ニューヨーク, 米国, UN連合オフィス, 上級アドバイザー（52歳～52歳, 0.5年）
  → UNFPA P-5, ニューヨーク, 米国, UNFPA, 本部戦略計画室, 上級アドバイザー（52歳～）

― Interview

Nさん 男性　45歳（聴き取り調査時）
千葉県出身

WFP（世界食糧計画）
本部イタリア・ローマ物流課物流担当官（P-3）
勤務地：イタリア，ローマ

　Nさんは大学院での教育を含め，教育は全て日本で受けている。学習院大学文学部英米文学科を卒業した後は日本航空に就職し，4年間空港や機内サービスの部門で勤務する。この間，職務で難民を担当したことなどにより，次第に地球規模の問題に関心を持つようになった。その後商船三井株式会社に転職する。転職後3年目に，ケニアの難民キャンプで1カ月間生活体験する「キャンプ・サダコ」に応募し選考された。しかし，長期の有給休暇の取得が困難であったため，Nさんは会社を辞め，同キャンプに参加する。帰国後は明治学院大学大学院の国際学研究科前期博士課程に入学する。最初の2年間はフルタイムで学業に専念したが，3年目の1997年からは社団法人ユネスコ協会連盟の職員となり，働きながら大学院の科目履修および修士論文を執筆する。修士号は1999年に取得した。この年に外務省主催のAE選考試験の応募年齢の上限が32歳から35歳に変更された。Nさんはこの年に35歳となり応募資格を満たしたことから，上記試験を受験，合格する。

　Nさんは2000年にWFP本部の物流担当官（JPO, L-2レベル）として国際機関での勤務を開始した。本部に1年間勤務した後，2年目にケニアのナイロビ事務所に転勤となる。勤務4年目にはP-2レベルの正規職員となり，5年目に職位がP-3レベルに昇進する。ナイロビ事務所に4年間勤務した後，2005年にエチオピアのアジズアババ事務所に転勤になるとともに，この年に恒久職員の資格を得る。エチオピアに転勤直後に配偶者が体調を崩したことから，医療設備が整備されている本部勤務を願い出て，2006年から本部で勤務している。

　上記の略歴から分かるように，Nさんの国際機関でのスタートは36歳と遅い。8年間の国際機関でのキャリアはWFPでの内部昇進である。Nさんは現在まで3カ国（イタリア，ケニア，エチオピア）で勤務し，4つのポストを経験している。国際機関機関への入職は遅かったが，入職前までの職務経験や働き振りが評価され，着実に職務経験を積んでいる。

　メンターについての質問では，最初の職場でガーナ人の直属の上司が業務を遂行するうえで基本的な事柄を教えてくれた，と答えた。さらに，この上司が仕事の中でさ

まざまな経験をできる機会を作ってくれたそうだ。現在，メンターではないが目標としている人として，すでに定年退職しているが，現在もコンサルタントとしてWFPで働いているフランス人の元上司を挙げた。

Nさんは，WFPの本部職員は開発途上国で働く現場職員が仕事しやすいように黒子に徹する必要があると述べた。職場内外のネットワークに関する質問には，4つのネットワークを挙げた。第1は現場のカントリーオフィス（Country Office）の物流責任者，および地域事務所（Regional Bureau）の物流担当者など現場担当者とのネットワーク。第2は本部内の関連部局担当者とのネットワーク。全世界で働くWFPの本部，地域事務所，カントリーオフィスで働く物流部門の正規職員は300名程であり，職員は家族であるとの意識が高いそうだ。第3は食糧配給の関連でUNICEFおよび現地で配給を担当するNGOとのネットワーク。第4は民間セクターとのネットワーク。食糧不足・飢餓に苦しむ開発途上国の国民のために食糧を調達し，食糧を配給するためには，運送業者，通関業者，船舶会社，鉄道，航空会社との連携が欠かせない，と答えた。

職場外のネットワークに関しては，特にないそうだ。

国際機関に定年まで勤務する予定か，という質問に対しては，そのつもりであるが，日本に在住する親の健康状態などを勘案しながら，その時々で最良の選択をしていくことになろうと答えた。

満足度に関する質問に対しては，職務満足が最も重要と答えた。

日本での勤務経験に関しては，非常に役立っていると答えた。まず第1は日本の商船会社での経験である。仕事の進め方，業務関係の国際基準・規則は同じであり，業務にそれほど差はない，と述べた。第2は，社会人として鍛えられた，と答えた。日本の民間企業の社員教育のレベルは非常に高いそうだ。日本製品の高品質と関連づけ，日本人の評価は全般的に高いので日本人は得である，と述べた。自分自身としては，英語の操作能力にまだ不足感がある。しかし日本人職員は概して仕事に対する責任感が強く，信頼感は厚いように感じている。

所得の多少についての質問に，Nさんは仕事を継続する中で経済的満足は後からついてくると考えている，と回答した。最初から経済的満足を期待すべきでない，国際機関の待遇は悪くないと答えた。

最後にNさんは，WFPは職員を大切にする機関であると述べた。職員の補充は内部勤務者を最優先させ，内部に適格者がいない場合のみ外部から職員を補充する。職員の定着率は他の機関に比べると高いと思うが，WFPはドナー国の任意拠出によって運営されるため，その財政状況に組織運営が大きく左右される。2007年度には早

期退職や他の機関への転出支援、新規採用の凍結などがあり、特に本部スタッフが大幅に削減された。

仕事に対する姿勢についての言葉として「心は熱く、頭は冷静に」を挙げた。

追記：N さんは聴き取り調査の翌々年にマレーシアに転勤し、スバングにある UNHRD（United Nations Humanitarian Response Depot）でロジスティック担当官（P-3）として勤務している。

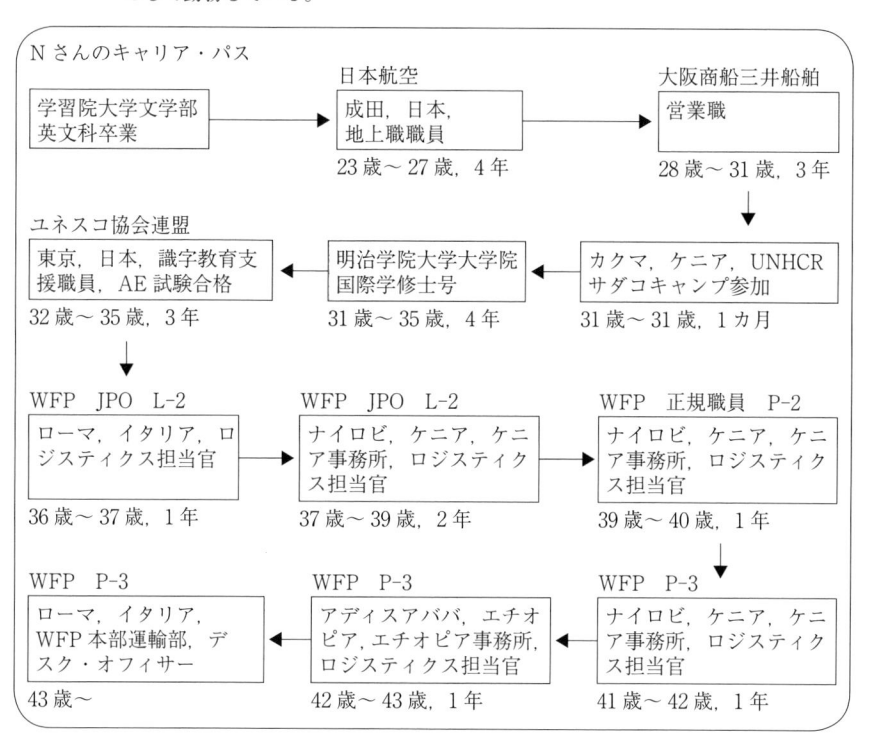

N さんのキャリア・パス

学習院大学文学部 英文科卒業
→ 日本航空／成田、日本、地上職職員／23 歳〜27 歳、4 年
→ 大阪商船三井船舶／営業職／28 歳〜31 歳、3 年
↓
カクマ、ケニア、UNHCR サダコキャンプ参加／31 歳〜31 歳、1 カ月
←
明治学院大学大学院 国際学修士号／31 歳〜35 歳、4 年
←
ユネスコ協会連盟／東京、日本、識字教育支援職員、AE 試験合格／32 歳〜35 歳、3 年
↓
WFP　JPO　L-2／ローマ、イタリア、ロジスティクス担当官／36 歳〜37 歳、1 年
→ WFP　JPO　L-2／ナイロビ、ケニア、ケニア事務所、ロジスティクス担当官／37 歳〜39 歳、2 年
→ WFP　正規職員　P-2／ナイロビ、ケニア、ケニア事務所、ロジスティクス担当官／39 歳〜40 歳、1 年
↓
WFP　P-3／ローマ、イタリア、WFP 本部運輸部、デスク・オフィサー／43 歳〜
← WFP　P-3／アディスアババ、エチオピア、エチオピア事務所、ロジスティクス担当官／42 歳〜43 歳、1 年
← WFP　P-3／ナイロビ、ケニア、ケニア事務所、ロジスティクス担当官／41 歳〜42 歳、1 年

―――― Interview

Oさん 女性　51歳（聴き取り調査時）
神奈川県出身

WFP（世界食糧計画）
本部財務部分担金・プロジェクト会計課課長（P-5）
勤務地：イタリア，ローマ

　Oさんは高校卒業後専門学校に通い，卒業後は外資系保険会社に秘書として5年間働き28歳の時に，渡米した。まず，メリーランド州内にあるコミュニテイ・カレジに入学し，2年間学んだ後に州立メリーランド大学に編入し，経営管理学の学位（B.A.）を取得した。大学卒業後は同大学の大学院に進学し，経営管理修士（MBA）を取得する。MBAを取得したのは34歳の時であった。友人に誘われ，大学院1年から2年目の夏休み中に3カ月間，世界銀行でインターンを経験した。

　学位取得後は日本に戻り外資系企業に勤務する。まず，米系証券会社に内部監査官（Internal Auditor）として採用され2年間勤務する。その後，コントローラー（Controller/Treasurer）として同じく別の米系証券会社に転職，のちに副代表（Vice President）となる。この社には6年間勤務したが，仕事中心で過ごしてきた自分の生き方・働き方を再検討するようになる。社会に貢献できる職場で働くことを考え，転職先として国際機関を検討する。証券会社を辞めた後は，上場準備を行っていた中小企業で働くと同時に外務省人事センターのロスターに登録する。こうした中，2003年にWFPの採用ミッションが来日し，現在のポストの面接を受ける。翌2004年にはローマ本部で面接を受け，採用される。現在までWFP本部で4年間勤務している。

　Oさんは45歳の時に国際機関で働くことを検討し，翌年にはWFPに採用されている。Oさんが国際機関での勤務を検討した時期と，財務部門の上級ポストの増設決定時期が一致したことがWFPでの勤務に結びついた。

　メンターについての質問では，WFPに課長として採用されており，採用時も現在もメンターはいない，と答えた。

　Oさんは，WFPの主要な仕事は途上国の現場で行われており，本部財務部は現場業務の最終調整を行う場所である，と述べた。民間企業の財務と比較すると，WFPの会計・経理は遅れている，と付け加えた。

　職場内のネットワークに関する質問には第1に本部の財務部門のP-5あるいはP-4レベルの担当者，あるいは各種プログラムおよびロジスティクス担当者とのネットワークを挙げ，第2にカントリーオフィス（Country Office）および地域事務所

（Regional Bureau）の財務担当者とのネットワークを挙げた。

　職場外のネットワークに関しては，日本で外資系証券会社に勤務していた時の同僚・友人や幼なじみの友達以外，特にないと回答した。

　国際機関に定年まで勤務する予定か，という質問に対しては，たぶん定年退職まで勤務するであろうと答えた。なぜならば，50歳以降に日本で現在と同等レベルの転職をすることは難しいだろうと考えるからである。

　満足度に関する質問に対しては，職務満足と生活満足のバランスが重要であると答えた。日本にある外資系企業で仕事中心の生活を長期間行う中で，仕事満足だけではなくある程度生活満足が必要であると考えるようになった，と答えた。

　日本での勤務経験の有益性について質問したところ，日本での勤務経験というよりは，外資系企業での職務経験が有益であると答えた。理由として，まず英語で仕事をしていたので現在の職場で違和感がないこと，第2にWFPで職務を遂行するために必要最低限の知識を外資系企業で身につけることができたことを挙げた。

　職業の選択時における所得の多少についての質問には，Oさんは独身であることから，ある程度の所得があればよく，必ずしも高額の所得は必要ない，と答えた。国際機関の給与については，書面に記載される給与額は低いように見えるかもしれないが，教育補助手当（子供一人につき年額最高約150万円）があること，および表示される年収が税引きであることを考慮すると，国際機関の給与は低くないと答えた。

　仕事をするうえでの心構えは，「良心に恥じない仕事をすること」と答えた。

　なお，WFPはローテーション政策を採用しており，職員は通常4年間，最高6年間まで同一勤務地に勤務した後，他国の事務所に転勤することになっている。Oさんはここ1～2年の内に次の勤務地，あるいは次のポストを決めなければならないと述べた。

　　追記：OさんはWFP聴き取り調査を行った翌年にWFPバンコク事務所に転勤し，Senior Regional Finance and Administration Officer（P-5）として勤務している。

Oさんのキャリア・パス

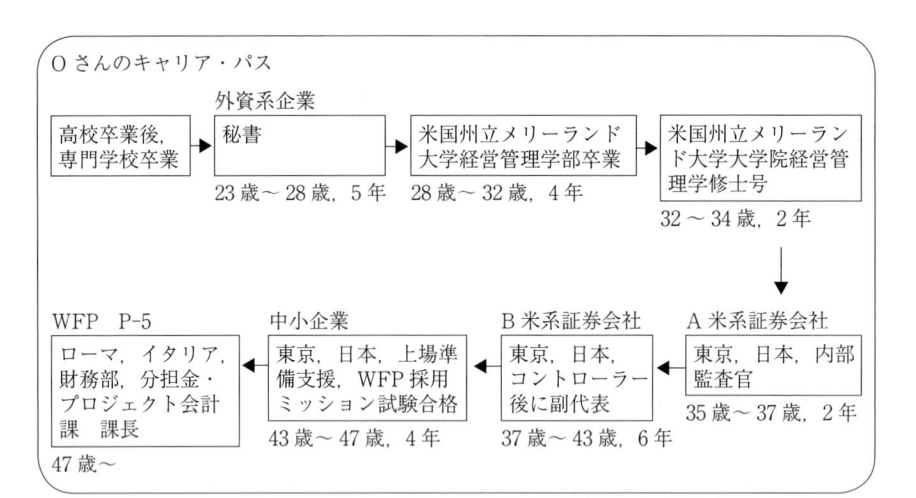

高校卒業後，専門学校卒業

外資系企業
秘書
23歳〜28歳，5年

米国州立メリーランド大学経営管理学部卒業
28歳〜32歳，4年

米国州立メリーランド大学大学院経営管理学修士号
32〜34歳，2年

A米系証券会社
東京，日本，内部監査官
35歳〜37歳，2年

B米系証券会社
東京，日本，コントローラー後に副代表
37歳〜43歳，6年

中小企業
東京，日本，上場準備支援，WFP採用ミッション試験合格
43歳〜47歳，4年

WFP P-5
ローマ，イタリア，財務部，分担金・プロジェクト会計課 課長
47歳〜

―――――――――――――――――――― Interview

Pさん 女性　45歳（聴き取り調査時）
東京都出身

ILO（国際労働機関）
本部基準・労働における基本的
原則および権利課（児童労働撲
滅計画）上級人事担当官，（P-4）
勤務地：スイス，ジュネーブ

　Pさんは高校生の時エチオピアでの飢餓や難民のテレビ報道を見，国連の活動に興味を持ったという。国連で働くためには英語を身につけなければならないと考え，成蹊大学文学部英米文学科に進学する。大学卒業後は，米国デラウェア大学大学院で国際関係論と行政学を専攻し，修士号を取得する。大学院生時に外務省が主催するAE選考試験を受験し合格，赴任するまでの1年半は日本の民間会社で派遣社員として働く。

　1990年，26歳の時にアフリカ，モーリシャスのUNDP事務所でプログラム・オフィサーのJPOとして国際機関でのキャリアを開始する。UNDPでの2年間のJPOを修了した後，3年目はジュネーブのUNボランティア事務所でエリア・オフィサーとして働く。この年にILOの採用ミッション，国連職員競争試験，WFPの採用ミッション等の試験に合格する。ILOから一番早く正規職員のオファーがあり，ILOで働くことを決める。

　Pさんは1993年，30歳の時にILOでP-2の人事担当の正規職員となった。このポストに5年間働いた後，35歳の時にP-3に昇進し，職員の選考パネルを担当する係長として2年間働く。2000年にはP-4に昇進し，職員採用・配置転換課の長となり，採用・配置転換のための業績評価センター運営および，加盟国における採用ミッションを統括する。2005年，42歳の時に世界児童労働撲滅計画及び宣言推進国際計画の人事責任者となり，現在に至っている。

　Pさんは，26歳の時に国際機関でのキャリアを開始し，19年間勤務している。非正規職員であるJPO時代にはUNDP，UNVでプログラム・オフィサーとして勤務したが，ILOで正規職員となってからは同機関の人事部門で内部昇進している。JPOのプログラム・オフィサーとして働いた最初の2年間は開発途上国での勤務であったが，それ以降の勤務は先進国スイス，ジュネーブである。

　メンターについては，最初のモーリシャスの職場で，上司のベルギー人と現地のモーリシャス人のプログラム・ヘッドから国際機関内での働き方を教えてもらったと

いう。現在の職場ではメンターはいない，と回答した。

職場内のネットワークに関する質問には，5つのネットワークを挙げた。第1は世界児童労働撲滅計画に従事している本部および地域事務所のプログラム・マネージャーレベルの担当者とのネットワーク，第2はILOのフィールド事務所の代表とのネットワーク，第3はILO本部の人事担当者とのネットワーク，第4は国連共通システムに働く人事担当者及びトレーニング部門長とのネットワーク，第5は国際機関と関連のあるNGOとのネットワークである。

職場外のネットワークは2つあるという。第1は日本人にこだわらず，プライベートな時間に知り合った気の合った友人とのネットワーク，第2は子供を介し家族ぐるみの付き合いからのネットワークである。

国際機関入職後の自己啓発としては，語学（仏語，スペイン語）のコースを挙げた。次に，職場主催のマネジメントおよびリーダーシップの講習，加えて企業向けに外部機関が主催する人的資源に関わる各種セミナーへの参加を挙げた。

国際機関に定年まで勤務したいと考えているか，という質問には，あと10年位は働くつもりであるけれど，早期退職の可能性があると述べた。

満足度に関する質問に対しては，生活と仕事のバランスが大切であり，現在は特に家族との時間をなるべく作るように努力していると答えた。現在の満足度は5段階評価で5であるという。

日本での勤務経験に関する質問に関しては，有益であったと回答した。ILOの仕事を日本で働いた職場と関連することができ，労働組合の役割および職場における安全衛生の問題の理解の助けになった，と答えた。ただ，仕事がなくても居残りする日本の職場には違和感を覚えたそうだ。

職業を選択する際の所得の多少についての質問には，所得はあまり関係ないと答えた。自分の能力が発揮でき，人の役に立つ仕事をしたいと考えており，結果がすぐ目に見える現在の仕事に満足しているという。

仕事に対する姿勢については，「理想は持つけれど，現実的であること（Be idealistic but be realistic）」と回答した。

資料　175

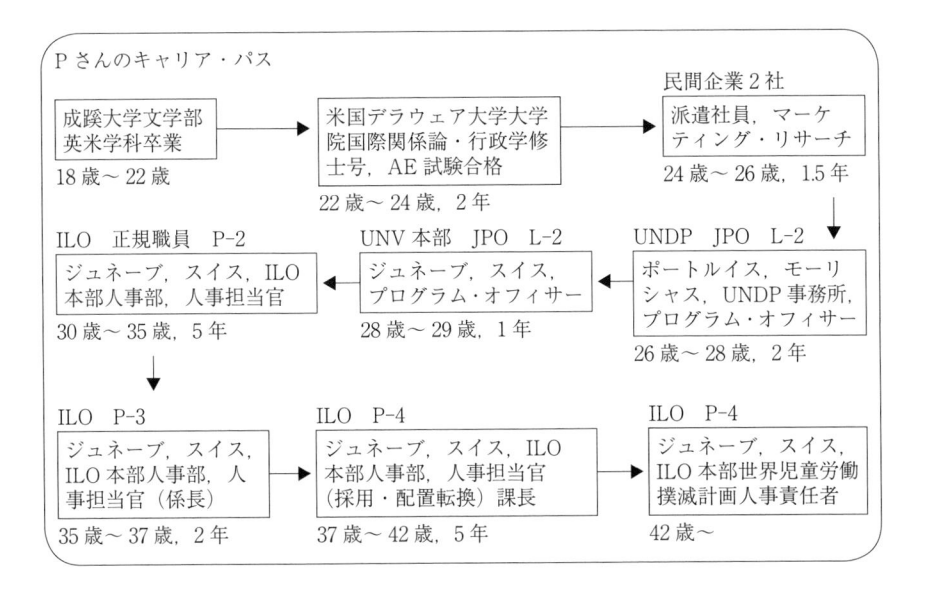

Pさんのキャリア・パス

```
成蹊大学文学部       →  米国デラウェア大学大  →  民間企業2社
英米学科卒業            学院国際関係論・行政学修      派遣社員，マーケ
18歳〜22歳              士号，AE試験合格            ティング・リサーチ
                        22歳〜24歳，2年           24歳〜26歳，1.5年

ILO　正規職員　P-2    UNV本部　JPO　L-2      UNDP　JPO　L-2
ジュネーブ，スイス，ILO ←  ジュネーブ，スイス，   ←  ポートルイス，モーリ
本部人事部，人事担当官    プログラム・オフィサー      シャス，UNDP事務所，
30歳〜35歳，5年          28歳〜29歳，1年            プログラム・オフィサー
                                                    26歳〜28歳，2年

ILO　P-3              ILO　P-4                ILO　P-4
ジュネーブ，スイス，   →  ジュネーブ，スイス，ILO →  ジュネーブ，スイス，
ILO本部人事部，人       本部人事部，人事担当官      ILO本部世界児童労働
事担当官（係長）         （採用・配置転換）課長      撲滅計画人事責任者
35歳〜37歳，2年          37歳〜42歳，5年            42歳〜
```

―――――――――――――――――――――――――― Interview

Qさん 女性　45歳（聴き取り調査時）
　　　　大阪府出身

> WHO（世界保健機関）
> 本部世界インフルエンザ・プログラム医務官（Medical Officer）（P-5）
> 勤務地：スイス，ジュネーブ

　Qさんは高校生の時，交換留学生として1年間米国で過ごす。大学は東京慈恵医科大学に進学し，在学中は米国で臨床研修のサマープログラム，大学卒業後は英国の病院で臨床研修を受ける。帰国後は母校の慈恵医科大学で医局員を務めながら感染症の分野で博士号を取得する。

　博士号取得後は，研究生として国立感染症研究所感染症情報センターに採用され，2年後の1999年には同センターの主任研究官となる。2002年，39歳の時に厚生労働省から感染症集団発生対策部に所属する医務官（P-5）の身分でWHOに派遣される。

　2004年に公募されたWHOの空席公告に応募し（応募者数はざっと670人，最終選考―いわゆるショート・リストには6名が残り，うち女性は2名），選考される。2005年からはインフルエンザ，SARSを含む危険病原体チーム，2006年からは世界インフルエンザ・プログラムを担当する正規職員（P-5）として勤務している。Qさんの仕事は「SARS」「鳥インフルエンザ」など新種の病原体の集団発生を防止することであり，集団感染が発生した場合には，現場で患者への治療・管理方法を決めると同時に，現場で感染を防止するための指揮を取る。また，パンデミックインフルエンザ準備計画のうち，患者の臨床管理，治療，感染制御などを担当する。

　Qさんは，感染症サーベイランスおよび感染症情報担当官として日本の国立研究所（厚生労働省管轄）で勤務していたところ，同研究所からの技術協力の一環としてWHOへ派遣され勤務を始める。WHOに勤務する中で，「SARS」「鳥インフルエンザ」などを経験し，日本と国際機関との橋渡し役としての地位を確立し，また自分の専門性が活かされる環境でもあることから，WHOの専門家としてのキャリアを選択する。QさんはWHOと関係の深い政府の研究機関で働いていたことから，将来WHOに派遣されることがあるかもしれないと漠然と考えてはいたが，研究所に入所した頃にはそのような可能性があることを知らなかったし，特にWHOで働くことを目指して研究所に入職したのではないという。

　メンターについての質問には次のように答えた。WHOで生き残り，正規職員とし

て働くことを真剣に考えるようになってから，会議などで他の職員から自分の存在を認められるように積極的に発言した。同時にメンターを自ら探し，すでに頭角を現していた英国人の女性管理職，ワーキング・マザーでひときわ才能とコミュニケーションテクニックに長けたフランス人女性にメンターになってもらった。その後，英国人の女性管理職とは直接の利害関係が生じたため，現在ではインフルエンザ・プログラムの長であり，長年の研究協力者である男性の日系アメリカ人部長と前述のフランス人女性にメンターになってもらっている。

仕事上のネットワークに関する質問には，4つを挙げた。第1は世界各地にいるインフルエンザおよび危険病原体の研究者・専門家とのネットワーク，第2は国際保健分野でのネットワーク，第3は臨床分野でのネットワーク，第4は集団感染制御の分野でのネットワークである。

職場外のネットワークは5つあるという。第1はWHOに働くワーキング・マザーのネットワーク，第2はインターナショナル・スクールで子どもの同級生を介した家族とのネットワーク，第3はジュネーブで近所に住む気の合う仲間とのネットワーク，第4は趣味のスキーや山のぼり・山歩き仲間とのもの，第5はジャーナリズム，特に新聞記者とのネットワークである。Qさんは2人の子供を育てるシングル・マザーであり家庭責任を負っている。また，仕事柄長期出張が多い。住み込みのお手伝いさんを雇っているが，長期出張の場合には上記の第1，第2，第3のネットワークの協力を得て子どもの面倒を見てもらっている。

WHO入職後の自己啓発について尋ねたところ，まず語学（仏語）コースの受講を挙げた。また，WHOが主催する「文化の多様性」「会議運営術」「プレゼンテーション」「コンフリクト・マネジメント」「ライティング・スキル」などの講習に参加している。

国際機関に定年まで勤務したいと考えているか，という質問には，分からないと答えた。将来，いい仕事，面白い仕事があれば検討する，と述べた。

満足度に関する質問に対しては，仕事が中心と答えた。現在の満足度は5段階評価で5だという。

日本での勤務経験に関する質問に関しては，医師として技術面では役に立ったが，WHOで働くうえ，生き残るうえで日本の経験は役に立っていない，と答えた。日本での平和な年功序列の組織観は通じず，資格や経歴よりも処世術やコネがものをいい，足の引っ張り合い，パワーゲーム，中国や韓国の日本バッシングとも戦わなければならない。

職業を選択する際の所得の多少についての質問には，仕事の報酬として，高い所得

は重要であり，最低条件であると答えた．現在勤務している WHO の待遇は良い，と答えた．

　仕事に対する姿勢については，「病気を診ずして病人を診よ」と「現場主義」を即答した．

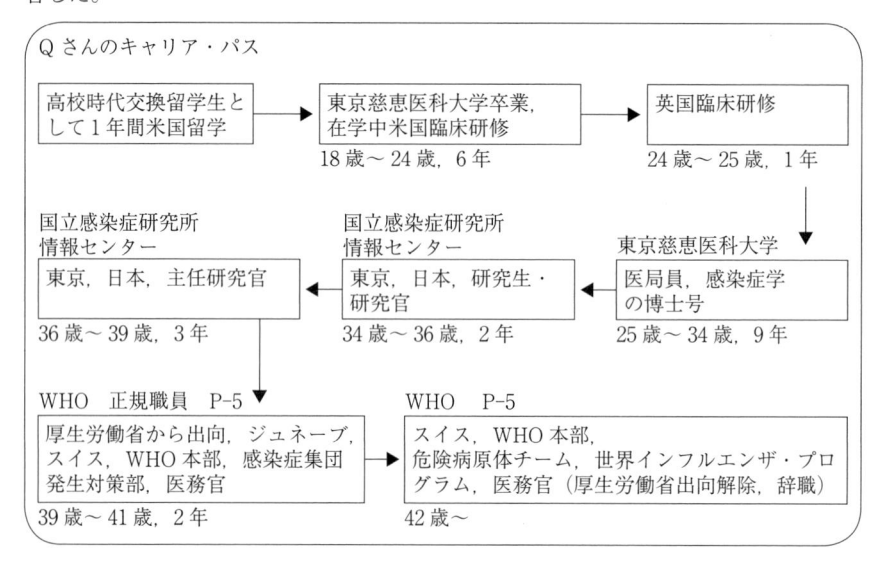

```
Qさんのキャリア・パス

┌─────────────────┐    ┌─────────────────┐    ┌─────────────────┐
│高校時代交換留学生と│ →  │東京慈恵医科大学卒業，│ →  │英国臨床研修      │
│して1年間米国留学  │    │在学中米国臨床研修  │    │                 │
└─────────────────┘    └─────────────────┘    └─────────────────┘
                        18歳〜24歳，6年          24歳〜25歳，1年
                                                        ↓
┌─────────────────┐    ┌─────────────────┐    ┌─────────────────┐
│国立感染症研究所    │    │国立感染症研究所    │    │東京慈恵医科大学   │
│情報センター        │    │情報センター        │    │                 │
│東京，日本，主任研究官│ ← │東京，日本，研究生・ │ ← │医局員，感染症学   │
│                 │    │研究官             │    │の博士号          │
└─────────────────┘    └─────────────────┘    └─────────────────┘
36歳〜39歳，3年         34歳〜36歳，2年         25歳〜34歳，9年
      ↑
┌─────────────────┐    ┌─────────────────┐
│WHO　正規職員　P-5 │    │WHO　P-5          │
│厚生労働省から出向，ジュネーブ，│ │スイス，WHO本部， │
│スイス，WHO本部，感染症集団│ │危険病原体チーム，世界インフルエンザ・プロ│
│発生対策部，医務官  │    │グラム，医務官（厚生労働省出向解除，辞職）│
└─────────────────┘    └─────────────────┘
39歳〜41歳，2年         42歳〜
```

―――――――――――――――――――――――――― Interview

Rさん　女性　41歳（聴き取り調査時）
　　　　千葉県出身

| WHO（国際保健機関）本部スイス・ジュネーブ事業計画・予算計画部予算調整官（P-4）勤務地：スイス，ジュネーブ |

　Rさんは日本で教育を受け，大学はお茶の水女子大学文教育学部英文科に進学した。大学を卒業したのは，男女雇用機会均等法が施行され，総合職制度が開始された直後だったことから，民間企業に総合職として就職した。就職してから3年後に社内の派遣奨学生に選抜され，米国ペンシルバニア大学経営大学院，ウォートン・スクールに2年間留学しMBA（経営学修士）を取得する。留学から帰国した後，本社で人事とイベント企画の分野で3年間勤務したが，女性にとっての条件は厳しく，日本の企業でやりがいある職務に就くことはできないだろうという結論に達した。それならば，関心のある国際協力の場で働きたいと考え，30歳の時に辞職，国際協力分野でのキャリアを模索する。

　会社を退職した後は，国連開発計画（UNDP）駐日事務所で半年間アルバイトとして働き，その後，NPOの「日本フォスター・プラン協会」に就職，寄付者広報・企画などを担当しながら1年間勤務する。この間に外務省主催のAE試験とILOの採用ミッションの試験を受け，両試験に合格する。ILOからP-2レベルで正規職員の「内部監査（Internal Audit）」のポストをオファーされ，ILO本部で勤務することを決める。32歳であった。

　ILOで内部監査部に2年間勤務した後，予算部（Program Management）に移り，P-3に昇格する。予算部には4年間勤務した。

　38歳の時，WHOで公募されていたP-4レベルの「予算・財務官（Budget and Finance Officer）」のポストに応募，採用される。WHOでは財務分野の仕事を3年間担当した。現在は2008年の機構改革に伴い，WHOの予算計画書を作成するポストに配置転換されてた。

　Rさんは国際機関で働くことを特に志望したことはなかったが，米国留学中に国連のカンボジアでのPKO活動を知ったことが，国際協力分野で働く可能性について考えるきっかけになった，と述べた。日本の民間企業で女性の活用が進んでいなかったことがRさんを国際協力の分野で働く決意をさせたと考えられる。

　Rさんは国連共通システム内の機関で9年間勤務しており，この間に2つの機関

(ILO, WHO)で4つのポストを経験している。現在は，自分が後半の人生で何を選択したいか模索していると答えた。

初職でのメンターについての質問では，最初のILOの職場でメンターを含め自分の職業観に影響を与える上司，同僚に出会えなかった，と答えた。デンマーク人の現在の直属の上司がメンターと言えるそうだ。この人は能力が高く，今までの職業人生の中で初めて出会った尊敬できる上司であると述べた。

現在の仕事（WHOの予算作成）における職場内でのネットワークとして，Rさんは2つを挙げた。まず第1は，職務との関連で担当している技術部門の部長レベルのプログラム担当者，あるいは内容によっては庶務担当の事務職員とネットワークであり，第2はWHO本部，財務部門と調整を行う際の担当者とのネットワークである。なお，職場外のネットワークは特に持っていないと答えた。

国際機関入職後の自己啓発に関する質問には，フランス語と機関が実施する各種研修への参加と答えた。

定年まで国際機関に勤務する予定か，という質問には，分からない，と答えた。将来はオープンであり，国際機関の職場に固執する気持ちはないと回答した。

満足度に関する質問に関しては，仕事は自分にとって重要なものであり常に真摯に取り組む姿勢を持っているものの，仕事と生活のバランスが大切であり，人生は仕事だけではないと答えた（追記：聴き取り調査から，Rさんはかなりの時間を仕事に費やしているという印象を受けたが）。

日本企業で働いた経験が役立っているか，という質問には，日本の会社の厳しい条件下で苦労したことが打たれ強くさせた，と述べた。技術的な面では，日本企業での経験がとりわけ役立ったとは感じていないそうだ。国際機関の職務に就くには専門性が必要で，日本であれ外国であれ実務経験を要することに変わりはない，と述べた。

職業選択時に所得の多少は重要な要素となるかという質問には，所得の減少は躊躇しないし，今までも所得が減少した選択を行ってきた，と答えた。現在の仕事では，仕事の内容だけでなく，金銭的にも満足していると言う。

仕事・キャリアに対する姿勢についての質問には，「確信を持つこと，それができなければ確信できるまで考え続けること」と答えた。

Rさんのキャリア・パス

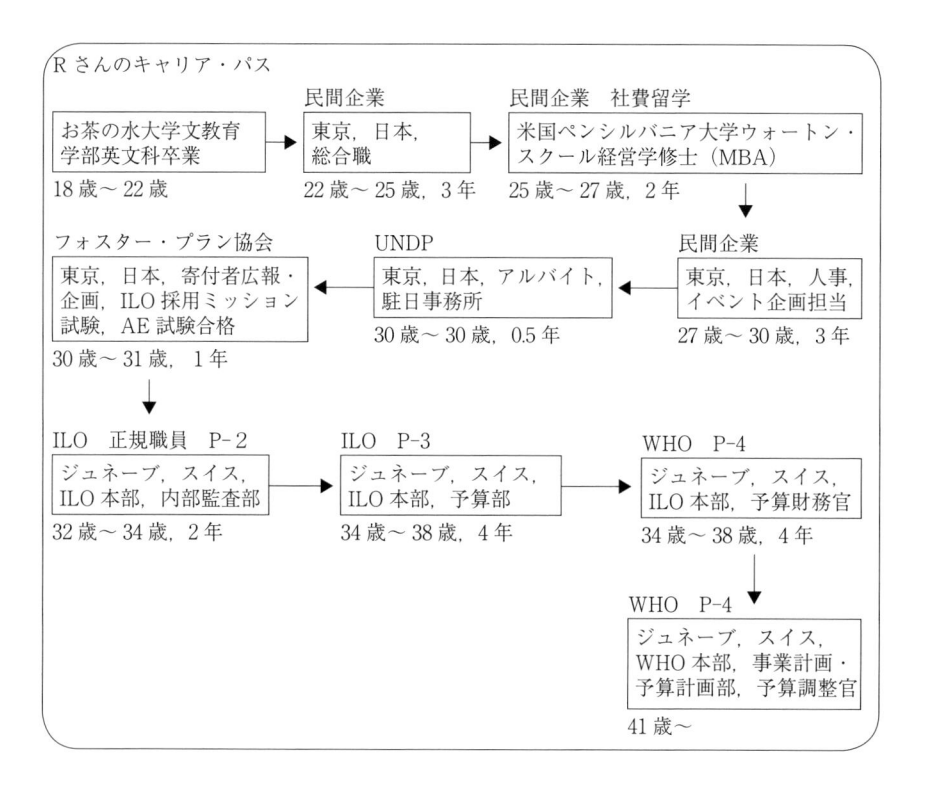

```
お茶の水大学文教育       民間企業          民間企業 社費留学
学部英文科卒業        東京, 日本,        米国ペンシルバニア大学ウォートン・
             総合職           スクール経営学修士（MBA）
18歳～22歳       22歳～25歳, 3年    25歳～27歳, 2年

フォスター・プラン協会   UNDP            民間企業
東京, 日本, 寄付者広報・  東京, 日本, アルバイト,  東京, 日本, 人事,
企画, ILO採用ミッション  駐日事務所         イベント企画担当
試験, AE試験合格
30歳～31歳, 1年     30歳～30歳, 0.5年   27歳～30歳, 3年

ILO 正規職員 P-2    ILO P-3          WHO P-4
ジュネーブ, スイス,    ジュネーブ, スイス,    ジュネーブ, スイス,
ILO本部, 内部監査部    ILO本部, 予算部      ILO本部, 予算財務官
32歳～34歳, 2年     34歳～38歳, 4年     34歳～38歳, 4年

                            WHO P-4
                            ジュネーブ, スイス,
                            WHO本部, 事業計画・
                            予算計画部, 予算調整官
                            41歳～
```

Interview

Sさん 女性　54歳（聴き取り調査時）
東京都出身

ILO（国際労働機関）
本部スイス・ジュネーブ内部監査室監査室長（D-1）
勤務地：スイス，ジュネーブ

　Sさんは日本で貧しい家庭で育ったという。両親の古い考えにより大学への進学は認められず，高校を卒業した後は専門学校で2年間学ぶ。専門学校卒業後，科学技術庁の外郭団体に就職し2年間勤務するが，職場の雰囲気になじめず辞職する。専門学校の紹介でロイズ国際銀行に転職し，6年間勤務し課長にまで昇進する。夜間には翻訳学校に通い1級翻訳士の資格を取得する。

　20代後半に入り，昔からの夢だった大学で学んでみたいという考えが強くなった。大学で10歳年下の学生と一緒に学ぶことができるだろうかと悩んでいると，友人が米国に留学することを勧めてくれ，米国ノースカロライナ州立大学に留学する。大学生活を経験するための短期留学のつもりで渡米したが，会計学の面白さに気づくとともに，大学が専門学校で習得した単位を認定したこともあり，Sさんは学位取得を目指す。2年後に会計学の学士号（B.S.）を取得する。

　大学卒業後はニューヨークにあるピートマーウィック公認会計事務所にエントリー・レベルの会計士（Accountant）として採用され3年間働く。この間に上級監査役（Senior Auditor）に昇進するとともに，CPA（米国公認会計士）の資格を取得する。

　ニューヨークでの会計事務所勤務時期は日本のバブル期と重なり，Sさんは日本企業の米国進出関連の仕事で多忙を極めた。昼も夜も土日もなく働き続ける生活に疑問を持つようになるが，国際結婚したこともあり米国で働き続けるためにはグリーン・カードが必要であり悩んでいたところ，知人が国連で働く選択肢を教えてくれるとともに，国連開発計画（UNDP）に働く日本人職員を紹介してくれた。

　管理部門で働く日本人職員が関係部署にSさんの履歴書を回覧したところ，Sさんの実務経験とCPAの資格が着目され，課長・部長レベルの面接が急遽行われた。Sさんは面接の後，長期間空席になっていた旅行課，会計担当官（P-3）のポストに直接採用される。Sさんはこのポストに2年半勤務した後，同じ旅行課のP-4の課長に昇進，さらに2年後に会計課のP-5のポストに抜擢され，1998年の春まで財務会計関係の職務を担当した。

1997年頃から夫とともにニューヨーク以外の土地で働いてみたいと話し合っていたところ，ILO本部（ジュネーブ），会計課の課長職のポスト（P-5）が公募されているのを知り，応募，採用される。45歳であった。

　ILOに採用された2年後，上司である財務・会計部長（D-1）が早期退職し，Sさんは部長職も兼務する。翌2001年には財務・会計部長（D-1）に抜擢され，Sさんはこのポストに7年間就く。2007年には，公募されていた内部監査室長（D-1）に応募，選考され現職にある。

　上記の略歴から分かるように，Sさんは国際機関を志望したことはなく，国際機関は自分には縁遠い存在であると考えていたそうだ。UNDPの旅行課，その後の会計課，ILOの会計課では職場内にそれぞれ問題があり，職場内の整備，機能強化並びにチーム・ビルディングに奔走したと言う。Sさんの努力，仕事に取り組む姿勢が短期間での昇進に結びついたといえる。

　Sさんは2つの国際機関（UNDP，ILO）で19年間勤務してきており，勤務地はいずれも本部である。

　メンターについての質問では，初職のUNDP旅行課ではメンターに出会わなかった，と述べた。しかし，ILO着任時に財務・会計部長であったカナダ人女性がSさんのメンターとなり，現在も人生の師である，と答えた。

　内部監査室長として，職場内のネットワークを4つ挙げた。まず第1は本部の部長以上の上級職員，および途上国事務所の所長・次長レベルの職員とのネットワーク，第2は他の国際機関で内部監査部門に働く部長レベルあるいは同等の職位の職員とのもの。第3は銀行やコンサルタント会社など民間セクターの国際機関担当者とのネットワーク，第4は内部監査の仕事に就くまで参加していた各種委員会等で知り合い，親しくなった他部署の職員とのネットワーク，と回答した。

　職場外のネットワークは2つあり，第1は子供たちが通うインターナショナル・スクールやスポーツクラブの親たち。国際機関や政府機関に働く親が多いそうだ。第2は以前働いていたUNDPやピートマーウィック時代の友人，と答えた。

　入職後の自己啓発に関する質問には，仕事を通じて自己啓発を行ったと答えた。本来の職務以外に，他部門の職員とともに協議を行う各種委員会や選考パネル等に参加した経験が組織全体のマネジメントへの理解，ネットワーク作り，部下の訓練・育成に寄与したと述べた。

　定年まで国際機関に勤務する予定か，という質問には，定年までILOで働き続けるであろう，と答えた。定年退職するまでに，開発途上国で働きたいそうだ。

　満足度に関する質問に対しては，ジュネーブは仕事と生活のバランスを取りやすい

環境にあると答えた。現在，2人の子育ての負担が少なくなった分，仕事中心の生活を送っており，総合満足度は非常に高い，と述べた。

日本での勤務経験が役立っているか，という質問にSさんは若い時に多岐にわたるアルバイトを行い，人の気持ちが分かるようになり，加えて，銀行勤務時代は監査される立場にあり，その経験がピートマーウィック並びにILOの監査の仕事を遂行するうえで役に立っているという。

職業選択時に所得の多少は重要であるか，という質問には，金銭で重要なことは決めない，と答えた。仕事の内容に手ごたえを感じ，組織と社会の役に立っているか否かが重要であると答えた。

仕事に対する姿勢についての質問には，「この道より我を活かす道なし。この道を行く」と答えた。

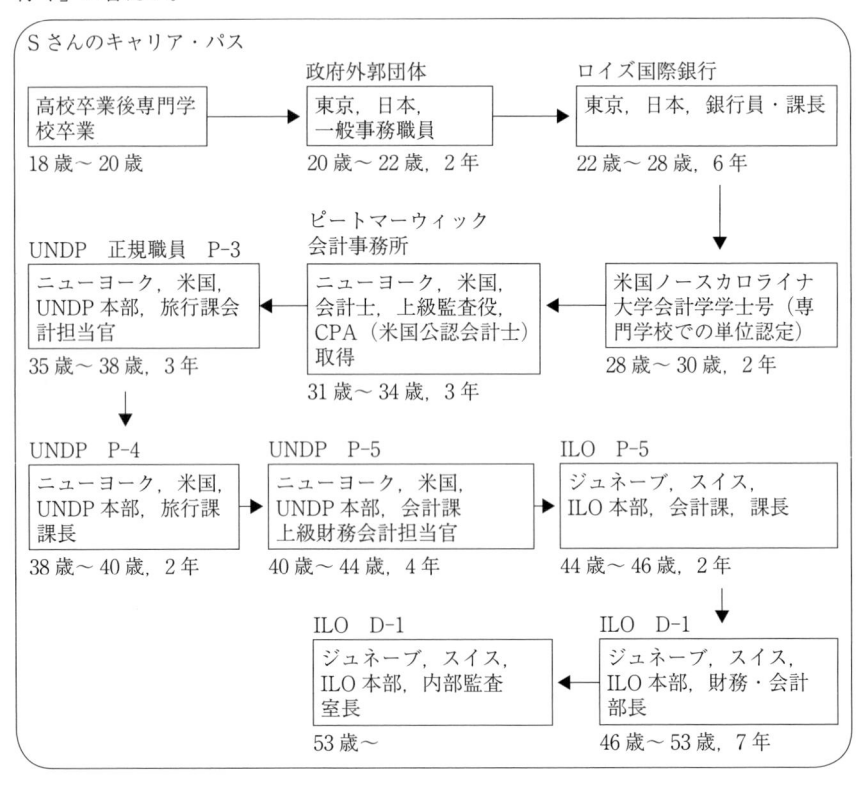

Sさんのキャリア・パス

	政府外郭団体	ロイズ国際銀行
高校卒業後専門学校卒業	東京，日本，一般事務職員	東京，日本，銀行員・課長
18歳〜20歳	20歳〜22歳，2年	22歳〜28歳，6年

UNDP 正規職員 P-3	ピートマーウィック会計事務所	
ニューヨーク，米国，UNDP本部，旅行課会計担当官	ニューヨーク，米国，会計士，上級監査役，CPA（米国公認会計士）取得	米国ノースカロライナ大学会計学学士号（専門学校での単位認定）
35歳〜38歳，3年	31歳〜34歳，3年	28歳〜30歳，2年

UNDP P-4	UNDP P-5	ILO P-5
ニューヨーク，米国，UNDP本部，旅行課課長	ニューヨーク，米国，UNDP本部，会計課上級財務会計担当官	ジュネーブ，スイス，ILO本部，会計課，課長
38歳〜40歳，2年	40歳〜44歳，4年	44歳〜46歳，2年

	ILO D-1	ILO D-1
	ジュネーブ，スイス，ILO本部，内部監査室長	ジュネーブ，スイス，ILO本部，財務・会計部長
	53歳〜	46歳〜53歳，7年

―――― Interview

Tさん 女性　45歳（聴き取り調査時）
　　　　秋田県出身

UN-HABITAT（国連人間居住計画）
ジュネーブ事務所人道支援調整
官（P-4）
勤務地：スイス・ジュネーブ

　Tさんは秋田県で教育を受け，親の教育方針に従い地元の短大を卒業する。短大卒業後は，ロータリー財団の奨学金を得て，米国ミシガン州の大学に1年間留学した。帰国後，秋田市役所に3年半勤務するが，学費ができた時点で，米国に戻りニューヨーク州立大学で女性学を専攻し学士号を取得する。米国の大学を卒業した後は，ニューヨークにある日系の銀行に3年間勤務しながら学資を貯め，29歳の時にコロンビア大学大学院で開発経済の修士課程に入学，2年後に修士号を取得する。大学院在学中にはタイで国連（ESCAP）と国際NGO "Care International" のインターンシップに参加した。Tさんは市役所に勤務していた頃に性的役割分担の固定的観念に反発し生意気だと非難された経験から日本社会に対し懐疑的になるとともに理由を知りたいと考え，米国で女性学を学んだ。その後，金融の中心で仕事をする中で，性差別の問題と北と南の経済格差，開発途上国での貧困問題の根本に，弱者，権力の温存などの共通点を見出し，開発と女性がライフワークになるとして，開発経済学の修士取得につながった。

　大学院卒業後はアジアで仕事をしたいと考え，横浜市にある都市の自治体の連合でNGOでもある「CITYNET」で，アジア諸国の自治体のネットワークの構築，都市間協力事業を強化し，自治体の声を国連の場などで啓発し，自治体の能力を強化させ，分権化を推進する仕事に4年間就いた。

　35歳の時に国連ハビタットのアジア太平洋事務所が福岡に設立されるに伴いHuman Settlements Officerのポスト（L-5）が公募され，国連ハビタットのスタッフに勧められ応募したところL-3レベルで採用された。その後の機構改革で新しいレギュラー予算ポスト（P-4）ができ，それに応募し面接を経て採用され，昇進をする。HABITATの福岡事務所に8年間勤務した後は，ジュネーブで2006年から現職にある。現在はジュネーブ事務所をベースに，自然災害，紛争などの避難民や，危機的状況にあるコミュニティーの早期復興支援を行うために他の国際機関や，HABITATの現地事務所，現場の調整業務を行っている。パキスタン，バングラデシュ，ミャンマー等アジア地域で起きた災害時には現場に派遣され，住居復興対策や

関係機関との調整を担当した。

　Tさんは，35歳の時にUN-HABITATの空席に応募，選考され，採用された。Tさんは女性の社会学的問題を探求する中で，開発途上国の問題に関心を持ち，実際に仕事として関わるようになり，それらの経験が国際機関での勤務につながった。国際機関に入職する前には，地方自治体，民間企業（銀行），NGOとさまざまな分野で勤務し，UN-HABITATでは2カ国で10年間勤務している。Tさんは他の国際機関で勤務した経験はないので，Tさんの国際機関での働き方は内部昇進型と言える。

　メンターについては，最初の福岡の事務所では同僚，上司に恵まれた，と述べたが，特定のメンターはいなかった。現在の職場ではメンターはいない，と回答した。

　職場内のネットワークに関する質問には，5つのネットワークを挙げた。第1はアジア地域にあるHABITAT事務所，地域事務所の担当者とのネットワーク，第2はアジアの都市関連の団体（都市ネットワーク，地域のNGO，政府の担当省庁，大学などの研究機関），第3はUNDP，UNHCR，国連人道問題調整部（OCHA）など他の国際機関で人道支援の仕事を担当している職員とのネットワーク，第4は国際赤十字（IFRC）や国際NGOで緊急援助の仕事をしている担当者とのネットワーク，第5はHABITATのトップ・マネジメントとのネットワークである。

　職場外のネットワークは，ジュネーブで働く日本人の国連内外の職員とのネットワークはあるがその他は特にないと述べた。

　国際機関入職後の自己啓発としては，語学（仏語）コースの受講を挙げた。また，貧困層に行き渡る貸付け制度を学ぶためにペンシルバニア大学ウォートンスクールが主催したマイホームの資金付け（Housing Financing）短期研修コースに参加した。

　国際機関に定年まで勤務したいと考えているか，という質問には，どうなるか分からないが，80％位の確率で定年まで国際機関で働いているだろうと述べた。

　満足度に関する質問には，職務満足中心の生活を続けてきたが，2007年に体調を崩し，私生活を大切にしなければならないと考えている，と述べた。しかし，実際にワーク・ライフ・バランスを実現することは難しいとも答えた。満足度は5段階評価で4であるという。

　日本での勤務経験に関する質問に関しては，役に立ったと答えた。HABITATはまちづくりを支援する国際機関なので，秋田市役所に勤務した時期に，組織での動き方，自治体や都市計画の役割，住民サービスの仕組み，首長としてのリーダーシップなどについて学んだ，と回答した。また，市役所で働いた時の苦労も働くうえでのバネになっていると答えた。日本の組織で働いた経験が現在のHABITATの仕事で技術的に役立っていないが，日本にある国際機関での経験には感謝している，と述べ

た。

　職業を選択する際の所得の多少についての質問には，ある程度の所得は必要と考えるが，それ以上は必要ないという。現場でコミュニティーがエンパワーされた時の達成感をともに感じることの方が大切であると答えた。

　仕事に対する姿勢については，「声なき人々の目と耳と口になれ」と「現場主義」を挙げた。

　　追記：Tさんは聴き取り調査の翌年にUN-HABITATバンコク事務所長（P-5）に昇進した。

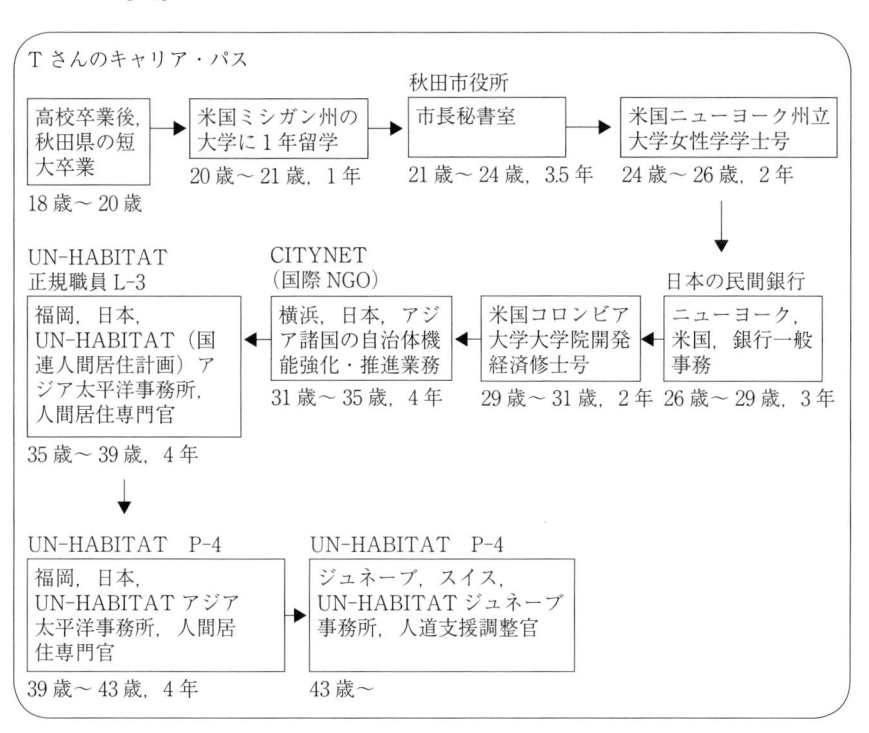

Tさんのキャリア・パス

高校卒業後，秋田県の短大卒業	→	米国ミシガン州の大学に1年留学	→	秋田市役所 市長秘書室	→	米国ニューヨーク州立大学女性学学士号
18歳〜20歳		20歳〜21歳，1年		21歳〜24歳，3.5年		24歳〜26歳，2年

UN-HABITAT 正規職員L-3		CITYNET（国際NGO）				日本の民間銀行
福岡，日本，UN-HABITAT（国連人間居住計画）アジア太平洋事務所，人間居住専門官	←	横浜，日本，アジア諸国の自治体機能強化・推進業務	←	米国コロンビア大学大学院開発経済修士号	←	ニューヨーク，米国，銀行一般事務
35歳〜39歳，4年		31歳〜35歳，4年		29歳〜31歳，2年		26歳〜29歳，3年

UN-HABITAT P-4	→	UN-HABITAT P-4
福岡，日本，UN-HABITATアジア太平洋事務所，人間居住専門官		ジュネーブ，スイス，UN-HABITATジュネーブ事務所，人道支援調整官
39歳〜43歳，4年		43歳〜

── Interview

U さん 男性，50 歳（聴き取り調査時）
北海道出身

元 UNIDO（国連工業開発機関）
東京事務所元上級工業開発官
（L-4）次長（2008 年当時）
中小企業診断士（現在）

　U さんは北海道で教育を受け，北海道大学経済学部に進学した。大学 4 年次に国費留学生として米国マサチューセッツ大学で 1 年間学び，大学卒業後は海外での活躍を考え海外事業を展開している新日本製鉄に就職した。国内勤務後，1984 年から 1 年間，タイのソンクラ郡の工事現場で働く。そうした中，新日鉄の海外事業の停滞もあって，1988 年に九州の八幡製鉄所地域開発プロジェクトに配属された。U さんは，将来も海外で仕事をしたいと考え，外務省主催が主催するアソシエートエキスパート試験を受験し，合格する。

　U さん 31 歳の時にケニアにある UNIDO ナイロビ事務所にアソシエートエキスパート（現 JPO）として赴任した。皮革産業排水処理プロジェクトのプロジェクト調整官として 2 年間勤務した後，短期契約のプロジェクト・スタッフとして 1 年間勤務した。この間に UNIDO 東京事務所に工業開発官の L-3 レベルの空席に応募し，選考され正規職員となる。U さんは UNIDO の工業調査官として開発途上国への技術移転のポストに 8 年間勤務した。この後 2003 年には同じ UNIDO 東京事務所で上級工業開発官（L-4）に昇進するとともに，UNIDO 東京事務所次長となる。U さんは，2003 年から職場の日常業務に加えて，「中小企業診断士」の資格取得を目指し専門学校に通い，2007 年に同試験に合格。2008 年には UNIDO を辞職し，中小企業診断士として独立し，現在に至っている。なお，独立後も UNIDO 本部からの要請で，数回にわたり短期コンサルタントの仕事を引き受けている。

　U さんは，UNIDO 東京事務所で L-4 に昇進する前後から，他機関への転籍も含め予算執行権限のある P-5/L-5 のポストに応募したが選考されなかった。（この理由の 1 つとして U さんが修士号を持っていなかったことが挙げられる。現在は，JPO 試験の応募要件に修士号の取得が義務づけられているが，U さんが受験した当時は大学卒の学歴で当該試験を受験することができた。修士号を持っていない U さんは，昇進審査の際に他の候補者に比べ学歴面で不利であったと考えられる。U さんは修士号と中小企業診断士の資格のいずれを取得するかで悩み，最終的には中小企業診断士の資格取得を選択した。）

Uさんは現在，UNIDOでの経験を活かし，中長期的には日本の地方企業の産業化・活性化への支援や，日本の中小企業の技術を開発途上国へ移転する仕事を行いたいと考えている。

　国際機関での最初の職場でメンターを持つことができたかという質問に，UさんはUNIDOのナイロビ事務所勤務時代に2人のメンターを持つことができた，と答えた。1人はドイツ人で，ナイロビ事務所での上司（職位はL-5）であり，よく一緒に出張したそうだ。もう1人はウィーン本部の担当課長のフィンランド人で，この人は開発途上国の現場で働くJPOに電話をし，仕事の進捗状況を尋ねる等，気配りのある対応をしてくれた。現在でもこのフィンランド人の元上司を尊敬しているという。また，UさんはUNIDO東京事務所勤務時代にはメンターと呼べる人には出会わなかったと回答した。

　職場内のネットワークに関する質問には，UNIDO東京事務所時の3つのチャネルを挙げた。まず第1は民間企業やJETRO（日本貿易振興機構），東京商工会議所，各自治体の産業振興公社，各種業界団体の担当官・職員とのネットワーク，第2は開発途上国への技術移転関係のチャネルで，先進国，開発途上国の関係する大学，研究機関，NEDO（独立行政法人新エネルギー・産業技術総合開発機構），AIST（独立行政法人産業技術総合研究所）とのネットワークである。第3はUNIDO本部のフィールド管理部に勤務する人事部，資金部，財務部の担当者を挙げた。第3のチャネルの担当者とは，職位がL-4に昇進してから関係が強まったという。

　職場外のネットワークとして，国際開発学会等の学会活動を通じての交流，大学の研究会，APIC（財団法人国際協力推進教会）の会員との交流，各種勉強会を通じての交流を挙げた。

　Uさんは国際機関に16年間勤務した後，定年退職を待たずにコンサルタントとして独立した。国際機関を辞職した最大の理由は，国際機関でL-5以上に昇進できる可能性が低いと判断したからであると回答した。

　職務満足度に関する質問に対しては，仕事満足と生活満足の両方が重要であると答えた。日本の民間企業での勤務経験の有用性についての質問に対しては，新日鉄で学んだ手順，段取りの立て方は国際機関および現在のコンサルタントの仕事に役立っている，と答えた。

　職業選択時に所得の多少は重要であるか，という質問には，Uさんの場合，転職する毎に所得は減少した，と答えた。新日鉄からUNIDOに転職しナイロビに着任した際には，所得が2割減になったが，現地の生活水準が低く，あまりお金を使うことなく生活できたので負担にならなかった，と答えた。さらに，UNIDOを辞め，コンサ

ルタントとして独立した最初の年は，収入が大幅に減少したが，2年目（聴き取り調査時）は収入増加の目途が立っており，所得の減少は職業選択に影響を与えていない，と答えた。

仕事を行う際に拠り所としている言葉は，「志高清遠（しこうしょうおん）」と答えた。Uさんは揮毫してもらった書を自宅の床の間に飾り，自分の志を確認できるようにしている，と答えた。

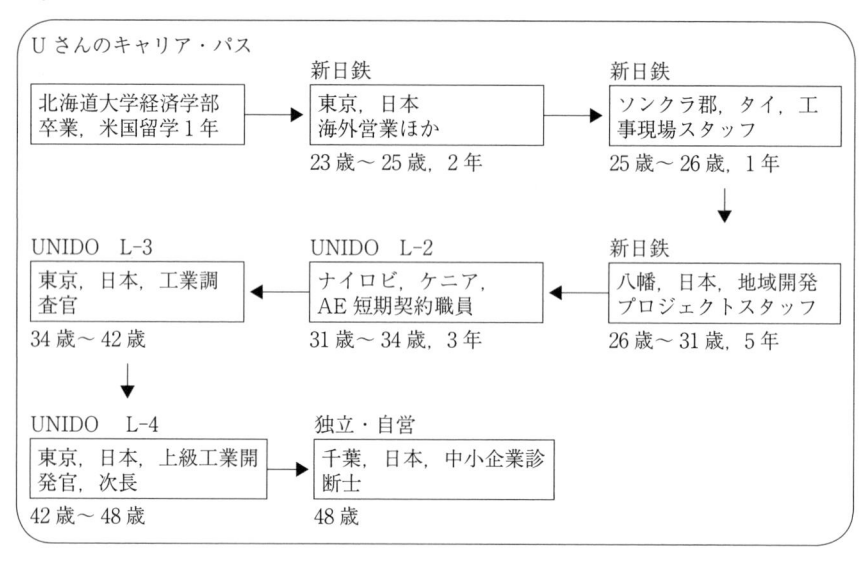

Uさんのキャリア・パス

北海道大学経済学部卒業，米国留学1年
→ 新日鉄　東京，日本　海外営業ほか　23歳〜25歳，2年
→ 新日鉄　ソンクラ郡，タイ，工事現場スタッフ　25歳〜26歳，1年
→ 新日鉄　八幡，日本，地域開発プロジェクトスタッフ　26歳〜31歳，5年
→ UNIDO　L-2　ナイロビ，ケニア，AE短期契約職員　31歳〜34歳，3年
→ UNIDO　L-3　東京，日本，工業調査官　34歳〜42歳
→ UNIDO　L-4　東京，日本，上級工業開発官，次長　42歳〜48歳
→ 独立・自営　千葉，日本，中小企業診断士　48歳

Interview

Vさん 男性　50歳（聴き取り調査時）
　　　　神奈川県出身

IFAD（国際農業開発基金）
ローマ本部財務・管理部財務室
財務官（D-1）
勤務地：イタリア，ローマ

　Vさんは高校時代から将来は国際的に働きたいと考え，大学では国際関係論を専攻し，在学中には交換留学生として米国で1年間国際政治学を学んだ。帰国後，就職活動の際には，海外で活躍する機会のある企業を受験し，最終的に大手メーカーに就職した。

　1982年の就職後，国際畑を中心に勤務し，1987～1989年までの期間，米国のビジネス・スクールに社費留学し，MBAを取得する。帰国後は，東京での勤務を続けながら，学士入学により法学士の学位も取得した。

　その後，1996年から2000年まで米国ワシントンD.C.での海外勤務で，通常のビジネスから一歩距離をおいた社会貢献活動を担当，またワシントンにある世界銀行，米州開発銀行，各種シンクタンク関係者との付き合いを通して，国際機関で働くことをより身近に考えるようになった。この頃，米国公認会計士（CPA）の資格取得を目指すことを決め，2001年の同試験合格を経て，ライセンスを取得する。

　Vさんは2003年，44歳の時にIFADが公募した財務官のポスト（D-1）に応募し，選考され，翌2004年にはローマに赴任し，現在に至っている。国際機関に勤務するまで，Vさんは20年以上日本の民間企業に勤務しており，それまでに転職の経験はない。

　メンターの有無についての質問には，VさんはILOに勤務する日本人職員の1人を挙げた。国際機関への応募を検討している中で出会い，有益なアドバイスを受けたことが，IFADへの就職につながったという。現在も勤務機関は異なるが，専門分野が同じその日本人職員をメンターとみなしていると答えた。また，ニューヨーク国連代表部とも何かわからないことがあれば相談・連絡をするようにしているそうだ。現在の職場であるIFADでは腹を割ってまで信頼して話をできる相談相手はいないと答えた。

　職場内のネットワークに関する質問に対しては，IFAD内の2つのネットワークを挙げた。第1はIFADの関連部局の事業部長レベルのもの，第2は職場内の監査委員会，投資委員会，マネジメント委員会等の職場横断的会議に出席する他部局の管理

職職員である。これらの職員の職位はVさんと同等レベルであるそうだ。

職場外のネットワークとして，国連共通システム内の他機関の財務担当者，およびローマに本部を置く国連3機関（FAO, WFP, IFAD）の財務官とのチャネルを挙げた。

国際機関に5年間勤務しているが，この間，国連共通システム内の財務担当者や世銀等の開発銀行系の財務担当者との情報交換ネットワークを通じて，財務分野での共通課題の共有や知識強化に努めていると答えた。

将来についての質問に，Vさんはこれからも財務といった専門分野を軸に，多くのグローバルな問題の解決の場を提供する国際機関に勤務し，自分の可能性を試すだけでなく，より多くの日本人職員が活躍できるような機会・道筋を作ってあげたいと考えていると答えた。

職務満足度に関する質問には，満足度は5段階評価で4レベルであると回答した。高度な専門知識とともに，さまざまな国の出身者からなるチームをリードするには多くのエネルギーが必要で，仕事面のストレスは想像以上であり，自分自身では見えない部分で家族への負担は大きくなってしまいがちだそうだ。このため，家族と仕事のワーク・ライフ・バランスは，息長く国際機関で満足な成果を挙げていくための最大の課題であると答えた。

日本の民間企業での勤務経験の有用性は大きい，と答えた。国際機関も結果を求められ，しかもその結果をより効率・効果的に提示しなければならず，この面で民間企業での経験は有益であると述べた。Vさんの民間企業でのキャリアの中で，特にワシントンでの社会貢献活動の職務経験はそれまでの職務と異なるものであり，国際機関への転職へのきっかけとなったという。一方，民間企業と国際機関の一番の違いは，人事政策である。民間企業の意思決定は一般的にトップダウンで行われるが，国際機関での意思決定はこれに比べるとより民主的で，部下の意見を取り入れながら，多くの人間を意思決定のプロセスに参加させるマネジメントが行われている，と答えた。毎年の人事評価には上司・同僚・部下からの評価（360°評価）が組み入れられ，雇用契約（通常，数年単位で見直して再契約）の条件としてチームのリーダシップが常に問われると述べた。

職業選択時に所得の多少は重要であるか，という質問には，Vさんは仕事を選択する場合，所得額にこだわらないが，ローマの住宅・医療事情は日本と異なり，家族が現地の生活に慣れるのには努力と工夫が必要と答えた。

仕事を行う際に拠り所としている言葉を尋ねると，「基本に戻ってみること」と答えた。Vさんは仕事で行き詰まった時，問題を解決できない時には基本に戻り，考え

てみるそうだ。最後に，Vさんは自分が組織や社会に対し何らかのインパクトを与えるとともに，1人でも多くの日本人職員が国際機関で能力を発揮し活躍できるような道筋・機会を提供して行きたいとの抱負を述べた。

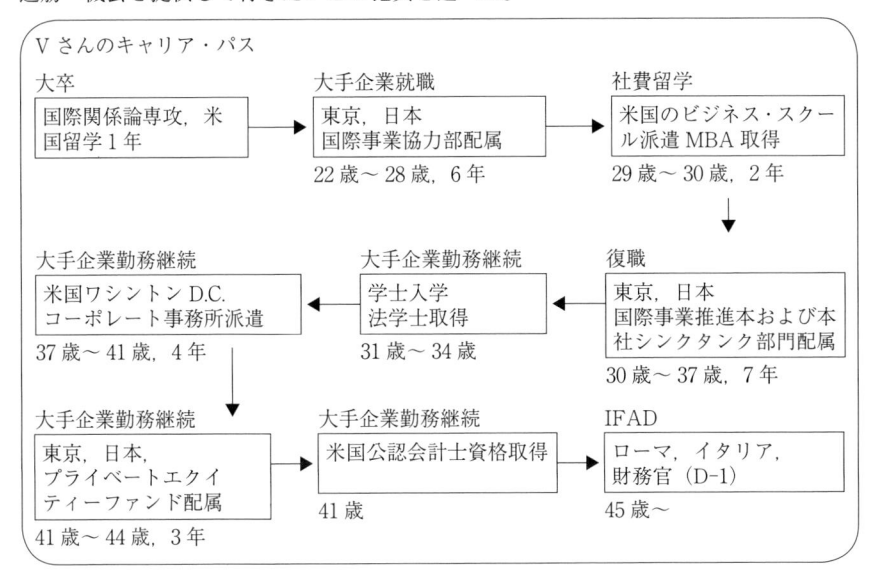

Vさんのキャリア・パス

大卒
国際関係論専攻，米国留学1年
↓
大手企業就職
東京，日本
国際事業協力部配属
22歳〜28歳，6年
↓
社費留学
米国のビジネス・スクール派遣 MBA取得
29歳〜30歳，2年
↓
復職
東京，日本
国際事業推進本および本社シンクタンク部門配属
30歳〜37歳，7年
↓
大手企業勤務継続
学士入学
法学士取得
31歳〜34歳
↓
大手企業勤務継続
米国ワシントンD.C.
コーポレート事務所派遣
37歳〜41歳，4年
↓
大手企業勤務継続
東京，日本，
プライベートエクイティーファンド配属
41歳〜44歳，3年
↓
大手企業勤務継続
米国公認会計士資格取得
41歳
↓
IFAD
ローマ，イタリア，
財務官（D-1）
45歳〜

Interview

Wさん 男性　48歳（聴き取り調査時）
　　　　福岡県出身

WHO（国際保健機関）
東地中海地域事務局伝染病管理部結核・エイズ・マラリア対策調整官（P-6）
勤務地：エジプト，カイロ

　Wさんは日本で教育を受け，高知大学医学部在学中に犬養道子著『人間の大地』を読み，海外で開発途上国の人々のために働きたいと考えた。その目的を実現させるため，Wさんは2つのことを実施することを考えたそうだ。第1は，英語の習得と臨床の経験をすること，第2は公衆衛生分野で職務経験を持つことであった。第1については，当時，国内で2つの要件を満たすのは在日アメリカ軍横須賀病院しかなかったので，インターンとして米軍病院で1年間，内科，外科，小児科，産婦人科の臨床を経験した。この間，いろいろな人に会い，将来計画の実現に向けて話を聞き，アドバイスを受けた。第2については，国内の48公衆衛生関係機関に空席の有無を尋ねる手紙を送り，結核予防会からポストをオファーされたことから，上記インターン終了時に結核予防会結核研究所に就職した。

　3年後に結核予防会から国際協力機構（JICA）のイエメン結核プロジェクトに出向し，現地で3年間働く。その後出向から戻り2年後に，現在勤務しているWHO東地中海事務局にP-4の短期契約の医務官として採用され，結核対策の仕事を行う。次の2年間はJICAからの出向という形で，同事務局での職務を継続する。当該契約が終了した1998年からはWHOのP-4レベルの医務官として正式に雇用され，2年後の2000年にはP-5の地域アドバイザーに昇進する。2003年から2004年の1年間は休職し，武見国際保健リサーチ・フェローとしてハーバード大学公衆衛生院で国際保健と結核の研究を行う。2004年に復職し，アフリカ中東地域での結核予防の普及の仕事を継続する。さらに2009年にはP-6（WHOにのみP-6がある：給与体系はD-1と同じ）の調整官（Coordinator）に昇進し，現在は結核に加え，エイズ・マラリア対策も担当している。

　上記の経歴から分かるように，Wさんは感染症対策の専門家とし一貫して開発途上国で勤務している。WHOに働くようになったきっかけは，JICAのイエメンでの仕事ぶりがWHO本部の当時の結核担当部長（日本人）に評価され，直接採用の依頼があったことである。

Wさんは34歳で短期契約の医務官としてWHOに入職し，37歳でP-4の正規職員としてWHOに採用された。WさんはWHOで13年間，専門家として感染症対策分野で3つのポストを経験し，内部昇進で職位はP-4からP-6に昇進している。Wさんの担当はWHO東地中海地域の22カ国で，感染症対策を推進させるために担当国への出張が頻繁にあるそうだ。

　初職でのメンターについての質問に2人を挙げた。1人はWさんを採用したWHO本部の日本人の結核部長であり，もう1人は直属のシリア人の上司である。最初のメンターからは間接的にアドバイスをもらい，もう1人のメンターからはきちんと仕事をすることを学んだそうだ。シリア人の上司は非常に優秀な人だったと述べた。現在，メンターはいないが，心置きなく相談できる同僚・上司はいると述べた。

　職場内のネットワークに関する質問に対しては次のように述べた。東地中海事務局には専門職以上の職員が約300名，一般事務職員が500名勤務しており，組織は4つの技術部門と人事・総務等を担当するAdministrationから構成されている。Wさんは結核・エイズ・マラリア・グループに所属しており，グループ内の専門家および関係するAdministrationの担当者とのネットワークを第1に挙げた。第2のネットワークはWHO本部の担当者および担当する22カ国政府内のパートナー，欧米の研究機関，拠出国機関の関係者等を挙げた。Wさんの仕事は専門化されており，職場，専門分野以外のネットワークは多くない，と答えた。

　入職後の自己啓発としては1年間休職（有給休暇）し，ハーバード大学大学院で過ごしたリサーチ・フェローの経験を挙げた。

　定年まで国際機関に勤務する予定か，という質問には，将来のことは分からない，と答えた。仕事が面白く，現在WHOを辞める予定はないそうだ。

　満足度に関する質問に関しては，5段階評価で最も高い5であると回答した。Wは満足度の要因としては職務満足度と答えた。

　日本の組織で働いた経験が役立っているか，という質問には，結核予防会で学んだ技術，物の考え方は現在の仕事に役立っていると答えた。

　職業選択時に所得の多少は重要な要素となるかという質問には，ある程度の生活ができればよいと考えていると答えた。自分の技術が役立つのであれば役立てたいと考えているそうだ。（Wさんの担当国の結核担当公務員の月給は，Wさんの日給くらいの収入で，彼らが一生懸命働いているのを見ると所得について文句は言えないと述べた。）

　仕事・キャリアに対する姿勢についての質問には，「技術的に正しい仕事をする，そして結果を行政に反映させる」「物事の本質を考え，単純化する」そして「結果を

出す」と答えた。

　追記：Wさんは2001年に世界結核予防連合よりDOTS（Directly Observed Treatment, Short-course, 直接監視下投薬管理）の普及に努めたことにより，Karel Styblo Public Health賞を授与された。日本人で唯一の受賞者である。Wさんは2010年国連パレスチナ難民救済機構（UNRWA）のヘルス・プログラム（Health Program）部長およびWHOの特別代表（D-2）に就任した。

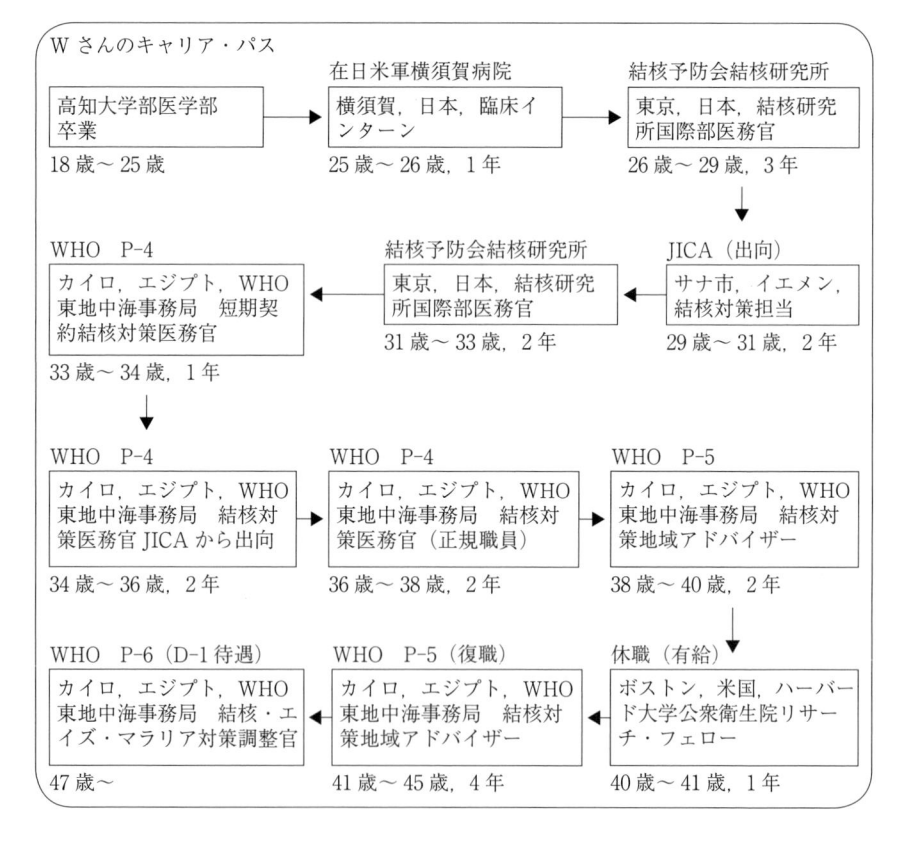

Wさんのキャリア・パス

- 高知大学部医学部卒業
  18歳〜25歳
- 在日米軍横須賀病院　横須賀，日本，臨床インターン
  25歳〜26歳，1年
- 結核予防会結核研究所　東京，日本，結核研究所国際部医務官
  26歳〜29歳，3年
- JICA（出向）　サナ市，イエメン，結核対策担当
  29歳〜31歳，2年
- 結核予防会結核研究所　東京，日本，結核研究所国際部医務官
  31歳〜33歳，2年
- WHO　P-4　カイロ，エジプト，WHO東地中海事務局　短期契約結核対策医務官
  33歳〜34歳，1年
- WHO　P-4　カイロ，エジプト，WHO東地中海事務局　結核対策医務官　JICAから出向
  34歳〜36歳，2年
- WHO　P-4　カイロ，エジプト，WHO東地中海事務局　結核対策医務官（正規職員）
  36歳〜38歳，2年
- WHO　P-5　カイロ，エジプト，WHO東地中海事務局　結核対策地域アドバイザー
  38歳〜40歳，2年
- 休職（有給）　ボストン，米国，ハーバード大学公衆衛生院リサーチ・フェロー
  40歳〜41歳，1年
- WHO　P-5（復職）　カイロ，エジプト，WHO東地中海事務局　結核対策地域アドバイザー
  41歳〜45歳，4年
- WHO　P-6（D-1待遇）　カイロ，エジプト，WHO東地中海事務局　結核・エイズ・マラリア対策調整官
  47歳〜

―――――――――――――――――――――――――――――――――― Interview

Xさん 男性，51歳（聴き取り調査時）
フィンランド出身

XさんUNDP（国連開発計画）
本部Evaluationオフィス上級評価アドバイザー（P-5）
勤務地：米国，ニューヨーク

Xさんは自国フィンランドで大学院修士課程修了まで教育を受け，ヘルシンキ大学，大学院で地理学を専攻した。修士課程修了後は，スウェーデンにあるルンド大学の博士課程に進学する。博士課程在籍中に，フィンランド政府がIFAD（国際農業開発基金）に派遣するアソシエート・エキスパートを新聞で募集しており，応募したところ採用される。

IFAD本部でアジアおよび中東地域の農業開発の仕事を3年間行った後，Xさんはスカンジナビア・アフリカ研究所の研究員となり，博士論文の完成に専念した。1989年にスウェーデン，ルンド大学から社会・経済地理学の博士号を取得した後は国際開発の専門家となるべく，フィンランド政府およびスェーデン政府のODA事業ならびにIFADの事前調査・事後評価を担当する開発コンサルタントとして働く。この時期にパリ本部のUNESCO生態科学分野のポスト（P-3）に応募したところ，日本に本部を置く国連大学（UNU）から学術担当官（環境担当）のポスト（P-3）を打診され，受諾する。Xさんは33歳の時，国連大学に赴任した。

国連大学での仕事は国際開発分野と科学分野が結合したものであり，Xさんは国連大学に採用されてから5年後に職位がP-4に，さらに2年後にP-5に昇進した。Xさんは国連大学での9年間の勤務で環境分野の専門家としての地位を確立した。Xさんはその後，地球環境ファシリティ（GEF）の専門家（P-5と同等）として世界銀行本部に転籍する。世界銀行に3年間勤務した後，国連開発計画（UNDP）本部のポスト（P-5）に応募し，6年前にUNDPに転籍した。

UNDPでの最初の4年間はプロジェクトの環境面における評価，国際会議への参加，UNDP全体における環境分野の政策・戦略の立案などであった。しかし，その後の2年は評価部門のチーム・リーダーとして，専門職職員4名，一般事務職員1名を指揮しながら，UNDPのすべてカントリー・プロジェクトおよび地域プロジェクトの評価全般を統括している。

Xさんは，国際機関でのキャリアを27歳で開始してから現在まで4つの国際機関で働き，3カ国で勤務してきた。現在，担当地域がアジア，ヨーロッパ，中東である

ためこれらの地域に頻繁に出張しているが，勤務地はいずれも国際機関の本部である。また，キャリアの初期に国際開発の専門家を目指し，次に環境分野の専門家となったが，現在は国際開発と環境分野が統合した持続可能な開発分野の専門家として働いている。

国際機関での最初の職場でメンターを持つことができたかという質問に，メンターとはいえないが，IFADのノルウェー人の上司と年配のイタリア人の職員が己の信念を大切にしながら国際組織で働くことの大切さを教えてくれた，と答えた。また，着任2カ月後に職場の長期出張に同行した際，チーム・リーダーであった年配の日本人男性職員が国際機関での働き方を教えてくれたという。加えて，国連大学勤務時代には，アメリカ人の副総長から学術面での指導を受けた。現在の職場では，32年間UNDPで働いているバングラデシュ人の上司（D-1）から，マネジメントの仕事を行いながら同時に専門家であることの難しさを指摘され，次のステップに向け考えなければならない事柄等を話し合っているという。

職場内外のネットワークについての質問には3つのチャネルを挙げた。まず第1はローマでのアソシエート・エキスパート時代の友人たちである。この時期に知り合った友人とは国籍が異なっても連帯感を持つことができ，専門分野や勤務機関が異なるが，その多くは現在国際機関や自国のODA（政府間援助）プロジェクトにおいて中核ポストに就いているという。第2は環境分野の専門家チャネルである。このネットワークは国際機関，大学研究機関と横断的に全世界に広がっているそうだ。第3番目は国連大学勤務時に知り合った日本人職員ネットワークである。Xさんは勤務機関の中で日本の国連大学での勤務が9年間と最も長く，そこで知り合った日本人との関係を現在も維持しているそうだ。その内の数名は現在，ニューヨークの国際機関や大学に勤務している。

国際機関に定年退職まで勤務する予定か，という質問には今後出会う機会次第であると回答した。Xさんは専門分野での仕事に興味を持っており，マネジメントの仕事にあまり興味がない。今後，昇進の機会はあるかもしれないが，それ程上位のポストに就くことを望んでいないという。それよりも，専門分野との関連で興味深い仕事がオファーされれば，それが国際機関であるかどうかに問わずそちらを検討したいと答えた。

職務満足に関する質問に関しては，家族もあるので職務満足と生活満足のコンビネーションが重要と答えた。

日本での職務経験の有益性については，日本で働いたことを通じ，規律，思慮深さ，丁寧さを学んだと述べた。

仕事を選択する場合，所得の多少は重要かという質問に対しては，重要ではあるが，それほど大きな要素ではない，と回答した。たとえば，興味を引く仕事であれば給与が20％程度低くなっても真剣に検討する，と述べた。

仕事への姿勢としては，意義のある仕事に取り組むこと，国際的な場で仕事をすることと答えた。

Xさんは高校時代に受けた授業から地球規模の問題に興味を持ち，地理の先生との出会いから大学で地理学を専攻することを決め，これが国際的キャリアを選択するきっかけとなったと述べた。最後に，自分は先輩の職員から有益なアドバイスを受けながら，現在の地位まで到達してきたと回顧した。現在は，特に環境分野でキャリアを積んでいる若手職員に適宜アドバイスを与えることを心がけていると述べた。

追記：Xさんは聴き取り調査の翌年，UNDP評価オフィス，部次長（D-1）に応募・選考された。

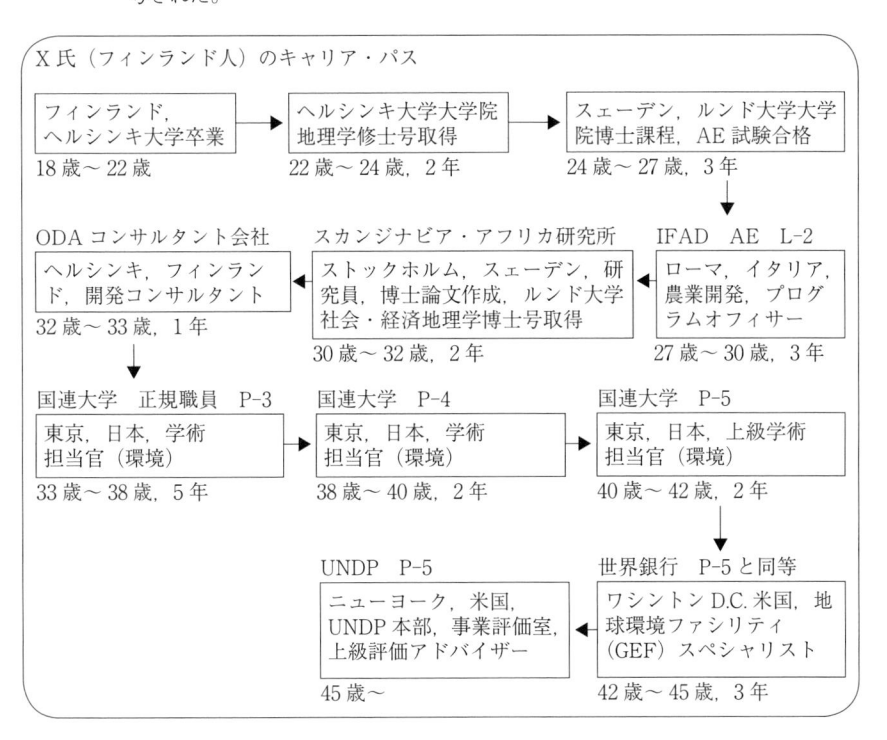

X氏（フィンランド人）のキャリア・パス

フィンランド，ヘルシンキ大学卒業	→	ヘルシンキ大学大学院 地理学修士号取得	→	スェーデン，ルンド大学大学院博士課程，AE試験合格
18歳〜22歳		22歳〜24歳，2年		24歳〜27歳，3年

ODAコンサルタント会社	←	スカンジナビア・アフリカ研究所	←	IFAD AE L-2
ヘルシンキ，フィンランド，開発コンサルタント		ストックホルム，スェーデン，研究員，博士論文作成，ルンド大学社会・経済地理学博士号取得		ローマ，イタリア，農業開発，プログラムオフィサー
32歳〜33歳，1年		30歳〜32歳，2年		27歳〜30歳，3年

国連大学 正規職員 P-3	→	国連大学 P-4	→	国連大学 P-5
東京，日本，学術担当官（環境）		東京，日本，学術担当官（環境）		東京，日本，上級学術担当官（環境）
33歳〜38歳，5年		38歳〜40歳，2年		40歳〜42歳，2年

UNDP P-5	←	世界銀行 P-5と同等
ニューヨーク，米国，UNDP本部，事業評価室，上級評価アドバイザー		ワシントンD.C.米国，地球環境ファシリティ（GEF）スペシャリスト
45歳〜		42歳〜45歳，3年

付表1
電子メールを使った第1次質問紙調査日本人正規職員（170名）男女別集計値

合計／男性／女性（回答者数＝170）

問1　あなたは日本で働いた経験はありますか。

	合計	男性	女性
a．あり	134	67	67
b．なし	30	12	18
合　計	164	79	85

問2　問1で「あり」と回答した人に尋ねます。日本で働いていた組織の種類を教えてください。（複数可）

	合計	男性	女性
a．民間企業	85	41	44
b．研究機関	24	13	11
c．官公庁	28	19	9
d．NGO/NGOs	11	4	7
e．自営業	1	1	0
f．日本にある国連機関	10	3	7
g．その他	7	3	4
合　計	166	84	82

問3　問1で「あり」と回答した人に尋ねます。日本での勤務年数を教えてください。

N.A. ＝ 37人

	合計	男性	女性
	6.72	9.34	4.10

問4　あなたは国際機関に入職するまでに転職した経験はありますか。

	合計	男性	女性
a．なし	33	18	15
b．1回	60	31	29
c．2回	34	11	23
d．3回	21	13	8
e．4回	2	5	7
f．5回	0	3	3
g．5回以上	2	2	4
合　計	77	85	162

問5　日本での転職回数を教えてください。

	合計	男性	女性
a．なし	81	46	35
b．1回	27	7	20
c．2回	16	8	8
d．3回	11	6	5
e．4回	1	0	1
f．5回	0	0	0
g．5回以上	3	2	1
合　計	162	69	70

問6　あなたは国際機関に入職する前に所属していた組織の職務内容に満足していましたか。

	合計	男性	女性
a．はい	97	51	46
b．いいえ	45	18	27
合　計	142	69	73

問7 あなたが国際機関で働く準備を始めたのは何時頃ですか。

	合計	男性	女性
a．高校生以下	8	4	4
b．大学生／大学院生	58	19	39
c．卒業後〜29歳	51	26	25
d．30歳〜34歳	25	11	14
e．35歳〜39歳	5	3	2
f．40歳〜44歳	9	7	2
g．45歳〜49歳	5	5	0
h．50歳以上	1	1	0
合　計	162	76	86

問8 あなたが正規国際公務員になったのは何歳頃ですか。

	合計	男性	女性
a．20歳〜24歳	7	1	6
b．25歳〜29歳	53	18	36
c．30歳〜34歳	66	33	33
d．35歳〜39歳	16	9	7
e．40歳〜44歳	15	10	5
f．45歳〜49歳	5	5	0
g．50歳以上	3	3	0
合　計	165	78	87

問9 あなたが国際機関に入職した方法を教えてください。

	合計	男性	女性
a．空席応募	37	24	13
b．AE/JPO/APO	58	21	37
c．出向	5	4	1
d．採用ミッション	15	7	8
e．YPP	11	5	6
f．その他	24	12	12
合　計	150	73	77

問10 あなたが国際機関で働こうと考えた志望動機を教えてください。（複数回答可，3つ以内）

	合計	男性	女性
a．世界平和に貢献したい	56	26	30
b．開発途上国の人／難民を助けたい	100	50	50
c．専門性を生かしたい	97	54	43
d．海外で生活したい	39	22	17
e．背景（文化，宗教など）の異なる人と一緒に働いてみたい	77	33	44
f．その他	17	7	10
合　計	386	192	194

問11 国際機関で働いてゆくために，あなたが最も重要だと思う要素を下記から3つ以内で答えてください。

	合計	男性	女性
a．適応能力	104	41	63
b．専門性	78	48	30
c．交渉能力	39	22	17
d．語学力	97	47	50
e．積極性	49	21	28
f．リーダーシップ	21	13	8
g．関連分野での職務経験	21	9	12
h．海外居住経験	8	3	5
i．ローカル・スタッフとの調整能力	20	10	10
j．国連の事業内容に関する理解	9	4	5
j．国連の事業内容に関する理解	9	4	5
k．その他	23	9	14
合　計	469	227	242

問12 あなたは国際機関での職務に満足していますか。

	合計	男性	女性
a．非常に満足している	57	30	27
b．やや満足している	79	33	46
c．普通	22	12	10
d．やや不満足	4	2	2
e．非常に不満足	4	2	2
合　計	166	79	87

問13 問12の回答の理由を下記の中から選んでください。（複数回答可，3つ以内）

	合計	男性	女性
a．職務の内容	111	55	56
b．働きやすさ	56	26	30
c．労働時間	17	7	10
d．男女平等な職場	24	2	22
e．専門性の向上	34	12	22
f．自由裁量	13	7	6
g．達成感	61	38	23
h．社会への貢献	58	28	30
i．自己の能力発揮	54	24	30
j．その他	16	6	10
合　計	444	205	239

問14 あなたは日本の民間企業で働いていた場合と比べ，労働時間は長くなりましたか。

	合計	男性	女性
a．2倍程度以上長くなった	1	1	0
b．5割程度長くなった	9	2	7
c．2～3割長くなった	15	5	10
d．同程度	52	28	24
e．2～3割短くなった	41	22	19
f．半分程度になった	2	1	1
g．半分以下になった	1	1	0
合　計	121	60	61

問15 国際機関の給与は高いと思いますか，低いと思いますか。

	合計	男性	女性
a．非常に高い	6	0	6
b．やや高い	65	22	43
c．普通	68	39	29
d．やや低い	24	16	8
e．非常に低い	2	1	1
合　計	165	78	87

問16 日本で働いていたら得ると思われる給与に比べ，現在の給与は高いと思いますか，低いと思いますか。

	合計	男性	女性
a．非常に高い	11	2	9
b．やや高い	33	15	18
c．普通	54	29	25
d．やや低い	38	19	19
e．非常に低い	10	7	3
合　計	146	72	74

問17 日本で得ていた給与と比較すると，国際機関での給与はどの程度上がりましたか，下がりましたか。

	合計	男性	女性
a．2倍以上	17	7	10
b．2倍程度	3	0	3
c．2割～5割上昇	25	13	12
d．同程度	24	13	11
e．2割～5割減少	25	16	9
f．半分程度に下がった	7	7	0
g．半分以下になった	2	0	2
合　計	103	56	47

問18　国際機関の福利厚生は高いと思いますか，低いと思いますか。

	合計	男性	女性
a．非常に高い	25	4	21
b．やや高い	82	40	42
c．普通	44	25	19
d．やや低い	10	6	4
e．非常に低い	3	2	1
合　計	164	77	87

問19　あなたの生活面での満足は高いですか，低いですか。

	合計	男性	女性
a．非常に高い	28	7	21
b．やや高い	82	42	40
c．普通	49	26	23
d．やや低い	6	3	3
e．非常に低い	1	1	0
合　計	166	79	87

問20　総合的に考えると，満足度は高いと思いますか，低いですか。

	合計	男性	女性
a．非常に高い	50	23	27
b．やや高い	90	45	45
c．普通	21	9	12
d．やや低い	3	1	2
e．非常に低い	2	1	1
合　計	166	79	87

問21　問20の評価を行った理由を教えてください。

	合計	男性	女性
a．職務の内容	117	57	60
b．働きやすい	55	26	29
c．給与水準	23	9	14
d．労働時間	16	11	5
e．福利厚生（年金，有給休暇など）	25	11	14
f．男女平等な職場	24	1	23
g．専門性の向上	23	11	12
h．自由裁量	12	6	6
i．達成感	55	26	26
j．社会への貢献	54	27	27
k．自己の能力発揮	26	12	14
l．政治的な職場	12	6	6
m．転勤の多さ	0	0	0
n．処遇の不公平	5	3	2
o．低い給与	2	0	2
p．専門性が生かされない	3	2	1
q．その他	14	6	8
合　計	466	217	249

問22　国際機関では女性の職場進出が進んでいますが，その理由は何だと思いますか。

	合計	男性	女性
a．トップの意思	75	34	41
b．世の中の流れ	30	16	14
c．女性の方が高い能力がある	6	6	0
d．女性の方が男性より適用力がある	5	2	3
e．特別な理由はない	12	7	5
f．その他	30	10	20
合　計	158	75	83

問23　国際機関で実施されている女性雇用促進政策を日本国内に導入することは可能だと思いますか。

	合計	男性	女性
a．そう思う	48	18	30

	合計	男性	女性
b．ややそう思う	47	25	22
c．分からない	24	14	10
d．あまりそう思わない	35	14	21
e．そう思わない	4	3	1
合　計	158	74	84

問24 問23でd，またはeと答えた人はその理由を教えてください。（複数回答，3つ以内）

	合計	男性	女性
a．日本の企業は真剣に女性の能力を活用しようと考えていないから	31	13	18
b．女性が仕事と家庭を両立させるための環境が整っていないから	32	14	18
c．労働時間が長いから	13	5	8
d．女性が正規での長期雇用を望まないから	9	1	8
e．わからない	0	0	0
f．その他	11	5	6
合　計	96	38	58

問25 今後（たとえば10〜15年後），日本人国際公務員は増えると思いますか。

	合計	男性	女性
a．そう思う	35	19	16
b．ややそう思う	79	36	43
c．分からない	27	10	17
d．あまりそう思わない	23	12	11
e．そう思わない	1	1	0
合　計	165	78	87

問26 問25でa，又はbと答えた方に尋ねます。増えると思う理由を教えて下さい。（複数回答可，3つ以内）

	合計	男性	女性
a．日本人の語学能力が高くなったから	66	35	31
b．国際機関で一定期間勤務後，日本で職を見つけることが容易になったから	6	3	3
c．国際機関で働きたいと考える若者が増えているから	88	43	45
d．その他	28	11	17
合　計	188	92	96

問27 問25でc，またはdと答えた方に尋ねます。増えないと思う理由を教えて下さい。（複数回答可，3つ以内）

	合計	男性	女性
a．国際機関の求める水準が高いから	13	4	9
b．国際機関の給与が低いから	12	6	6
c．日本は政治的発言力が弱いから	17	8	9
d．海外で長期間働くと疲れるから	3	1	2
e．日本の雇用慣行が国際機関の求める学歴・職務経験と一致しないから	28	13	15
f．その他	12	5	7
合　計	85	37	48

問28 「日本人国際公務員」を増やすためにはどのような方法が効果的であ

ると思いますか。（自由記入）

問29 次の選択肢のうち，新しい勤務地（国）で適応することが最も困難と思われる要素を選んでください。

	合計	男性	女性
a．職場での仕事・職務内容	24	13	11
b．ローカル・スタッフとの関係	24	8	16
c．仕事に関連しない一般的な事項（安全，医療施設，食べ物など）	59	31	28
d．勤務地で使われている言語	13	8	5
e．その他	30	11	19
合　計	150	71	79

問30 あなたは国際機関に赴任する前に勤務に関わる研修を受けましたか。

	合計	男性	女性
a．はい	24	10	14
b．いいえ	137	66	71
合　計	161	76	85

問31 研修制度を充実させるとすれば，あなたは赴任前研修と赴任後の研修のどちらが有益と考えますか。

	合計	男性	女性
a．赴任前研修	19	14	5
b．赴任後研修	30	15	15
c．どちらも重要	64	22	42
d．どちらも必要ない	24	17	7
e．その他	10	6	4
合　計	147	74	73

問32 あなたは定年まで国際機関に働きたいと考えていますか。

	合計	男性	女性
a．はい	107	50	57
b．いいえ	46	22	24
合　計	153	72	81

問33 問32でaと答えた人に尋ねます。回答の理由を教えてください。（複数回答可，3つ以内）

	合計	男性	女性
a．自分の能力が発揮できる	62	25	37
b．自分の専門を生かせる	43	19	24
c．国際機関は働き易い	33	15	18
d．昇進が望める	10	7	3
e．マイペースで仕事ができる	12	4	8
f．給与が良い	7	4	3
g．民間企業より仕事が楽だから	6	4	2
h．転職は難しいから	29	11	18
i．その他	21	7	14
合　計	223	96	127

問34 問32でbと答えた人に尋ねます。回答の理由を教えてください（複数回答可，3つ以内）。

	合計	男性	女性
a．国際機関の仕事に不満足	7	5	2
b．国際機関以外の分野で自分の能力を生かしたい	35	14	21
c．国際機関での仕事が自分の希望するものと異なる	9	3	6
d．国際機関の仕事は自分に向かない	1	1	0
e．国際機関の求める水準が高い	1	0	1
f．その他	19	10	9
合　計	72	33	39

問35　あなたは今までに国際機関での仕事を辞め，日本で働くことを真剣に考えたことはありますか。

	合計	男性	女性
a．はい	40	26	14
b．いいえ	125	53	72
合　計	165	79	86

問36　問35でaと答えた人に尋ねます。辞めようと考えた理由を教えてください。（複数回答可，3つ以内）

	合計	男性	女性
a．現在の仕事に不満足	9	6	3
b．上司に不満足	11	5	6
c．能力が発揮できない	8	6	2
d．子供の教育	7	6	1
e．親の世話／介護	14	7	7
f．海外生活に疲れた	3	2	1
g．その他	16	11	5
合　計	68	43	25

問37　問35でaと答えた人に尋ねます。国際機関を辞めなかった理由を教えて下さい。（複数回答可，3つ以内）

	合計	男性	女性
a．日本で適職が見つからなかった	13	9	4
b．仕事は見つけることができたが，給与等を含む待遇が国際機関よりも低かった。	3	2	1
c．家族が日本に帰りたがらなかった	4	2	2
d．日本の職場環境の中で働く最終決心ができなかった	8	3	5
e．その他	18	10	8
合　計	46	26	20

問38　現在の懸案事項で重要と思われるものを3つ以下でお答えください。

	合計	男性	女性
a．契約の更新	13	8	5
b．昇進	65	26	39
c．子供の教育	39	28	11
d．親の介護	46	24	22
e．定年後の生活	28	18	10
f．日本での再就職	8	4	4
g．特にない	41	19	22
h．その他	35	11	24
合　計	275	138	137

問39　本質問紙調査および国際機関勤務に関することで，ご意見，コメント等がありましたらお知らせください。例えば，入職までの職歴で国際機関で役に立ったもの等がありまし

たら，理由を含めてお知らせ下さい。
（自由記入）

問40　質問紙調査の集計結果を送付を希望する方はその旨お知らせください。

	合計	男性	女性
a．質問紙調査の集計結果を送ってほしい	134	64	70
b．質問紙調査の集計結果は必要ない	24	13	11
合　計	158	77	81

問41　あなたの現在の所属機関名を教えてください。

	合計	男性	女性
a．国連事務局	30	8	22
b．国連下部機関	48	22	26
c．専門機関	56	31	25
d．世界銀行	24	12	12
e．WTO・その他	4	4	0
合　計	162	77	85

問42　あなたの現在の職位（staff grade）を教えてください。

	合計	男性	女性
a．ADG and above	1	1	0
b．D-2	2	2	0
c．D-1	13	9	4
d．P-5	27	19	8
e．P-4	49	23	26
f．P-3	43	13	30
g．P-2	15	4	11
h．P-1	2	0	2
i．その他	4	2	2

合　計	156	73	83

問43　あなたの契約の種類を教えてください。

	男性	女性	合計
a．恒久契約	46	57	103
b．時限付契約	31	28	59
c．その他	2	2	4
合　計	79	87	166

問44　あなたの現在の身分を教えてください。（複数可）

	合計	男性	女性
a．正規職員	166	79	87
b．出向	0	0	0
c．AE/JPO/APO	0	0	0
d．YPP	0	0	0
e．その他	0	0	0
合　計	166	79	87

問45　現在までに国連共通システム内でいくつの機関に勤務しましたか。

	合計	男性	女性
a．1回	118	61	57
b．2回	29	11	18
c．3回	11	3	8
d．4回	3	2	1
e．5回	0	0	0
f．5回以上	4	1	3
合　計	165	78	87

問46　あなたは国際機関入職後，現在まで昇進・異動などで何回職務上の

ポストおよび勤務国を経験しましたか。

	合計	男性	女性
N.A. = 13 人　ポスト	3.31	3.50	3.13
N.A. = 33 人　勤務国	2.39	2.47	2.32

問47 あなたの現勤務機関での在職年数を教えてください。

	合計	男性	女性
a．2年未満	11	5	6
b．2～5年未満	40	18	22
c．5～10年未満	49	19	30
d．10～15年未満	32	19	13
e．15年以上	34	18	16
合　計	166	79	87

問48 あなたの国連共通システム内での在職年数を教えてください。

	合計	男性	女性
a．2年未満	4	3	1
b．2～5年未満	35	17	18
c．5～10年未満	48	18	30
d．10～15年未満	34	16	18
e．15年以上	44	25	19
合　計	165	79	86

問49 あなたの専門分野を2つ以内でお答えください。

	合計	男性	女性
a．政治	20	7	13
b．経済・社会開発	63	33	30
c．人道援助	13	6	7
d．人権	4	2	2
e．環境	5	4	1
f．プロジェクト／プログラム管理	39	23	16
g．情報処理・管理（IT）	12	5	7
h．総務／人事	11	4	7
i．法務／法律	7	4	3
j．広報	7	1	6
k．財務	24	14	10
l．公衆衛生	11	3	8
m．教育	9	1	8
n．工学	12	10	2
o．その他	25	14	11
合　計	262	131	131

問50 あなたの現在の職域を2つ以内でお答えください。

	合計	男性	女性
a．政治	12	3	9
b．経済・社会開発	48	26	22
c．人道援助	24	12	12
d．人権	5	3	2
e．環境	7	5	2
f．プロジェクト／プログラム管理	50	28	22
g．情報処理・管理（IT）	11	4	7
h．総務／人事	11	3	8
i．法務／法律	7	3	4
j．広報	5	2	3
k．財務	20	10	10
l．公衆衛生	12	3	9
m．教育	7	1	6
n．工学	6	5	1
o．その他	20	11	9
合　計	245	119	126

問51 あなたは国際機関入職後，現在まで専門分野／職域を変更したことがありますか。

	合計	男性	女性
a．はい	63	24	39
b．いいえ	100	53	47
合　計	163	77	86

問52 問51でaと答えた人に尋ねます。あなたは何回専門分野／職域を変更しましたか。

N.A. = 117 人

合計	男性	女性
2.03	2.58	1.68

問53 あなたの性を教えてください。

	合計	男性	女性
a．男性	63	79	79
b．女性	100	87	87
合　計	166	79	87

問54 差し支えなければ，あなたの年齢を教えてください。

N.A. = 15 人

合計	男性	女性
42.85	46.47	39.37

問55 差し支えなければ，婚姻の有無を教えてください。

	合計	男性	女性
a．既婚	110	66	44
b．独身	44	9	35
c．その他	4	1	3
合　計	158	76	82

問56 あなたの最終学歴を教えてください。

	合計	男性	女性
a．大学	16	11	5
b．修士	98	40	58
c．博士課程修了	14	5	9
d．博士号取得	26	17	9
e．その他	5	2	3
合　計	159	75	84

問57 あなたの最終学歴での専攻分野を教えてください。

	合計	男性	女性
a．法学	9	6	3
b．経済	18	12	6
c．商学	32	19	13
d．文学	3	1	2
e．国際関係	29	9	20
f．開発学	17	5	12
g．理学	8	6	2
h．工学	9	7	2
i．医学	9	4	5
j．教育	6	1	5
k．その他	22	6	16
合　計	162	76	86

付表2 — 電子メールを使った第2次質問紙調査集計値

男性／女性／合計（回答者数＝90）
※以下回答数がいない場合は空欄としている。

国連共通システム内の国際機関に勤務する日本人正規職員と
外国人正規職員の満足度比較（調査票は英文で送付）

	1. 日本人職員						2. 外国人職員						総計
	1.非常に満足	2.やや満足	3.普通	4.やや不満足	5.非常に不満足	合計	1.非常に満足	2.やや満足	3.普通	4.やや不満足	5.非常に不満足	合計	
1.1　あなたの性を教えてください													
1. 男性	8	18	2			28	11	6	1			18	46
2. 女性	11	12	4	3	1	31	3	4	3	1		11	42
回答なし			2			2							2
合計	19	30	8	3	1	61	14	10	4	1		29	90
1.2　差し支えなかれば，婚姻の有無を教えてください													
1.既婚	11	22	4			37	10	7	3			20	57
2.独身	6	6	3	3	1	19	1	2	1	1		5	24
3.開示意思なし													
4.その他	2	1	1			4	2	1				3	7
回答なし		1				1	1					1	2
合計	19	30	8	3	1	61	14	10	4	1		29	90
1.3　差し支えなければ，あなたの年齢を教えてください													
平均（才）	46	44	41	40	31	44	41	42	37	34		41	43
1.4　あなたの国籍を教えてください													
ベルギー							3					3	3
カナダ							1					1	1
デンマーク							1	2				3	3
エジプト								1				1	1
フランス							6		1			7	7
ドイツ								1	1			2	2
インド							1					1	1
イラン								1				1	1

	1. 日本人職員						2. 外国人職員						総計
	1. 非常に満足	2. やや満足	3. 普通	4. やや不満足	5. 非常に不満足	合計	1. 非常に満足	2. やや満足	3. 普通	4. やや不満足	5. 非常に不満足	合計	
イタリア							1		1	1		3	3
日本	19	30	8	3	1	61							61
ルクセンブルグ									1			1	1
オランダ									1			1	1
ノルウェー								1				1	1
スェーデン								1				1	1
米国							1	1				2	2
国籍選択なし								1				1	1
合計	19	30	8	3	1	61	14	10	4	1		29	90

1.5 現在の勤務国を教えてください

	1	2	3	4	5	合計	1	2	3	4	5	合計	総計
アフガニスタン	1	1				2							2
オーストリア		1				1	1					1	2
アゼルバイジャン									2			2	2
ボスニア・ヘルツゴビナ	1	1				2							2
カンボジア	1	1				2							2
カナダ		1				1	1					1	2
中国	1					1							1
キプロス		1				1							1
デンマーク									3			3	3
ジブチ									1			1	1
エジプト		1				1							1
フランス	1	1	1			3							3
ホンジュラス								1				1	1
イラン			1			1							1
イタリア	1	4	1	1	1	8							8
日本	1					1							1
ヨルダン								1				1	1
ラオス							1	1				2	2
レバノン								1				1	1
マダガスカル							1					1	1
マレーシア	1					1							1
パプア・ニューギニア									1			1	1
フィリピン		2				2							2

	1. 日本人職員						2. 外国人職員						総計
	1.非常に満足	2.やや満足	3.普通	4.やや不満足	5.非常に不満足	合計	1.非常に満足	2.やや満足	3.普通	4.やや不満足	5.非常に不満足	合計	
ポーランド		1				1							1
ソマリア								1				1	1
スワジランド	1					1							1
スイス	5	4	1			10		2	2			4	14
タジキスタン	1					1							1
タイ	1	2	1			4							4
米国	4	8	4	1		17	2			1		3	20
イエメン							2	1				3	3
勤務国選択なし							1		2			3	3
合計	19	30	8	3	1	61	14	10	4	1		29	90

1.6 現在まで国連共通システム内のいくつの国際機関に勤務しましたか？

平均（機関数）	1.3	2.0	1.6	0.7	1.0	1.7	1.9	1.9	2.8	2.0		2.0	1.8

1.7 現在まで国連共通システム内の機関で何カ国勤務しましたか？

平均（国）	2.1	2.1	2.4	1.3	1.0	2.1	3.5	3.8	2.0	2.0		3.3	2.5

1.8 国連共通システム内での在職年数を教えてください

平均（年）	14	12	12	8	4	12	12	9	10	6		11	12

1.9 最も高い取得学位を教えてください

	1	2	3	4	5	合計	1	2	3	4	5	合計	総計
1. 大学	1	4	1	1		7	1				1	8
2. 修士	14	20	6	2	1	43	10	6	3	1		20	63
3. 博士課程	1	1				2	2	1				3	5
4. 博士号	2	1	1			4	1	2	1			4	8
5. その他		2				2							2
回答なし	1	2				3	1					1	4
合計	19	30	8	3	1	61	14	10	4	1		29	90

1.10 最終学位での専攻分野を教えてください

1. 法学/法律	1	4	1			6	1					1	7
2. 経済学	2	2				4	2	4	1			7	11
3. 商学/マネジメント					1	1							1
4. 経営学			1	1	2	4	4					4	8
5. 行政学	2	3				5							5

	1. 日本人職員						2. 外国人職員						総計
	1. 非常に満足	2. やや満足	3. 普通	4. やや不満足	5. 非常に不満足	合計	1. 非常に満足	2. やや満足	3. 普通	4. やや不満足	5. 非常に不満足	合計	
6. 文学		1				1							1
7. 国際関係論	5	7	2			14	3		2			5	19
8. 開発学	2	1	1			4	1	1		1		3	7
9. 理学		5	1			6		2				2	8
10. 工学	2	1				3							3
11. 医学/公衆衛生	3		1			4		2	1			3	7
12. 教育		1	1			2							2
13. その他	1	1				2	1					1	3
回答なし	1	2	1	1		5	3					3	8
合計	19	30	8	3	1	61	14	10	4	1		29	90

1.11 現在の勤務機関を教えてください

	1	2	3	4	5	合計	1	2	3	4	5	合計	総計
FAO	1	3		1	1	6							6
IAEA		2				2							2
IFAD			1			1							1
ILO	3	3	1			7		1	1			2	9
ITU	1					1							1
UN	3	11	4	1		19				1		1	20
UNAIDS									1			1	1
UNDP	1	1				2	8	5	2			15	17
UNESCO	2	1	1	1		5							5
UNFPA		1				1	2					2	3
UNHCR	2	2	1			5							5
UNICEF	3	1				4							4
UNIDO		1				1	1	1				2	3
WFP	1	2				3							3
WHO	1	2				3		2				2	5
WIPO	1					1							1
Other							1	1				2	2
不完全回答							2					2	2
合計	19	30	8	3	1	61	14	10	4	1		29	90

1.12 あなたの契約の種類を教えてください

	1	2	3	4	5	合計	1	2	3	4	5	合計	総計
1. 正規職員（L職員含む）	19	28	7	3	1	58	12	10		1		23	81

	1. 日本人職員						2. 外国人職員						総計
	1.非常に満足	2.やや満足	3.普通	4.やや不満足	5.非常に不満足	合計	1.非常に満足	2.やや満足	3.普通	4.やや不満足	5.非常に不満足	合計	
2. 出向職員（他機関に在籍）		1				1		1				1	2
3. その他		1				1			1			1	2
回答なし							2		1			3	3
不完全回答			1			1			1				2
合計	19	30	8	3	1	61	14	10	4	1		29	90

1.13 あなたの現在の職位（staff grade）を教えてください

1. ADG 以上	1					1							1
2. D-2		1				1	2					2	3
3. D-1	4	2				6	2	1	2			5	11
4. P/L-5	3	8	1			12	3	4				7	19
5. P/L-4	6	6	3	1		16	2	2	1			5	21
6. P/L-3	4	10	2	2		18	3			1		4	22
7. P/L-2	1	3	2			6		2				2	8
8. P/L-1													
9. Other									1			1	1
不完全回答					1	1	2	1				3	4
合計	19	30	8	3	1	61	14	10	4	1		29	90

1.13 職位，Step から計算した回答者のドル建て税込み平均年俸 (US$)

税込み平均年俸(US$)	109,404	100,376	89,411	83,547		100,931	110,284	98,740	128,919	73,622		106,898	102,686

1.14 職場で監督責任のある専門職職員の人数を教えてください

平均（人）	6	5	1	3		5	7	5	2			6	5

1.14 職場で監督責任のある一般事務職員の人数を教えてください

平均（人）	13	4	2	3		6	12	9	1			9	7

1.15 あなたの契約の種類を教えてください

1. 恒久契約	8	18	6	1		33	4	2		1	1	8	41
2. 時限付契約	11	12	2	2	1	28	10	7	2			19	47
3. その他（長期コンサルタント契約含）									1			1	1

付表2 215

| | 1. 日本人職員 ||||||| 2. 外国人職員 ||||||| 総計 |
	1. 非常に満足	2. やや満足	3. 普通	4. やや不満足	5. 非常に不満足	合計	1. 非常に満足	2. やや満足	3. 普通	4. やや不満足	5. 非常に不満足	合計	
回答なし										1		1	1
合計	19	30	8	3	1	61	14	10	4	1		29	90

1.16 あなたの現在の職域を教えてください

	1	2	3	4	5	合計	1	2	3	4	5	合計	総計
1. 政務	1	2	1			4	2		1			3	7
2. 経済/社会開発	3	6	1			10	5	4	1	1		11	21
3. 人道援助	2	2	1			5							5
4. 人権		1				1							1
5. 環境	1					1							1
6. プロジェクト管理	2	2	1	1		6	4	2				6	12
7. IT/統計	1	1			1	3	1					1	4
8. 総務/人事	4	1	1	1		7							7
9. 法務	1	2				3		1				1	4
10. 広報		3				3	1					1	4
11. 財務			2	1		3							3
12. 医学/公衆衛生	2	2				4		3				3	7
13. 教育		1	1			2							2
16. その他		6				6							6
回答なし	2	1				3	1		1			2	5
不完全回答							1					1	1
合計	19	30	8	3	1	61	14	10	4	1		29	90

2.1 あなたは以前に国際機関で勤務した後に辞職し，その後に国連共通システム内の機関に勤務するようになりましたか？

	1	2	3	4	5	合計	1	2	3	4	5	合計	総計
1. はい，現在の勤務は国連共通システム内で初めてではありません	2	7	3			12	3	3	1			7	19
2. いいえ，現在の勤務は国連共通システム内で初めてです	17	22	5	3	1	48	11	7	3	1		22	70
回答なし		1				1							1
合計	19	30	8	3	1	61	14	10	4	1		29	90

2.2 国際機関に勤務する以前に所属していた機関を教えてください

	1	2	3	4	5	合計	1	2	3	4	5	合計	総計
1. 大学/研究機関	3	9				12	1	2	1	1		5	17

	1. 日本人職員						2. 外国人職員						総計
	1.非常に満足	2.やや満足	3.普通	4.やや不満足	5.非常に不満足	合計	1.非常に満足	2.やや満足	3.普通	4.やや不満足	5.非常に不満足	合計	
2. 政府／政府関係機関	5	8	1			14	6	6	1			13	27
3. NGOs/NPOs	1	4	2			7	3	1				4	11
4. 国際機関／関連機関		1	2	1		4							4
5. 私企業	6	7	3	2	1	19	2	1				3	22
6. 自営業								1				1	1
7. その他	2					2							2
回答なし	2	1				3	1			1		2	5
不完全回答											1	1	1
合計	19	30	8	3	1	61	14	10	4	1		29	90

2.3 国際機関に入職するまでの合計の勤務年数を教えてください

平均（年）	6.2	5.7	5.5	9.3	3.0	6.0	3.4	5.9	2.3	4.0		4.1	5.4

2.4 あなたが国際機関に勤務する前に，いくつの機関で常勤の専門職（総合職レベル）の仕事に就いていましたか？

平均（機関）	1.2	1.6	2.0	2.7	2.0	1.6	1.6	1.9	2.0	1.0		1.7	1.6

2.5 あなたは国際機関に入職する前の仕事にどの程度満足していましたか

1. 非常に満足	9	1				10	6	4	1			11	21
2. やや満足	5	19	5	1		30	6	4	2			12	42
3. 普通	1	5	2	1		9	1	1	1			3	12
4. やや不満足	2	3		1		6	1			1		2	8
5. 非常に不満足		1	1		1	3							3
回答なし	2	1				3		1				1	4
合計	19	30	8	3	1	61	14	10	4	1		29	90

2.6 あなたが国際機関の正規職員になったのは何歳ですか

平均（歳）	33	32	31	33	28	32	29	36	27	31		31	32

2.7 あなたが国際機関に入職した方法を教えてください

1. 空席ポストに応募	6	5				11	3	5				8	19
2. JPO/AE/APO 制度	8	10	4	1		23	10	4	4			18	41
3. 国連職員競争試験	2	7	3	1		13				1		1	14
4. 他機関からの出向	2	2				4							4

| | 1. 日本人職員 |||||| 2. 外国人職員 |||||| 総計 |
	1.非常に満足	2.やや満足	3.普通	4.やや不満足	5.非常に不満足	合計	1.非常に満足	2.やや満足	3.普通	4.やや不満足	5.非常に不満足	合計	
5.採用ミッション		2		1	1	4							4
6.YPPプログラム		1	1			2							2
7.ネットワーク／個人的関係	1	1				2		1				1	3
8.その他		1				1	1					1	2
回答なし		1				1							1
合計	19	30	8	3	1	61	14	10	4	1		29	90

2.8 国際機関に働こうと考えた志望動機を教えてください(1位，2位，3位まで教えてください)

	1.非常に満足	2.やや満足	3.普通	4.やや不満足	5.非常に不満足	合計	1.非常に満足	2.やや満足	3.普通	4.やや不満足	5.非常に不満足	合計	総計
1.世界平和に貢献したい	9	13	3	2		27	5	1	2			8	35
2.開発途上国の人／難民を助けたい	15	21	7	1	1	45	13	8	3	1		25	70
3.自分の専門性を活かしたい	10	25	6	1	1	43	7	7	4	1		19	62
4.海外で生活したい	2	7	2			11	9	4	2			15	26
5.文化，宗教など異なる背景の人々と働きたい	8	16	1	1	1	27	5	5	1			11	38
6.自国で適職を見つけられなかった		1				1			1			3	4
7.国際社会で自国を代表したい	3					3	1					1	4
8.自国で勤務するより高い給与等の待遇を得たい			1			1	1		1			2	3
9.男女平等の職場で働きたい	5	3	2	2		12		1				1	13
10.その他	1					1							1

2.9 国際機関で働くために次の準備を行いましたか？最も該当する回答をひとつ選んでください

	1.非常に満足	2.やや満足	3.普通	4.やや不満足	5.非常に不満足	合計	1.非常に満足	2.やや満足	3.普通	4.やや不満足	5.非常に不満足	合計	総計
1.留学した	2	3	1			6	3	1	1			5	11
2.英語あるいは国連常用語を習得した	2					2	1					1	3
3.大学院で学位を取得した	4	7	3		1	15							15
4.関連分野の職務経験を持った		3	1	1		5	4	3	1			8	13

	1. 日本人職員							2. 外国人職員							総計
	1.非常に満足	2.やや満足	3.普通	4.やや不満足	5.非常に不満足	合計	1.非常に満足	2.やや満足	3.普通	4.やや不満足	5.非常に不満足	合計	
5. インターンシップに参加した		3				3	1	1	1			3	6
6. 特に特別の準備をしなかった	5	6	1	2		14	2	5				7	21
7. その他	3	2	1			6							6
回答なし	1	1				2	1					1	3
不完全回答	2	5	1			8	2		2			4	12
合計	19	30	8	3	1	61	14	10	4	1		29	90

3.1　国際機関の職場であなたの専門技能はどの程度活かされていますか？

	1.非常に満足	2.やや満足	3.普通	4.やや不満足	5.非常に不満足	合計	1.非常に満足	2.やや満足	3.普通	4.やや不満足	5.非常に不満足	合計	総計
1.非常に高い	10	9	2	1		22	5	4				9	31
2.やや高い	6	15	2	1		24	5	4	2			11	35
3.平均	1	6	3			10	3	1	2			6	16
4.やや低い			1		1	2	1	1		1		3	5
5.非常に低い	1			1		2							2
回答なし	1					1							1
合計	19	30	8	3	1	61	14	10	4	1		29	90

3.2　国際機関の勤務により，あなたはどの程度専門分野の技能を高めている，あるいは高めることができましたか？

	1.非常に満足	2.やや満足	3.普通	4.やや不満足	5.非常に不満足	合計	1.非常に満足	2.やや満足	3.普通	4.やや不満足	5.非常に不満足	合計	総計
1.非常に高い	11	4	1	1		17	9	3				12	29
2.やや高い	4	21	2			27	3	3	1			7	34
3.平均	3	2	5	1		11		3	2	1		7	18
4.やや低い	1	3			1	5				1		1	6
5.非常に低い				1		1			1	1		2	3
合計	19	30	8	3	1	61	14	10	4	1		29	90

3.3　国際機関に入職してから，あなたは能力開発を目的に次の事柄を行いましたか？　最も該当する回答を選択肢からひとつ選んでください

	1.非常に満足	2.やや満足	3.普通	4.やや不満足	5.非常に不満足	合計	1.非常に満足	2.やや満足	3.普通	4.やや不満足	5.非常に不満足	合計	総計
1. 大学院での学位取得		4				4	1	1				2	6
2. 大学院等で関連科目を履修	4	4				8	2		1			3	11
3. 外国語をさらに学習し，語学証明書を取得	2	9	2			13	2	1		1		4	17
4. 職場内外の研修プログラムに参加	4	9	3	1	1	18	3	5				8	26

	1. 日本人職員							2. 外国人職員						総計
	1.非常に満足	2.やや満足	3.普通	4.やや不満足	5.非常に不満足	合計	1.非常に満足	2.やや満足	3.普通	4.やや不満足	5.非常に不満足	合計	
5.その他	2	1	1	1		5	1					1	6
回答なし	5	1	2	1		9	2	3	2			7	16
不完全回答	2	2				4	3		1			4	8
合計	19	30	8	3	1	61	14	10	4	1		29	90

3.5 国際機関の労働時間についてあなたの満足度を教えてください

	1.非常に満足	2.やや満足	3.普通	4.やや不満足	5.非常に不満足	合計	1.非常に満足	2.やや満足	3.普通	4.やや不満足	5.非常に不満足	合計	総計
1.非常に満足	11	12		1		24	4		1	1		6	30
2.やや満足	6	8	4			18	7	3	1			11	29
3.普通	1	8	2		1	12	2	4	2			8	20
4.やや不満足	1	1				2	1	2				3	5
5.非常に不満足			2	2		4		1				1	5
回答なし		1				1							1
合計	19	30	8	3	1	61	14	10	4	1		29	90

3.6 あなたは国際機関から得る報酬に満足していますか?

	1.非常に満足	2.やや満足	3.普通	4.やや不満足	5.非常に不満足	合計	1.非常に満足	2.やや満足	3.普通	4.やや不満足	5.非常に不満足	合計	総計
1.非常に満足	6	9		1		16	8	3	2			13	29
2.やや満足	9	13	2			24	3	6	1	1		11	35
3.普通	3	8	4	1		16		1	1			2	18
4.やや不満足	1			2	1	4	3					3	7
5.非常に不満足			1			1							1
合計	19	30	8	3	1	61	14	10	4	1		29	90

3.7 あなたは国際機関の福利厚生に満足していますか?

	1.非常に満足	2.やや満足	3.普通	4.やや不満足	5.非常に不満足	合計	1.非常に満足	2.やや満足	3.普通	4.やや不満足	5.非常に不満足	合計	総計
1.非常に満足	10	9	1			20	4	2	1			7	27
2.やや満足	7	16	2	1		26	6	5	3	1		15	41
3.普通	1	3	5			9	3	2				5	14
4.やや不満足	1	2		1	1	5	1	1				2	7
5.非常に不満足				1		1							1
合計	19	30	8	3	1	61	14	10	4	1		29	90

3.8 あなたは現在の勤務地での生活に満足していますか?

	1.非常に満足	2.やや満足	3.普通	4.やや不満足	5.非常に不満足	合計	1.非常に満足	2.やや満足	3.普通	4.やや不満足	5.非常に不満足	合計	総計
1.非常に満足	12	8				20	6	4				10	30
2.やや満足	4	12	6	1		23	8	2	2			12	35
3.普通	2	8	2	2		14		2	1	1		4	18
4.やや不満足	1	2				3	2					2	5

	1. 日本人職員						2. 外国人職員						総計
	1.非常に満足	2.やや満足	3.普通	4.やや不満足	5.非常に不満足	合計	1.非常に満足	2.やや満足	3.普通	4.やや不満足	5.非常に不満足	合計	
5.非常に不満足					1	1							1
回答なし										1		1	1
合計	19	30	8	3	1	61	14	10	4	1		29	90

3.9 現在の勤務地での職務満足および生活満足を含めた総合満足度を教えてください

	1.非常に満足	2.やや満足	3.普通	4.やや不満足	5.非常に不満足	合計	1.非常に満足	2.やや満足	3.普通	4.やや不満足	5.非常に不満足	合計	総計
1.非常に満足	16	5	1			22	9	3				12	34
2.やや満足	3	20	5	1		29	5	6	2			13	42
3.普通		5	1	1		7		1	1	1		3	10
4.やや不満足			1	1		2			1			1	3
5.非常に不満足			1			1							1
合計	19	30	8	3	1	61	14	10	4	1		29	90

3.10 国際機関で働く際に，あなたは次の項目の中でどの要素が最も重要であると考えますか？1位，2位，3位まで教えてください

	1.非常に満足	2.やや満足	3.普通	4.やや不満足	5.非常に不満足	合計	1.非常に満足	2.やや満足	3.普通	4.やや不満足	5.非常に不満足	合計	総計
1.適応性／柔軟性	10	14	6	1		31	10	6	2			18	49
2.専門性	8	15	6			29	2	3	1			6	35
3.教育		1		1		2		2				2	4
4.交渉技能	1	5	1		1	8		1				1	9
5.対人関係能力	11	21	3	2	1	38	8	7	2			17	55
6.語学能力	6	15	2	2		25	1	1	1	1		4	29
7.勤務機関への忠誠心	12	5	1			18	7	1	1	1		10	28
8.リーダーシップ		2	1	1		4	3	3	3			9	13
9.チームの一員として働く能力	7	6	1			14	5	2	1			8	22
10.国際機関の関連分野での職務経験	2	4	2	1		9	3			1		4	13
11.海外での生活経験		1		1		2	1	1				2	4
12.勤務地の現地職員との調整能力							2	2				4	4
13.国際機関の実施事業についての知識		1				1		1				1	2
14.その他			1		1	2							2

3.11 新しい勤務地への赴任時に，あなたは次のどの項目が適応するのに最も難しいと思いますか？

	1.非常に満足	2.やや満足	3.普通	4.やや不満足	5.非常に不満足	合計	1.非常に満足	2.やや満足	3.普通	4.やや不満足	5.非常に不満足	合計	総計
1.仕事の内容	3	3	1	1		8	2			2		2	10

	1. 日本人職員						2. 外国人職員						総計
	1. 非常に満足	2. やや満足	3. 普通	4. やや不満足	5. 非常に不満足	合計	1. 非常に満足	2. やや満足	3. 普通	4. やや不満足	5. 非常に不満足	合計	
2. 現地職員との関係		1				1	1		1		2	2	3
3. 上司との関係		4	1		1	6	1	4			5	5	11
4. 同僚との関係	2	6	1			9							9
5. 信頼できる医療施設、食べ物など職務と直接関係しない一般的な事項	8	9	3	2		22	2	5	1	1	9	9	31
6. 現地の言葉	1					1	3				3	3	4
7. 文化的相違	2	2				4	4		1		5	5	9
8. その他	1	3				5	1				1	1	6
回答なし	2	1	1			4	1				1	1	5
不完全回答		1				1			1		1	1	2
合計	19	30	8	3	1	61	14	10	4	1	29	29	90

3.12 次の仕事関連の項目の内，あなたが現在，最も重要と考える懸案事項を教えてください

	1. 非常に満足	2. やや満足	3. 普通	4. やや不満足	5. 非常に不満足	合計	1. 非常に満足	2. やや満足	3. 普通	4. やや不満足	5. 非常に不満足	合計	総計
1. 契約更新	2	1	1			4	4	2	2		8	8	12
2. 昇進	2	9	2	2		15	2	4	2		8	8	23
3. 国際機関以外の組織で仕事を見つけること			1	1	1	3				1	1	1	4
4. 懸案事項なし	12	12	1			25	5	2			7	7	32
5. その他	3	5	3			11	2	1			3	3	14
回答なし			3			3	1	1			2	2	5
合計	19	30	8	3	1	61	14	10	4	1	29	29	90

3.13 次の仕事関連以外の項目の内，あなたが現在，最も重要と考える懸案事項を教えてください

	1. 非常に満足	2. やや満足	3. 普通	4. やや不満足	5. 非常に不満足	合計	1. 非常に満足	2. やや満足	3. 普通	4. やや不満足	5. 非常に不満足	合計	総計
1. 子供の教育	4	3	3	1		11	3	3	2		8	8	19
2. 親の世話／親の介護	5	9	3	2		19							19
3. 定年退職後に住む国		1	1			2							2
4. 定年退職後の活動	2	1				3							3
5. 他国に住む家族から離れていること		5				5	4	5		1	10	10	15
6. 現在の生活環境		2			1	3	1	1	1		3	3	6

	1. 日本人職員						2. 外国人職員						総計
	1.非常に満足	2.やや満足	3.普通	4.やや不満足	5.非常に不満足	合計	1.非常に満足	2.やや満足	3.普通	4.やや不満足	5.非常に不満足	合計	
7. 健康		1				1							1
8. 懸案事項なし	7	5				12	3	1	1		5	5	17
9. その他		2	1			3	3				3	3	6
回答なし	1	1				2							2
合計	19	30	8	3	1	61	14	10	4	1	29	29	90

3.14　あなたは定年退職時まで国際機関に勤務したいと考えますか？

	1.非常に満足	2.やや満足	3.普通	4.やや不満足	5.非常に不満足	合計	1.非常に満足	2.やや満足	3.普通	4.やや不満足	5.非常に不満足	合計	総計
1. はい、もちろん定年まで働きたい	9	7	1			17	9	3	1		13	13	30
2. たぶん、働くと思う	6	14	2	1		23	3	3	2		8	8	31
3. 分からない	1	8	2	1		12	2		1		3	3	15
4. たぶん、定年まで働くと思わない		1	2			3		2		1	3	3	6
5. 絶対定年までは働かないと思う	2		1	1	1	5		2			2	2	7
回答なし	1					1							1
合計	19	30	8	3	1	61	14	10	4	1	29	29	90

3.15　あなたは今までに現在の勤務を止め，国際機関外で仕事を見つけようと真剣に考えたことはありますか？

	1.非常に満足	2.やや満足	3.普通	4.やや不満足	5.非常に不満足	合計	1.非常に満足	2.やや満足	3.普通	4.やや不満足	5.非常に不満足	合計	総計
1. はい、もちろんあります	6	8	5	2	1	22	4	4	2	1	11	11	33
2. はい、けれども真剣にではありません	5	14	2			21	5	3	2		10	10	31
3. 分かりません	1		1			2							2
4. たぶん、ないと思う	1	2				3	1	2			3	3	6
5. 今まで一度も考えたことはありません	6	6		1		13	4	1			5	5	18
合計	19	30	8	3	1	61	14	10	4	1	29	29	90

索引

■事　項

【欧字】

CPA	96
Diversity Management	3
JPO	13
JPO 制度	21
L 職員	14
t 検定	53
UNDP JPO サービス・センター	68
YPP プログラム	21

【あ行】

アソシエート・エキスパート	13
アドミン・人事グループ	97, 100
異動・困難手当	24
因子分析	57, 60
衛生要因	65

【か行】

外国人正規職員	67, 69
開発途上国支援グループ	97, 100
学歴	20, 71
管理職	14
キャリア・アンカー	6, 104, 106
キャリア形成	8
キャリア研究	5
キャリア行動	113
キャリア満足	57, 60, 65, 87, 112, 116
給与	23, 24, 41, 53
教育補助金	24
業績評価	22
勤続年数	71
勤務機関	72
勤務国	71
勤務国数	71
勤務地	15
空席応募	22
グローバル	1, 2, 3, 116
懸案事項	48, 78
現状不満	58, 60, 61, 65, 87, 112
現地志向型（Polycentric）	4
公用語	16
国際機関	5, 7, 11
国際公務員	11, 13
国際人材	1
国籍	14, 71
国連最高執行委員会	33
国連職員競争試験	21
国連フォーラム	86, 87
雇用保障	63

【さ行】

最終学位での専攻分野	36
最終学歴	35
最終学歴での専攻分野	72
財務グループ	97, 99
採用方針	19, 27, 28
差の検定	53
出産休暇	26
自国外勤務	16
志望動機	38, 75
若年採用	21
重回帰分析	62
常用語	15
職位	37, 57, 72
職員課金（スタッフ・アセスメント）	23

処遇満足 …………… 57, 60, 61, 65, 87, 112
職業上の錨 ………………………… 104
職種 ………………………………… 85
職務満足 …………………………… 63
職務満足度 ………………………… 40
女性の活用 ……………………… 3, 16
女性の人材活用 …………………… 117
女性の地位向上 …………………… 17
成果主義 …………………………… 7
生活満足度 …………………… 43, 57
正規職員年齢 ……………………… 38
世界志向型（Geocentric） ………… 4
先任権 ……………………………… 26
専門職グループ ……………… 97, 98
専門職職員 ……………………… 14, 117
専門分野／職種 ……………… 36, 73
専門分野／職種の変更 …………… 36
専門分野の変更可能性 …………… 101
総合満足度 …………………… 44, 77

【た行】

ダイバーシティ・マネジメント …… 3
多国籍企業発展論 ………………… 3
他職種への異動可能性 …………… 101
他の職種への異動可能性 ………… 103
男女雇用機会均等法 ……………… 3
地域調整給 ………………………… 24
中途採用 …………………………… 21
中途採用市場 ……………………… 117
調整業務グループ ……………… 97, 100
転職 ………………………………… 47
動機づけ要因 ……………………… 65

トランジション …………………… 6
トランスナショナル・マネジメント …… 3

【な行】

日本人正規職員 ……………… 33, 53, 69
日本での勤務組織 ………………… 38
日本での所属組織 ………………… 91
入職年齢 ……………………… 53, 74
入職の準備 ………………………… 37
入職のための準備 ………………… 75
入職方法 ……………………… 39, 74, 89
入職前の勤務先 ……………… 74, 92
年齢 ……………………………… 57, 71
能力評価 …………………………… 22
ノーブル・メイヤーの原則 ……… 23

【は行】

部下の人数 ………………………… 73
福利厚生 ……………………… 43, 57, 77
フレックス・タイム制 …………… 25
平均年収 …………………………… 72
本国志向型（Ethnocentric） ……… 4

【ま行】

満足度 ………………………… 8, 85
メンター …………………… 6, 92, 106
モチベーション理論 ……………… 65
労働時間 ……………………… 25, 41, 76

【わ行】

ワークライフ・バランス ………… 118

■人　名

【あ行】

石田英夫 …………………………………… 4
ウィリアムソン（Williamson, E. G.）…… 5
太田肇 ……………………………………… 6

【か行】

小池和男 …………………………………… 4

【さ行】

シャイン（Schein, E. H.）………… 5, 104
シャロスバーグ（Schlossberg, N. K.）… 6
白木三秀 …………………………………… 4
スーパー（Super, D. E.）………………… 5

【な行】

永井裕久 …………………………………… 49

【は行】

パーソンズ（Parsons, F.）………………… 5
ハーツバーグ（Herzberg, F.）…………… 65
バートレット＝ゴシャール（Bartlett, C. and S. Ghoshal）………………………… 3
パールマッター（Perlmutter, H. V.）… 3, 4
ブラック（Black, J. S.）………………… 49

【ら行】

リッカート（Likert, R.）………………… 88

■著者紹介

横山　和子（よこやま　かずこ）

1954年北海道小樽市生まれ。1978年北海道大学経済学部経営学科卒業。1980年米国インディアナ州立大学大学院経営管理学修士課程修了（MBA）。ILO，UNHCR，FAOの国際機関に9年間勤務。現在，東洋学園大学現代経営学部教授。名古屋大学大学院国際開発研究科非常勤講師，早稲田大学トランスナショナルHRM研究所招聘研究員，津田塾大学オープンスクール非常勤キャリアカウンセラーも務める。主な著書に『国連ボランティアをめざす人へ』（岩波書店），『国際公務員になるには』（ぺりかん社），論文に「国際機関における女性雇用促進政策」（日本労務学会研究奨励賞）など。
ホームページURL：http://www.ba.tyg.jp/~yokoyama/

■国際公務員のキャリアデザイン
――満足度に基づく実証分析――　　　〈検印省略〉

■発行日――2011年3月16日　初版発行

■著　者――横山　和子
■発行者――大矢栄一郎
■発行所――株式会社　白桃書房

〒101-0021　東京都千代田区外神田5-1-15
☎03-3836-4781　📠03-3836-9370　振替00100-4-20192
http://www.hakutou.co.jp/

■印刷・製本――藤原印刷

© Kazuko Yokoyama 2011　Printed in Japan　ISBN 978-4-561-26555-9 C3034

JCOPY 〈(社)出版者著作権管理機構　委託出版物〉
本書の無断複写は著作権法上での例外を除き禁じられています。複写される場合は，そのつど事前に，(社)出版者著作権管理機構（電話03-3513-6969，FAX03-3513-6979，e-mail：info@jcopy.co.jp）の許諾を得てください。

落丁本・乱丁本はおとりかえいたします。

好 評 書

E.H.シャイン【著】二村敏子・三善勝代【訳】
キャリア・ダイナミクス 本体 3800 円

金井壽宏【著】
キャリア・デザイン・ガイド 本体 2100 円
——自分のキャリアをうまく振り返り展望するために

E.H.シャイン【著】金井壽宏【訳】
キャリア・アンカー 本体 1600 円
——自分のほんとうの価値を発見しよう

E.H.シャイン【著】金井壽宏【訳】
キャリア・サバイバル 本体 1500 円
——職務と役割の戦略的プランニング

髙橋 潔【編著】
Jリーグの行動科学 本体 3300 円
——リーダーシップとキャリアのための教訓

髙橋 潔【著】
人事評価の総合科学 本体 4700 円
——努力と能力と行動の評価

谷口 真美【著】
ダイバシティ・マネジメント 本体 4700 円
——多様性をいかす組織

岩谷 昌樹【著】
トピックスから捉える国際ビジネス 本体 2600 円

林 琍玲【著】
評価と人的資源管理 本体 2900 円

———— 東京 **白桃書房** 神田 ————

本広告の価格は本体価格です。別途消費税が加算されます。